国家社科基金年度项目（20BGJ040）

浙江省哲学社会科学规划后期资助项目（21HQZZ007YB）

浙江省公益技术应用研究项目（LGF21G010004）

国家社科基金资助
浙江省哲学社会科学规划
后期资助课题成果文库

信息不对称、市场结构和劳工标准移植

Information Asymmetry, Market Structure and Transplant of Labor Standards

李贤祥　著

ZHEJIANG UNIVERSITY PRESS
浙江大学出版社

图书在版编目(CIP)数据

信息不对称、市场结构和劳工标准移植 / 李贤祥著.
— 杭州：浙江大学出版社，2020.12
ISBN 978-7-308-21245-8

Ⅰ. ①信… Ⅱ. ①李… Ⅲ. ①国际法－劳动法－标准
体系－研究 Ⅳ. ①D998.2

中国版本图书馆 CIP 数据核字(2021)第 060345 号

信息不对称、市场结构和劳工标准移植

李贤祥 著

策划编辑	吴伟伟	
责任编辑	丁沛岚	
责任校对	陈 翩	
封面设计	周 灵	
出版发行	浙江大学出版社	
	(杭州市天目山路 148 号　邮政编码 310007)	
	(网址：http://www.zjupress.com)	
排　　版	杭州朝曦图文设计有限公司	
印　　刷	杭州高腾印务有限公司	
开　　本	710mm×1000mm　1/16	
印　　张	14.5	
字　　数	250 千	
版 印 次	2020 年 12 月第 1 版　2020 年 12 月第 1 次印刷	
书　　号	ISBN 978-7-308-21245-8	
定　　价	58.00 元	

前　言

中国的改革开放本身与全球化进程有着内在逻辑一致性,尤其是加入世界贸易组织后,以中国为代表的劳动力较为充裕的发展中国家,大多实行"两头在外"的双循环发展模式。在成就"中国制造"的同时,有些企业因劳工、生产环境等条件较为糟糕而备受指责。20世纪90年代,欧美一些国家的消费者纷纷掀起道德责任运动,强烈谴责采购商购买未达到劳工标准等条件的发展中国家的产品,也借助"货币"选票倒逼采购商只能采购有FLA、SA8000和ETI等劳工标准认证的产品,这类认证可认为是贸易双方通过私人合约形成的外部命令式微观法律移植。

党的十九届四中全会明确提出在制度建设上形成对外开放的新体系,与此匹配的贸易制度需要高质量提升,所以对接国际劳工等标准,出口市场的多元化,均匀、平衡发展显得尤为重要。

国际劳工标准对国家劳工法律制度的嵌入和移植是全球一体化在制度方面的重要体现,其移植主体和形式不是单一的,而是多样的。而基于微观行为的劳工标准移植已成为非常重要的形式,这是整体性劳工法律移植无法企及的,不仅是因为其受到既定制度的强制约束,其在移植进程中也会遭遇"熊彼特"式创新或毁灭的运行成本过高的情形。从微观法律移植视角研究中国企业劳工标准移植内在机制是学界较为新颖的课题,本书运用微观经济学工具分析发展中国家劳工标准移植特征、规律及未来出路,基于不同的市场结构来分析微观个体基于收益最大化(成本最小化)目标后均衡劳工标准内生演化过程;基于微观视角展开对中国企业劳工标准问题的研究,系统分析劳工标准向下竞争的原因,改善提高企业劳工标准的信息传递机制、声誉机制、政府规制等。

第一，本书讨论基于信息不对称背景下卖方市场企业劳工标准移植的动力机制，运用信号模型分析处于卖方主导型市场的供应商的劳工标准趋于最低要求水平的原因；较多企业的劳工标准收敛到最低点而非高于最低点均衡时需满足一定条件，基于时间维度分析劳工标准的筛选机制。分析结果显示，在类似维生素 E 这样的寡头垄断市场，收益最大化需求使得供应商通过市场机制一步步调整均衡价格信号，以达到帕累托最优，使得劳工标准收敛于较低（最低）水平。当供应商的风险偏好为中性时，最后均衡的劳工标准较风险规避型供应商的高，从某种程度上也避免供应商劳工标准在帕累托改进时趋于最低混同均衡，产生分离均衡。市场机制使得具有不同筛选要求的认证与非认证企业，在竞争中达到企业劳工标准内生筛选均衡。

第二，本书在信息不对称背景下讨论了买方主导型市场中企业劳工标准移植的动力机制，运用信息租模型分析了企业高劳工标准存在的原因。更多企业陷入低标准混同均衡时供应商类型分布的单调风险率需满足一定条件，基于采购商风险偏好对买卖双方博弈后均衡劳工标准与福利的影响，从我国企业特定的风险偏好和有限责任（最低工资等）视角，把涉及劳工标准的道德风险和逆向选择放到同一框架分析信息传递机制对我国企业劳工标准的影响。分析结果显示，处于买方主导型市场的企业高劳工标准的存在，是供应商追求信息租金和采购商追求真实剩余的博弈均衡。当供应商类型分布不满足单调风险率性质时，会出现低标准混同均衡。当采购商属于风险规避型时，最后均衡劳工标准较风险中性时高，同时买卖双方福利都会提高。考虑到最低标准等有限责任信息租的存在，采购商必须额外支付一定的代理成本，最后的均衡劳工标准较仅考虑逆向选择时要向下扭曲得更多。

第三，考察劳工标准移植正向促进企业生产及声誉的效应。首先，分析劳工认证在一定时期内会通过内在相关规则约束及持续改进的正反馈机制产生生产效应；其次，基于外部声誉视角直观分析劳工标准外部性对供应商的收益及均衡劳工标准的影响；再次，从产品的搜寻属性和经验属性两方面出发分析其对劳工标准移植的影响，运用声誉模型分析产量、努力程度与劳工标准之间的内在逻辑；最后，基于政府规制视角从非串谋与串谋两方面分析其对不同能力企业均衡劳工标准的影响及政府规制后的效率评价。研究发现，类似搜寻品属性的企业产品需求，信息不对称会带来激励程度的下降，劳工标准向下扭曲；而经验品属性决定对应企业劳工标准执行中会产生挤出效应,所以通过长期的声誉机制维持较低合约激励,均衡劳工标准会维持在稳定的水平甚至有所提高。生产商与验证机构串谋,不仅影响低能力企业劳工标准更恶劣地向下竞争,价格相比没有合谋时要高,供应商得到的转移支付则比没有合谋时少,对应也减少了社会福利。同时也会降低高能力企业信息租金及劳工标准执行度,政府规制某种程度上就是为了防止串谋,保护生产者权益。

第四,通过几个案例的分析来验证前面基于不同市场结构下供应商劳工标准移植所推理的结论。本书分别对某大型国企改制的上市制药公司、某纺织服装企业、某印染公司、某定时器生产商等公司相关方面进行调研式概述,主要是围绕企业的发展现状及认证现状进行定量分析,用以验证前面得出的结论,同时就企业、监督方及政府三方,尝试从五个方面提出相关对策建议。

李贤祥

2020 年 11 月

目　录

1 导论 ·· 1

　1.1 研究选题的背景 ·· 1

　1.2 研究的基本思路 ·· 4

　1.3 研究的具体方法 ·· 5

　1.4 研究的框架安排 ·· 6

　1.5 研究的重点和可能的创新 ··· 8

上　篇

2 概念梳理和相关文献综述 ··· 15

　2.1 信息不对称理论 ·· 15

　2.2 市场类型 ·· 19

　2.3 法律移植与经济发展 ·· 21

　2.4 关于劳工标准的文献梳理 ··· 32

　2.5 本章小结 ·· 44

3 劳工标准的概述 ··· 46

　3.1 劳工标准的产生与发展 ··· 47

　3.2 国际劳工组织的劳工标准 ··· 49

　3.3 我国劳工法制与核心劳工标准的差距 ······················· 51

3.4 世界贸易组织的社会条款 ·································· 57

3.5 生产守则及劳工标准认证 ·································· 59

3.6 SA8000 认证的现状 ······································ 63

3.7 劳工认证的理论分析 ······································ 71

3.8 本章小结 ·· 76

中 篇

4 信息不对称、卖方市场和劳工标准移植 ················· 81

　4.1 卖方市场条件下企业劳工认证的特征事实 ········· 82

　4.2 信号模型简单回顾 ······································ 85

　4.3 趋于最低标准一致性分析 ······························ 88

　4.4 非最低标准均衡的条件 ································· 93

　4.5 风险规避与风险中性的供应商比较——基于离散角度分析

　　　 ··· 96

　4.6 劳工标准筛选机制 ······································ 98

　4.7 本章小结 ··· 108

5 信息不对称、买方市场和劳工标准移植 ················· 110

　5.1 买方市场条件下企业劳工认证的特征事实 ········· 110

　5.2 关于信息租模型的相关研究 ·························· 113

　5.3 基于连续型和离散型视角的劳工标准分析 ········· 115

　5.4 较低标准混同均衡存在的条件 ······················ 120

　5.5 均衡劳工标准比较——基于不同风险偏好的采购商分析 ··· 122

　5.6 考虑到供应商道德风险的劳工标准移植研究 ········ 123

　5.7 本章小结 ··· 134

6 生产效应、声誉及政府规制——劳工标准移植的进一步影响 ······· 136

　6.1 生产效应与劳工标准 ··································· 137

　6.2 声誉机制与劳工标准 ··································· 141

　6.3 政府规制与劳工标准 ··································· 153

　6.4 本章小结 ··· 162

下　篇

7　典型案例分析 ·················· 167

　7.1　基于卖方市场的实证研究:以某大型制药公司为例 ·········· 167

　7.2　基于买方市场的实证研究:以某纺织服装企业为例 ········· 176

　7.3　劳工标准进一步作用:以某印染和定时器公司为例 ········ 183

　7.4　本章小结 ·················· 194

8　路径分析、研究结论及研究展望 ·············· 196

　8.1　路径分析 ·················· 197

　8.2　研究结论 ·················· 200

　8.3　研究展望 ·················· 203

参考文献 ·················· 205

附　录 ·················· 221

1 导论

本部分首先以经济全球化尤其是世界贸易组织平台下相关规则的统一为研究背景,关注劳工标准等相关标准移植的问题,进而基于不同市场结构研究劳工标准移植的理论及实践意义,然后概括性地描述本书的研究方法与思路,最后提出本书的研究框架、重难点及可能的创新。

1.1 研究选题的背景

本节基于经济全球化,尤其是世界贸易组织成立的背景,从各国法律呈现趋同化趋势和传统治理系统无法与经济发展同步的现实出发,引出对劳工标准等涉及微观个体交易标准移植的研究的必要性,然后从研究的理论及现实意义两个方面进行较为详细的论述。

经济全球化背景下,市场经济已突破意识形态的禁锢,特别是世界贸易组织成立以来,更多国家为了适应贸易平台修改本国相关法律,如韩国参照法国、德国、日本等国家民法典的规范和制度修订了民法典。中国对《银行法》《保险法》等做了修订,法律越来越呈现出趋同化趋势,且与经济发展的密切度越来越高。自从 1995 年 1 月世界贸易组织成立至今,成员方从原先的 112 个增加到现在 160 个,完成全球 97% 的贸易额。① 同时,成员方之间的贸易摩擦也不可避免,环境壁垒、劳工问题等矛盾频频出现。由于全球贸易的传统治理系统跟不上经济交往的步调,所以交易双方会自行制定相关规则,通过规则的激励和约束,完成交易。

---

① 数据来源:http://www.wto.org/english/thewto_e/whatis_e/tif_e/org6_e.htm。

改革开放的 40 年也是制度变迁的 40 年,今后,中国要从贸易大国向贸易强国迈进,巩固传统优势、培育竞争新优势、拓展外贸空间,努力从全球价值链低端向中高端迈进。党的十九届四中全会明确提出在制度建设上形成对外开放的新体系,与此匹配的贸易制度需要高质量提升,所以对接国际劳工等标准,出口市场多元化,均匀、平衡发展较重要。20 世纪 90 年代,随着中国改革开放及市场经济的纵深发展,具有比较优势的中国廉价劳动力与发达国家充裕的资本展开了基于全球价值链视角的国际分工,低价格的比较优势在挤压劳动力成本的同时,会带来劳工工作条件恶劣等诸多问题。欧美国家的消费者掀起了企业社会责任运动,联合抵制来自发展中国家"血汗工厂"的产品,直接倒逼采购商在采购发展中国家的产品时要求对方出具 SA8000、FLA、WRAP[①] 等劳工标准认证。Lin(2009),史晋川(2011),Ferrando(2013)认为,这类劳工标准是贸易双方通过私人合约形成的微观法律移植,且符合 Miller(2003)分类的外部命令式法律移植,非政府组织在其中替代政府承担了某些功能。发展中国家劳工法制的完善过程也是法律移植的过程,在暂时阶段通过国家形式移植国外法律还没成熟,所以具体实施路径通过微观个体对类似 SA8000 劳工认证需要而带来相关劳工条约的移植。

SA8000 由美国认证机构 SAI 认定,截至 2019 年 9 月,全世界认证国家(地区)达到 62 个,分布在发达与发展中国家(地区),涉及就业人数达到2142044 人,其中中国认证企业 606 家[②],涉及服装、纺织、化工等诸多领域。劳工标准认证已成为企业实力及获得采购商订单的必要条件,同时对改善劳工条件有一定的促进作用。如沃尔玛、苹果这类大型采购商在采购产品时,会要求供应商出具相关劳工标准的认证,并且定期进行评估审核,评估审核结果可作为双方交易的重要凭证。中国企业经过 20 多年的自愿性劳工标准认证,逐渐从"便不便宜"的成本集约型向"有没有""好不好"的数量质量提升型转变,这也是贸易高质量发展制度层面的高要求。劳工认证不仅体现为类似劳动密集型企业完成采购商劳工考核要求的保底"标准",长远来看,劳工认证又会通过相关规则约束和持续改进机制推动认证企业从内

---

① SA8000(Social Accountability 8000 International Standard)为社会责任管理体系认证标准,是本书将要重点探究的;FLA(Fair Labour Association)为美国公平劳工协会守则;WRAP(World Wide Responsible Accredited Production)为环球服装生产社会责任守则,三者都是外部行业标准。

② 数据来源:http://www.saasaccreditation.org/certfacilitieslist。

部发生变革。

　　越来越多的跨国商业交易借助惯例、合约等非正式安排来进行,这就涉及微观法律移植的问题。现代化发达国家由政府颁布并执行法律以规范经济行为,Dixit(2007)认为,信息不对称和交易成本的存在使得法律在这领域的运行成本较高、可信度较低,很难生效,这在发展中国家的转型经济中表现得更加明显。传统法律移植与经济学理论关注宏观层面的问题,而交易的合约或标准的移植是涉及个体交易的微观层面的问题,因此关于微观法律移植与经济发展关系的研究可以看作"制度如何影响宏观经济"的微观基础,这是个新视角。买卖双方微观个体交易中的劳工标准移植只是微观法律移植的一个例子。国际劳工标准对国家劳工法律制度的嵌入和移植是全球一体化在制度方面的重要体现,其移植主体和形式不是单一的,而是多样的。基于微观行为的劳工标准移植已成为非常重要的形式,这是整体性劳工法律移植无法企及的,因为其受到既定制度的强制约束,同时移植过程中也会遇到"熊彼特"式创新或毁灭运行成本过高的情形。基于微观视角对中国企业劳工标准现状展开研究,系统回答劳工标准下沉的原因,改善企业劳工标准的信息传递机制、声誉机制、制度内生演化机制等,对其微观机制的分析具有十分重要的意义。

　　在发展中国家,"血汗工厂"很多,纺织服装厂等企业由于市场分割较细,且多属于买方主导型市场,劳工标准普遍较低;相对应的,在发展中国家较少见的类似维生素 E 市场等,卖方讨价还价能力较强,属于典型的卖方主导型市场。从经济学视角对这两类典型的市场结构下的企业劳工标准进行研究,可以发现买卖双方是如何进行博弈最后确定对应均衡劳工标准的。对处于不同市场结构中的微观个体的不同行为和绩效进行研究,还能发现发达国家与发展中国家的微观个体发生贸易时讨价还价权与外在劳工信号的关系。参考发达国家的高标准均衡原因,可以探讨发展中国家努力提高劳工标准的条件,以及摆脱最低标准"陷阱"困境的路径选择。集体谈判及户籍等制度约束会通过一定的内在机制影响劳工标准的执行,综合信息不对称和外部性的理论分析得出的劳工标准发展模式及对接国际高标准要求的实施路径,有助于政府制定更优的战略和政策,从而有利于发展中国家的企业以最低的成本和最好的效果对接国际劳工标准的目标,充分实现经济全球化背景下更长远的经济效益和综合社会效益。

1.2 研究的基本思路

相对于宏观劳工法律移植效果的渐进性、不确定性,这种"点对点"劳工标准移植效果往往更具直接性、灵活性。采购商与供应商既是劳工标准移植的微观主体,也是各自利益最大化目标的博弈方。在国家实施既定的政策引导企业执行劳工标准的前提下,可以考虑通过企业这一微观层面的跨国交易,绑定、移植劳工标准,在小政府、大社会的治理背景中发挥其重要功能。本书将运用微观经济学工具来分析发展中国家劳工标准移植特征、规律及未来出路,基于不同的市场结构来分析微观个体基于收益最大化(成本最小化)目标均衡劳工标准的内生演化过程。为此,本书采用哈佛学派就产业组织理论提出的S−C−P范式,运用数理方法分析发展中国家劳工标准移植的内在机制。

本书的研究目标可分解为五个部分:

第一,对劳工标准进行概述。本书对国际劳工组织、世界贸易组织以及非政府组织(NGO)关于劳工标准的要求进行了比较性梳理。从理论上论证自愿性劳工标准认证的微观机制,并以SA8000为例对全球及中国相关劳工认证的分布进行了解析,为后面基于特定市场结构分析发展中国家劳工标准移植提供一定的理论支撑和实践平台。

第二,基于卖方市场结构分析发展中国家劳工标准移植的规律。通过调研的案例抽取问题,利用信号模型来分析发展中国家卖方主导型市场劳工标准趋于最低要求的原因,同时结合事实推理论证同类企业趋于最低标准或非最低标准的条件,对比发达国家,劳工标准更多趋向于较高标准以寻求破解发展中国家低劳工标准"陷阱"的方法和路径。

第三,基于买方市场结构分析发展中国家劳工标准移植的规律,这是包括中国在内的发展中国家共同面临的问题。同样,利用信息租模型分析发展中国家基于买方主导型市场结构劳工标准移植的特征及规律,思考采购商风险偏好变化及供应商道德风险对最后均衡劳工标准的影响。通过数理分析来更好地刻画"血汗工厂"表面和背后微观个体间的博弈行为。

第四,分析劳工标准移植的进一步影响,主要体现对生产效应、声誉及政府规制等方面。首先,就劳工认证在一定的时间通过内在相关规则约束及持续改进的正反馈机制分析劳工标准生产效应;其次,运用声誉模型分析产品属性(搜寻品或经验品)、产量、努力程度及劳工标准之间的内在逻辑；最后,基于政府规制视角,从非串谋与串谋两方面分析其对不同能力企业均衡劳工标准的影响及政府规制后的效率评价。

第五,通过几个经典案例,还原现实中分别处于卖方市场和买方市场条件下微观个体(供应商和采购商)的行为特征。通过一系列数据显示其处于卖方市场或买方市场的依据,同时在此基础上描述(认证)供应商和采购商基于各自收益最大化目标展开博弈后劳工标准移植的现状,以更好地验证前面理论分析得出的结果。

本书的研究思路示意图见图1.1。

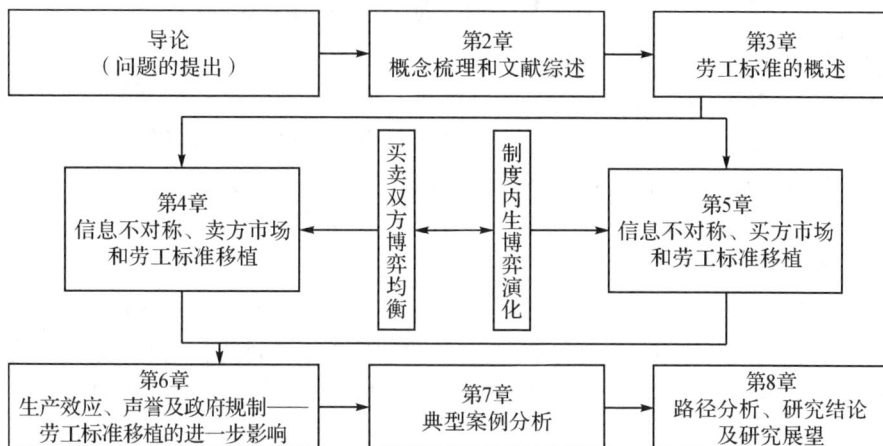

图1.1　研究思路示意

1.3　研究的具体方法

决策主体选择宏观还是微观法律移植,主要是依据不同需要进行制度供给的路径选择,经济全球化使得各国之间经济发展和法律发展的不平衡现象较为明显,跨国界商事主体一直都是法律移植的主要推动力量。相对于宏观劳工法律移植效果的渐进性、不确定性,这种"点对点"劳工标准移植效果往往更具直接性、灵活性。本书尝试从微观法律移植视角对企业劳工认证标准进行研究,具体方法如下:

(1)数理模型法。借鉴新古典经济学分析范式,构造有限责任及供应商风险规避约束下的委托代理模型,用以分析信息不对称条件下劳工标准移植问题;利用信号模型分析处于卖方市场的供应商劳工标准趋于最低标准混同到分离均衡的原因及条件。运用信息租模型分析基于买方市场的企业高劳工标准存在的原因。

(2)比较分析法。从我国企业特定的风险偏好和有限责任(最低工资等)视角,把涉及劳工标准的道德风险和逆向选择放入同一框架,对比分析信息传递机制如何影响我国企业劳工标准进一步向下扭曲。同时通过比较分析,较为直观地展现劳工标准效率型和规模型正外部性对供应商福利及均衡劳工标准的正向影响。比较劳工标准移植进一步正向生产及声誉效应,表现为劳工认证在一定的时间内会通过内在相关规则约束及持续改进的正反馈机制产生生产效应。

(3)比较静态分析法。把认证企业与非认证企业放在同一框架内,考虑到生产效率信息传递影响筛选效应,决定采用比较静态分析,以了解生产效率信息传递速度如何及何种程度影响买卖双方博弈的均衡劳工标准。基于政府规制视角从非串谋与串谋两方面分析其对不同能力企业均衡劳工标准的影响及政府规制后的效率评价。

(4)案例分析法。根据数理模型理论分析的需要,选取不同规模、类型的认证企业进行调研,分别对某大型国企改制的上市制药公司、某纺织服装企业(从 OEM 到 ODM)、某印染公司、定时器公司等相关方面进行调研式概述,主要围绕企业的发展现状及认证现状进行定量分析,总结此类认证企业劳工标准移植的一些典型特征,以此作为案例分析所需要的重要信息。

1.4 研究的框架安排

中国在短短几十年间经历了发达国家上百年来发生的各种转变,既要吸收各个发达国家劳工组织的相关条约,也要接受国内渐进式改革进程中制度惯性的约束。如何选择合适路径来移植劳工法律制度?鉴于一些转轨国家采用"华盛顿共识"中的"休克疗法"但以失败告终,渐进式"点对点"微观劳工标准移植应该更有效、合适。根据本书的研究思路,具体研究框架作如下安排:

第 2 章为文献综述部分。在本部分,首先对信息不对称理论和市场结构概念进行论述,然后从法律移植、劳工标准与贸易投资相关性、劳工标准内生性、中国劳工标准移植、劳工标准微观机理等五个方面对法律移植及劳工标准移植的相关文献进行了归纳总结,最后结合案例调研结果,提出本研究的问题和基本思路。

第3章为基于政治和民间两个平台对劳工标准的发展现状及内涵的分析概述。首先,对劳工标准的产生及发展历程做了简要叙述;其次,对国际劳工组织和世界贸易组织等政治平台有关劳工标准的要求进行了比较性概述;再次,基于民间平台的自愿性劳工标准的发展历程及内容进行概述,同时对中国劳工法律制度与国际劳工标准相关要求进行比较;最后,围绕外部命令式劳工标准认证的相关理论机制和现状分布进行分析。对比其他贸易壁垒从理论上论证自愿性劳工标准认证的微观机制及其对社会福利的影响,并以SA8000为例分别对全球和中国相关的自愿性劳工认证分布的数据进行定量分析,为后面基于特定市场结构分析发展中国家劳工标准移植特征提供一定的理论支撑和实践平台。

第4章为基于卖方主导型市场运用信号模型分析我国劳工标准移植的特征及规律。首先,简单陈述基于卖方市场的劳工标准认证的现状及相关价格机制。在回顾信号模型的相关文献后,运用信号模型分析基于卖方主导型市场的劳工标准移植的一些特征。分析结果显示,在中国,像维生素 E 这类被寡头垄断的市场,个体对收益最大化的理性追求引导供应商通过市场机制一步步调整均衡价格信号,以达到帕累托最优,使得劳工标准呈现出较低(最低)状态。分析结果显示,在中国类似维生素 E 这样的寡头垄断市场,供应商的劳工标准趋于最低要求水平是供应商借助卖方市场实力达到帕累托最优的结果;当公司类型的概率分布函数为凹函数时,劳工标准会收敛到最低点均衡点。当供应商为风险中性时,最后均衡的劳工标准较之风险规避时要高,从某种程度也避免供应商帕累托改进时趋于最低混同均衡,产生分离均衡。市场机制使得具有不同筛选要求的认证企业与非认证企业,在竞争均衡中达到企业劳工标准内生筛选均衡。

第5章为基于买方主导型市场运用信息租模型分析我国劳工标准移植的特征及规律。本部分首先简单陈述基于买方市场的劳工标准认证的现状及相关价格机制。在回顾信息租模型的相关文献后,运用信息租模型分析基于买方主导型市场的劳工标准移植的特征。分析结果显示,在中国类似纺织服装这类买方主导型市场,采购商力求最大化真实剩余来调配各类企业的劳工标准。供应商尽可能提高劳工标准,为的是获取信息租金。当较低能力企业劳工标准提高,且此类企业分布概率较小时,采购商会借助买方市场实力拉低此类标准,出现低标准的混同均衡,以此来达到自己剩余最大化。当采购商是风险规避型时,最后均衡劳工标准较风险中性时要高,同时买卖双方福利都会提高。当考虑到供应商道德风险发生在逆向选择后,最后均衡劳工标准较仅是逆向选择时扭曲更多。

第 6 章为生产效应、声誉及政府规制对劳工标准移植的影响。首先,就卖方市场分析劳工认证在一定时间通过内在相关规则约束及持续改进的正反馈机制的生产效应。其次,运用声誉模型分析产品属性、产量、努力程度及劳工标准之间的内在逻辑。研究发现,类似搜寻品属性的企业产品需求,信息不对称会带来激励程度的下降,劳工标准向下扭曲;而经验品属性决定对应企业劳工标准执行中会产生挤出效应,所以通过长期的声誉机制维持较低合约激励,均衡劳工标准会有一定稳定、提高。最后,基于政府规制视角分析其对不同能力企业均衡劳工标准的影响时发现,生产商与验证机构串谋不仅影响低能力企业劳工标准更恶劣向下竞争,价格比没有合谋时高,供应商得到的转移支付比没有合谋时低,对应的社会福利也比没有合谋时低。

第 7 章为通过案例分析来验证前面基于不同市场结构下供应商劳工标准移植所推理出的结论。本部分分别对某大型国企改制的上市制药公司、某纺织服装企业(从 OEM 到 ODM)、某印染公司、定时器公司等相关方面进行调研式概述,主要是围绕企业的发展现状及认证现状进行定量分析,用以验证基于卖方主导型市场和买方主导型市场劳工标准移植分析得出的结论。基于调研式案例分析的结果与前面理论推理的结论总体上较为吻合。

第 8 章为路径分析、研究结论及展望部分。本部分主要是基于前面理论和实证分析提炼出全书的主要研究结论,指出本书的理论价值和现实意义,并基于现实对比国外现状提出政策建议,同时还提出一些后续研究中值得进一步深入研究探讨的问题。

1.5　研究的重点和可能的创新

1.5.1　本书的研究重点

经济社会发展受到个体逐利性和信息不对称两个条件的约束,信息有效性、激励相容性及资源配置有效性则是更重要的衡量标准。从经济学角度分析不同企业间的劳工标准存在差异的原因,是一个很好的研究方向。通过相关的资料研究和数据分析,结合各种市场结构的区别,研究买卖双方博弈之后均衡劳工标准的确定及对应市场绩效的评价,也是青木昌彦(Masahiko Aoki)比较制度分析理论中制度内生演化的微观应用。本书主要从微观法律移植的视角研究中国劳工标准移植的内在机制,基于几个劳工认证企业的调研结果,发现微观个体因为在市场中的地位不同会对劳工标准的作用机制产生不同影响。所以本书尝试从两个不同市场结构出发研究微观个体间的博弈行为对最后均衡劳工标准的影响。总体按照主流经济学研究方法,运用信号模型和信息租模型分析不同市场结构下劳工标准内在演变的轨迹、规律及最后的市场绩效。整体研究思路遵循"事实挖掘—理论研究—案例分析检验"的逻辑顺序。

研究重点是本研究的两个主体部分。一是基于卖方市场结构的劳工标准移植研究。从个体理性和集体理性的角度去分析发展中国家处于卖方主导型市场的企业的劳工标准趋于最低的原因,用信号模型作为技术工具分析其劳工标准移植的内在机制,有别于传统信号模型分析的目标—分离均衡,实践中更多的是"混同均衡"。二是基于买方市场结构的劳工标准移植研究。从连续型和离散型角度分析发展中国家处于买方主导型市场的企业的高劳工标准存在的原因,用信息租模型作为技术工具分析其劳工标准混同均衡的内在机理。另外,思考采购商风险偏好和供应商道德风险对最后均衡劳工标准的影响也是本书的重点所在。

本书的主体部分既是研究重点,也是研究难点。一方面,在卖方市场结构下,没有更多考虑卖方控制定价的情况,而是通过还原现实生活再抽象出的假设:买方市场的竞争使得卖方有更多讨价还价权去抽取完全的剩余。在极大化目标函数中如何引入包络定理,以及由此产生的包络线对最后双方博弈均衡产生什么影响是难点。另一方面,在买方市场结构下,如何更好地描述产生较低劳工标准的原因如采购商的调控、采购商基于减少更多信息租支付而在期望效率和资源扭曲的权衡的次优选择,以及如何从个体风险偏好视角探究破解较低劳工标准混同均衡及供应商的道德风险问题,也是本书的难点。

1.5.2　本书的创新点

本书可能的创新点有以下四个层面：

（1）学术层面。把劳工标准研究从国际劳工组织、世界贸易组织认证过渡到非政府组织认证。劳工标准最先由国际劳工组织定义，世界贸易组织成立后，有一项社会条款与其挂钩，即国际贸易协议中有关最低劳工标准的条款。由于世界贸易组织的强势地位和包容性，社会条款确立可行性增强。在 1996—2005 年的 10 年间出现了较多的关于劳工标准与贸易投资的文献。其间，企业社会责任运动兴起，SA8000 等二、三方认证机构应运而生，非政府组织在其中取代政府履行了部分功能。目前，这方面研究局限于概述性分析，本书开创性地从法学和经济学交叉视角研究其内在机制，对法律移植与经济发展的微观领域展开研究，这是第一个创新点。

（2）实践层面。传统法律移植理论在转轨国家甚至是同类资本主义国家的实践中没有到得很好的鉴证，这种"盆栽式"宏观移植天生带有缺陷。当"盆栽式"宏观移植无法实现移植供体和受体的有机结合时，可以借助微观个体的作用，尝试"点对点"的部分非正式规则移植，不失为一条可行的、合适的移植路径，同时也是对宏观法律移植的补充。本书的研究正是通过对实践层面存在的微观法律移植一个例子：跨国界的劳工标准移植，赋予经济学解释，从学理上更有逻辑性地论证这种"点对点"微观移植存在的合理性和科学性，同时也为其找到合适的理论依据，并逐步发展到宏观"盆栽式"移植。

（3）方法及内容层面。法律制度与经济发展的研究一般会选择新制度经济学作为分析工具，本书主要采用微观经济学的博弈论和信息经济学及产业组织工具来分析劳工标准移植规律。基于卖方市场和买方市场结构，分别运用信号模型和信息租模型探求劳工标准移植内在机制。既探讨不同市场结构下买卖双方博弈后的劳工标准混同均衡问题，也研究满足特定条件下的劳工标准分离均衡问题；既探究到利用信号和信息租解决信息不对称带来的逆向选择问题，也思考更多出现于买方市场条件下供应商身上的道德风险问题。在逻辑分析推理过程中，已从传统的劳工标准外生性研究转向内生性研究，也是青木昌彦比较制度分析理论关于制度内生博弈演化的微观性研究。

（4）观点层面。法律如何移植更有效？当"盆栽式"宏观移植无法实现移植供体和受体的有机结合时,可以尝试微观个体"点对点"的部分非正式规则渐进式移植。作为一种"入场券",劳工标准认证对中国一些认证企业改善劳工条件有一定促进作用,但通过现实的调研和基于道德风险和逆向选择同一框架的分析发现,劳工标准向下扭曲的情况更多。同时,劳工认证也会从另一方面通过规模型和效率型外部性正向影响供应商福利。基于制度约束内生性的劳工标准研究分析可以发现,解决信息不对称和外部性问题也只能使劳工标准在不高水平波动,劳工标准要实现质的提高的重要途径是从制度入手,逐步放松户籍及集体谈判等制度的限制和约束,减少其内生性带来的负面影响,从而更好地适应中国经济新常态下劳动关系发展的要求,更好地符合"高标准"的国际市场准入条件。

上

篇

　　关于劳工标准的研究，涉及法学、公共管理学等诸多领域。而在经济领域，相关研究主要集中在世界贸易组织成立后劳工标准与贸易投资关系的理论与实证方面较为宏观的分析。20世纪90年代中后期，西方国家企业社会责任运动兴起，倒逼采购商对发展中国家企业进行劳工认证，经济学者视野开始从宏观领域转向微观领域的分析，微观法律移植当属其中。

　　从微观法律移植视角来看，劳工标准跨国界绑定、移植既是微观个体出于自主意愿选择的合作契约，也是微观交易个体基于各自市场力量展开博弈取得的均衡。这给具有劳动力要素禀赋比较优势的发展中国家研究劳工标准移植、更好发挥比较优势及创造竞争优势提供了较好的范例和机理支撑。人们自然会有一系列问题，如：怎么理解微观法律移植？为什么会出现微观形式的劳工法律移植？其演化趋势又如何？从微观经济视角展开研究，必然要涉及博弈论与信息经济学分析工具。事实上，讨论诸如为什么会移植、移植进程如何及如何有效移植等经济学问题，必然涉及信息不对称、法律移植及劳工标准相关领域的理论。不同市场结构会带来买卖双方讨价还价能力的差异，将信息不对称嵌入不同市场结构，微观个体会表现出主动发送信号及获取信息租金等一系列行为，再结合中国特定时期的劳工问题，如最低工资标准、微观个体风险偏好等，就构成了本书的主要框架。

　　因此，上篇将对研究的相关问题进行文献梳理和综述，重点对基于国家和企业两个层面的劳工标准发展现状及内涵进行分析。首先，就全书的理论基石——信息不对称概念及其引出的三种结果进行概述；其次，就市场结构进行比较分析，重点讨论不同市场结构中买卖双方如何影响均衡价格的波动，分析法律移植与经济发展的文献，导出微观法律移植的特殊性及研究必要性；最后，就不同学科、视角的劳工标准发展动态及其内涵的相关文献进行分析。

2 概念梳理和相关文献综述

本章对相关理论与概念进行论述，并对法律移植和劳工标准相关文献进行归纳和梳理，结合发展中国家的现实背景和笔者调研的发现，提炼出研究的思路和重点。首先，对信息不对称概念及由此引出的三种结果进行概述。其次，对市场结构相关概念及分类进行概述，重点涉及卖方市场和买方市场的概念对比。再次，从经济学视角对宏观法律移植两个理论即起源论和过程论的相关文献进行梳理，在此基础上关注转轨国家法律移植对经济发展的影响。同时对相关学者基于不同视角的微观法律移植及社会性规制的相关文献进行概述，选取劳工标准移植的文献进行针对性梳理，从法学、社会学视角对劳工标准的性质、作用和特征进行论述，再在此基础上分别从外生性和内生性两方面对劳工标准的经济学文献进行整合分类，对该领域研究方法和特征进行归纳总结。另对制度内生性文献进行简要梳理，为本书的微观机理分析提供一定的理论铺垫。最后，进一步从学理角度和中国实际提出目前研究微观法律移植的重要性、必要性，以及在"法律移植如何影响宏观经济"的微观基础方面指出进一步深入研究的方向和启示。

2.1 信息不对称理论

在信息对称的微观世界中，资源优化配置能达到帕累托最优，满足瓦尔拉斯一般均衡。但现实经济活动通常无法满足这样的要求，即信息不对称是常态。市场经济发展了几百年，更多情况是处于信息不对称背景下的。亚当·斯密的时代，几乎没有市场失灵的现象。在那个时代，人们非常推崇斯密"看不见的手"的理论，所以自由市场经济学家坚持市场自由竞争，无须干预的观点。但现实世界中,信息不对称普遍存在,且有较大的影响力,进而影响"看不见的手"对资源的有效配置,导致有信息优势的一方可以获得较多的剩余。①

事实上,信息同土地、资本一样,也是一种生产要素。商品经济中,信息主要是通过价格体现出来,价格信号是所有经济信息的中心,市场经济的本质是用价格信号对社会资源进行配置。信息不对称简单来讲就是行为人之间的信息占有不平等、不平衡。展开来说是指,在市场经济活动中,相应的经济个体间的信息往往呈不均匀、不对称分布,各类人员对信息的了解往往存在差异。信息获取较充裕的人员,会处于有利地位;信息获取相对较匮乏的人员,则通常处于不利的地位。当然,不同行为人之间必须具有一定的契约关系,否则,谈信息不对称就没什么意义。②

正常而言,产品的卖方对自己所生产或提供的产品拥有更多信息,而买方相对拥有较少信息,如汽车市场、劳动力市场。但也存在相反情况,如医疗保险,买方拥有更多信息。信息不对称会造成市场失灵,在同样一个价格标准上,产品质量会越来越低,所以消费者会减少对高质量产品的消费,最后导致高质量产品被挤出市场,即所谓"柠檬问题"。正因为市场交易双方会因为信息不对称造成利益失衡,在这样的情况下,公平、公正的原则难免会受到影响,进而扭曲市场资源配置。纠正上述类似问题,尽可能减小资源配置低效甚至失效成为信息经济学的主要任务。1996—2001 年,Mirrless、Akerlof、Spence 和 Stiglitz 因在解决信息不对称问题上的杰出贡献获得诺贝尔经济学奖。总体来讲信息不对称主要会产生如下三个问题:

2.1.1　代理人问题

交易关系因为信息不对称转变成委托代理关系。在交易中,代理人成为拥有信息优势的一方,而委托人则成为信息劣势的一方。信息不对称使得委托人和代理人的目标出现偏差:委托人希望自己净剩余最大化,而代理人更希望自身效用最大化。所以通过激励和约束机制规范代理人行为,其实是交易双方就信息展开的重复博弈。获得额外信息是需要付出成本的,不对称的信息其实就是信息投入成本差异产生的结果。事实上,占有信息

---

① 资料来源:http://baike.baidu.comview41335.htm? func=retitle。
② 资料来源:http://wiki.chinalabs.com/index.php? doc-view-4812。

的一方获得的优势是一种信息租金,而信息租金是联系每个交易环节的纽带。Laffont 和 Martimort(2002)的信息租模型尝试通过信息租金的切割来实现委托人对代理人较有效的激励约束。信息租模型意在刻画委托人在租金抽取和效率权衡中如何确定产品均衡产量、质量或标准等,从而达到在信息不对称背景下的次优规划,并且随着委托人和代理人风险偏好的改变,影响委托代理理论中的信息租与效率的原有调配均衡,最后影响对应相关契约的变化。

2.1.2 逆向选择问题

该现象由 Arrow(1963)提出,Akerlof(1971)发表于 *Quarterly Journal of Economics* 期刊的《柠檬市场》做了较为详细的阐述。此后 Spence(1973)和 Stiglitz(1976)分别针对劳动力市场和保险市场,尝试通过市场规制来克服信息不对称带来的市场资源配置非效率问题,产生了信号发送和信号甄别理论。

逆向选择,也称作反向选择、不合乎经济学常规的选择。信息优势的一方较信息劣势的一方往往更容易获得收益,信息劣势的一方在受损的同时,难以顺利做出买卖决策,价格随之扭曲,无法达到调配市场供求平衡、促成交易的作用,进而导致市场效率降低。由于机会主义行为和信息不对称的存在,即使价格降低,消费者也不愿意增加购买需求(担心生产者提供劣质品);[1]同时,即使价格提高,生产商也不会增加供给,这就是逆向选择。以二手车市场为例,信息不对称使得二手车的平均价格越来越低,劣币驱逐良币,在极端情况下整个市场都会停摆。Akerlof(1971)基于经济学视角揭示了这一市场现实:卖方向买方推销劣质商品等现象是买卖双方所掌握信息不对称造成的;Spence(1973)的贡献在于揭示了如何利用所掌握的更多信息谋取更大收益,变帕累托次优为帕累托改进,如劳动力市场的教育文凭信号等;Stiglitz(1976)以保险市场为例,揭示了如何利用相关信号甄别不同类型投保者,达到信号的分离均衡;等等,他们都是在解决因信息不对称而产生的逆向选择问题。

---

① 资料来源:http://www.financeun. comNews2014714/2013cfn/15826862900. shtml。

2.1.3　道德风险问题

前面的逆向选择现象存在于交易合同签订前,道德风险则涉及代理人签订合约后采用的隐藏行为问题,即签约一方不仅不完全承担风险后果,而且还尽可能通过各种自利行为来最大化自身效用,所以很明显道德风险属于契约的执行问题。从委托代理理论出发,信息不对称使得具有信息优势的一方,比较容易采取一定的隐藏行动或不行动;而信息劣势的另一方往往由于无法观测和监督,从而导致(委托人)损失或(代理人)获得利润。如在保险市场,被保险人的某些行为会导致保险公司费用提高;再如股东委托经理人管理企业,经理人可能会利用股东无法察觉其行为或不作为谋利,从而导致股东净收益损失。关于道德风险可以追溯到斯密在《国富论》里谈到的经理人与股东的关系:他对经理人能以股东利益为决策的出发点深表怀疑,不然就是其中必定有经理人员的败德行为(1776)。Arrow(1963)在关于信息不确定性和医疗保健福利的研究中也提到了《不确定性和医疗保健福利经济学》道德风险,并掀起热潮。新制度经济学改进了古典理论的假设:道德风险的存在,是人的有限理性和机会主义倾向同时作用的结果。20世纪下半叶,以 Wilson(1969)、Ross(1973)和 Holmstrom(1979)为代表的学者们,从逻辑上推理证实,由于信息的不对称,经济主体在经济行为中不可能完全按契约执行合同。后来,Stiglitz(1976)发现道德风险导致了次优合同的产生。信息经济学中的道德风险包括隐藏行为的道德风险和隐藏信息的道德风险。除了代理人道德风险外,也会有委托人道德风险,现实生活中企业老板失信于经理人的案例也较为常见。

总之,前面提及的代理问题、逆向选择问题和道德风险问题,都无法避开不完全信息对交易双方事前或事后行为的影响,综合影响交易成本,从而影响最后的交易效率。这种次优效率不仅是新古典经济学里抽象的经济人基于收益最大化的结果,落到现实社会的具体经济人,也是其为更好规避因为信息不对称带来的不利影响的行为结果。现实生活中各种标准和许可证的存在就是努力让"不对称信息"对称化的尝试,从而发挥市场"看不见的手"正常运行,让社会资源尽可能得以优化配置。本书的研究正是基于现实中劳工标准跨国移植的经济现象,在信息不对称的现实背景下,尝试从微观视角去研究以上三个问题的产生及规避路径。

2.2 市场类型

市场最早指固定时段或地点进行交易的场所。随着社会分工和商品经济发展,市场的内涵与功能丰富了很多,又更进一步推动社会分工和商品经济发展。广义的市场指与商品交易有关的所有个人和企业。狭义的市场则是买卖双方进行商品交换的场所。在宏观层面,市场是国家对国民经济进行调控与管理的中心环节;在微观层面,市场为卖方和买方提供信息,便于更好实现商品的使用价值和价值。通过信息反馈,市场能直接影响人们生产什么、生产多少、上市时间、产品销量等。市场既是交换场所,也指交换关系。

市场按不同标准有很多种分类,由于篇幅有限及后面数理分析的需要,本章列举其中三种,分类依据主要还是围绕市场的"场所"和"交换"关系两个属性展开。

第一,根据市场上产品的性能及其所存在的有机联系可以将市场划分为产品市场和要素市场。产品市场是指有形物质产品或劳务交换的场所,在市场体系中处于基础地位。产品市场可分为三类:农产品市场、工业消费品市场和生产资料市场。要素市场主要有三种类型:劳动力市场、资金市场和土地市场。

第二,根据产品或服务供给方的状况(即市场上的竞争状况)可分为完全竞争市场、完全垄断市场、垄断竞争市场、寡头垄断市场。在完全竞争市场中,厂商众多,产品完全无差别,任何一方对价格都没有控制能力,进入或退出该行业十分容易,现实中的一些农业品市场接近此类市场。与完全竞争对应的另一极端是完全垄断市场,唯一的厂商,唯一产品,且无相近的替代品,对价格控制能力较高,进入或退出该行业都很困难,水电行业接近此类市场。处于两个极端中间的是垄断竞争市场和寡头竞争市场,参与厂商很多,产品种类多样,差异性较大,对价格也有一些控制,进入或退出该行业比较容易,即为垄断竞争市场;而钢铁、汽车、石油等行业,厂商不多,只有几家,对价格的控制较强,产品有细微差别或无差别,进出一个行业比较困难,属于寡头垄断市场。

第三,依据市场中两类行为主体的力量对比关系,可以将市场划分为卖方市场和买方市场。本书正是基于此种分类展开研究,并对有关文献进行概述的。

卖方市场指的是价格及其他条款主要决定于卖方的市场。因为市场中商品供不应求,在市场中占据有利地位的卖方,即使价格远超商品价值也可以售出商品,从而出现了商品市场价格由卖方主导的现象。这可能是因为在目前的价格水平上,某种商品的供给远远小于需求;也可能是严重的自然灾害导致部分商品短缺。这种提价行为会一直持续到供求关系在某种价格水平上重新达到均衡。

买方市场则是指价格及其他条款主要决定于买方的市场。因为市场供过于求,卖方为了减少自己存货展开竞争,最后不得不接受较低的价格。买方市场的特点决定了长期的生产和价格的方向,表明生产量或价格将下降或两者同时下降,这种状况会一直持续到供求关系在一定价格水平上保持相对均衡。这两类市场的具体比较见表2.1。

表 2.1　卖方市场和买方市场的比较

		买方市场	卖方市场
区别	出现原因	商品供过于求	商品供不应求
	表现形式	商品供过于求,价格持续下跌,生产呈收缩趋势	商品供不应求,价格持续上扬,生产呈扩大趋势
	买卖双方的地位	买方掌握主动权,处于有利地位	卖方掌握主动权,处于有利地位
	需要采取的对策	刺激消费来拉动生产	表现形式不同
联系	两者都是由于供求失衡引起价格波动,进而导致买卖双方在交易中的地位发生变化		

在现实中,卖方市场和买方市场往往分为三个层次:第一个层次是指总体的卖方市场和买方市场;第二个层次是指局部的卖方市场和买方市场;第三个层次是指单个商品的卖方市场和买方市场。而本书主要是倾向于第三个层次,通过特定商品的卖方市场和买方市场进行研究。当然在基于特定市场结构展开研究时,会充分运用到前面两种分类知识,如劳工标准移植的标的主要是发展中国家的劳动密集型产品,而影响劳工标准一个很重要的变量是劳动力这个生产要素,所以会有第一种分类的产品市场和要素市场的交织互动。而基于卖方市场的研究主要体现卖方垄断的情形;而基于买

方市场的研究更多体现买方垄断的情况，这就涉及第二种分类的四种不同市场结构下微观机理的综合运用。

2.3 法律移植与经济发展

法律移植贯穿于整个法律的发展史中，无论是中世纪德国"继受"罗马法、德国概念法学较为成功地传入日本，还是新中国成立后对苏联法律的移植，尤其是从二战后战败国普遍引入美国宪法机制，以及后社会主义国家大规模移植西方法律制度，法律概念、实践和制度的移植在全世界范围内已经司空见惯。西方学者对法律移植已探讨了40余年，但是仍然没有统一的、为大家普遍接受的含义(Small, 2005)，这主要是因为法律移植的内涵争议过大，无法统一。如果将相关争论看作一条光谱，在光谱的一端是Watson等(1993)提出的可移植论；另一端是Legrand等(1997)坚持的不可移植论。所以本节在过滤相关文献基础上，将对法律移植概念做较为完整的界定，也为后面劳工标准移植的机制分析做一概念性的铺垫。

2.3.1 法律移植概念的界定

"移植"一词来源于生物学，意思是指将植物从某处以活体继续存在为条件迁到另一处；"法律移植"则是指一国(或地区)对其他国家(或地区)的法律经验进行借鉴和吸收。这种概述较为大众化，也能被大部分学者所接受。在现实生活中，法律移植往往是一个系统工程而不是指一般物体，几乎每一次较为成功的制度借鉴，都或多或少在被借鉴对象的基础上进行一些改造或创造，而且往往没有尺度和框架的限定，因而外来法文化因素作用于本土法时，在何种程度上构成移植、如何区分这是单纯的"灵感"或"启发"还是移植？所以对法律移植概念的界定尤为重要。综观各种相关理论，对法律移植概念的界定大体可分为如下两种观点：

(1)"过程说"。此种观点强调法律移植主要是一种过程，即在某一地域或文化范围内所产生的法律向另一地域或文化范围的转移或迁移，持此种观点的代表人物主要有沃森(Watson)，德国比较法学家莱茵斯坦(Rheinstein)和莱宾德(Rehbinder)，以及沈宗灵。沃森认为，法律移植仅仅是一条法规，或者一种法律制度自一族向另一族，或自一国向另一国的迁移。莱宾德认为，法律的继受(即法律的移植)，指一个特定的法律秩序被另一个国家部分或全盘地加以接受的过程(林端,2002)。莱茵斯坦指出,法律移植是指在一种法环境中发展的法秩序在其他法环境中有意识地得到实施的现象(韩大元,1996)。沈宗灵(1998)认为,法律移植指特定国家(地区)的某种法律规则或制度移植到其他国家(或地区)。

(2)"过程+效果说"。持这种观点的学者认为,法律移植不仅是指法律由一种法环境向另一种法环境迁移,还应包括由这种迁移所产生的实际效果,主要代表人物有德国学者赫尔西(Hirsh)和国内学者吴玉章。赫尔西认为,法律的继受不是一次性的立法活动,而是一种社会变迁的过程,这种变迁以文化传递形式出现,是个长期性的现象(林端,2002)。吴玉章(2001)认为,法律移植就是一国(或一地区)接受外国(或另一地区)的法律并使之发挥作用的过程。同时指出,法律移植从来不是一个一蹴而就的事情,要引进外国的某些法律并使之发挥作用必须要经历一个过程,如几年或几十年时间,否则我们就会因仓促行事而给法律移植工作带来损失。

综合以上观点,"过程说"更侧重立法者行为,而未考虑移植效果问题,有其不足之处。如果仅从过程说去探讨法律移植,而不考虑移植的法律能否在新的文化环境中真正起实效,或者想当然地认为只要法律移植的各项流程工作都做好,移植一定就能成功,至于效果好坏并不影响移植本身是否成功,这种逻辑可能落入循环推理的误区。但法律移植本来就是一个法文化学上的概念,必然要牵涉文化交流中的各种复杂问题,如移植方与被移植方的文化土壤是否相近或相融,如何解决移植过程中法律文化冲击带来的种种冲突,通过移植的法律能否在新的法文化环境中发挥应有的效能等。"过程+效果说"至少能够克服法律可行性问题上的争论,也能使人们密切关注法律移植中较深层次的问题,如移植前的准备工作、外来法律如何选择具体操作等;还会关注与移植效果较为相关的问题,如历史传统、文化背景等更为复杂的问题。黄金兰(2006)认为,法律移植是指一种文化土壤中发展出来的法律秩序以及构成法律秩序的某些因素在保持相对完整性的前提下向另一种文化土壤迁移并尽可能发挥实效的现象。该定义拓宽了法律的外延,不单纯将制度从中抽出进行移植,同时还考虑到与制度相关的价值、程序和思维方式等因素,将那些以民间渗透为主的法律借鉴活动也纳入法律移植的范围。本书采用了这一定义,一方面,从外延上,此界定拓宽了传统的法律范畴,还考虑到作用于微观个体的相关程序、标准和规则等;另一方面,从内涵上,此界定关注移植所涉及的文化土壤、文化冲突及其解决方式等问题,以获得预期效果,使移植的法律更好地契合新的文化环境,实现"软着陆",发挥其该有的作用。

法律移植尤其是以产权保护为代表的法律制度的移植对经济活动的影响较为深远。另外,比起惯有看法认为法律制度既定外生不变,法律制度在一定时候可以弹性地适应一国国情及经济发展环境的变化,从而"内生"性调适变化。

2.3.2 法律移植的"起源论"

20 世纪 90 年代末,哈佛大学施莱弗(Shleifer)教授等倡导的"新比较经济学"①,较之原先"比较经济学"关注社会主义和资本主义经济,"新"更多体现在对各个国家所实行的不同的资本主义制度的比较分析上。施莱弗等建立了几个可以进行综合比较的、有关法律制度的衡量指标,这些指标对经济体系和经济绩效有着重要影响,并由此得出"移植法律制度的不同,会左右该国经济绩效"的较为轰动的结论。虽然该学派的法律移植的起源对一国经济增长起着决定作用的观点颇受批评,但从经济学视角看,其定量分析及最后结论还是有一定积极作用的。

法源即法系,世界各国沿用的法律体系基本可分为两类:大陆法系和普通法系。大陆法系指为罗马法为基础而形成与发展起来的完整的法律体系的总称,主要类别有德国大陆法、法国大陆法以及北欧等国的法律。大陆法系属于成文法,一切以法律条文为准。普通法系的国家主要是英国和美国,由法官在处理案件的过程中形成,强调分权、制衡和个人权益,所以普通法系属于判例法,法官可以用判例造法。

La Porta 等(1997;1998)基于两大法源将 49 个国家分为不同的组别,并按国别列出所有变量的值。英国、美国、加拿大、澳大利亚、新加坡等 18 个国家构成普通法系。大陆法系又分为三类:法国、印度尼西亚、西班牙和墨西哥等归为法国法系,共 21 个国家;一些东亚国家如韩国、日本以及德国归入德国法系,共有 6 个国家和地区;北欧法系有 4 个国家。不同法系各有侧重,如在股东和债权人权益方面,法国法系国家通常对投资者保护最弱,普通法

---

① 新比较经济学基本理念源自传统的比较经济学,通过比较不同的经济体制,能够较好地理解各种经济制度的运行。但这种"新"体现在对各个国家所实行的不同的资本主义制度进行比较分析上,不再是社会主义与资本主义的比较。

系通常最强,北欧法系国家和德国法系国家居中。法国法系国家法律实施质量最弱,普通法系国家居中,北欧法系和德国法系国家最强,法律实施的质量与法律权利本身会有所不同,且随着收入水平提高会有较大改善。

La Porta 等[1](1999)根据政府对民间经济活动的干预程度,对 124 个国家的产权保护情况做了国别指数化,并研究其与法律起源之间的关系。结论表明,即使考虑到不同国家的经济发展水平,就产权保护的力度而言,法国法系、北欧法系国家要比普通法系国家低,德国法系与普通法系国家相差不大。

另外,Djankow 等(2002)采集了 85 个国家在创办企业的准入制度方面的数据,实证分析得出,普通法系国家创办企业,所需的审批手续少于德国法系、法国法系国家,与北欧法系各国相近。另外,他们对各国在处理司法纠纷上的程序进行了指数化比较,与大陆法系国家相比,普通法系国家在手续上的程序形式主义更弱。

考虑到法源对国家政治控制的影响,Glaeser 和 Shleifer(2002)认为,属普通法系的英国和属大陆法系的法国在法律制度设计上反映了两国各自不同的法律和秩序特征,但无法保证这些制度的有效性。很多事实表明,接受了法国法律传统的国家往往存在更多的政治控制,同时经济和社会发展暂时落后。

综上所述,法律移植的法系对一国经济发展影响是有较大差异的。英国地方寡头的实力较弱,而普通法是在保护私人产权以对抗王室斗争中演化而来,所以英国普通法更强调公民权利不受侵犯;法国采纳民法传统是为了加强国家权力而建立一套制度,因而更加强调国家秩序而非个人利益,同时对移植法国民法的国家具有一定强制性,使得它们的法律体系要比普通法更缺乏应变性。德国民法是通过学者和实践者的积极辩论和交换意见,呈现动态、柔性、创造适应性特色的法律体系,所以 Beck、Kunt 和 Levine (2002)认为在适应性方面,德国民法接近英国普通法。

---

[1] 哈佛大学 Rafael La Porta,Florencio Lopez-de-silanes,Andrei Shleifer 和芝加哥大学 Robert Vishny 四位学者,他们致力于在法学和金融交叉领域的研究,经常一起署名发表文章,学界将他们称为 LLSV 组合。

2.3.3　法律移植的"过程论"

通过 LLSV 的分析可以看出,法律制度不但外生性地决定国家的经济架构及经济绩效,且其产生的影响还内生性地决定该制度移植于哪个国家。但现实中,一些深谙经济学的法律学者却注意到法律制度与实际情况不符的问题,并认为法律制度的移植过程比法律制度的来源更重要,哥伦比亚大学法学院的 Pistor 等学者是持这一观点的代表人物。

发展中国家的许多制度都是通过(殖民地)制度移植的方式建立起来的。围绕接受法律移植的国家的国情,Acemoglu、Johnson 和 Robinson(2001)基于早期欧洲移民在移入国的综合效应,对原殖民地国家迄今为止的制度变迁进行考察,发现移民对殖民地一开始的制度环境存在输出效应。由于殖民者在不同殖民地的死亡率不同,他们更可能留在存活率高的地区发展他们的法律制度,死亡率较高的殖民地的制度设计就只能是针对性、部分性移植。他们按照国别的横截面数据分析近 100 年间制度性质(民主)的演化,充分显示出制度在移植过程中因条件(死亡率)差异存在适应性演化,这种差异化的移植最后作用于经济发展水平并以人均 GDP 这一形式表现出来。

为了更好地理解法律移植的适应过程,需要将制度移植国与制度起源国进行比较来分析其演化过程。Berkowitz、Pistor 和 Richard(2003)认为,因为法律是不完备的,所以应适应各移植国的国情、习俗不断进行演进,主要是考虑某个国家接受法律移植时的移植过程,而不是关注这个法律起源。他们利用 LLSV 所用的 49 个国家的数据分析法律制度效率的决定因素,分析发现一开始移植和接受的法律较来自特定法系的法律更重要,已拥有正规法律秩序的国家移植法律后,可否使新移植的法律制度适应本国行情?引进的法律基本原则在该国是否已经熟悉适应? 如果能满足这些条件,那么移植进来的法律体系会发挥作用,反之则不然。所以这种影响被称为"移植效用"。可以把接受法律移植的国家分为两类,第一类是"适应"标准或符合上述"国情"的、进行"接受性移植"的国家,第二类是与上述两个标准都不符的"非接受性移植"国家。如日本在明治维新时期最终接受了德国法系,即使不符合"适应"标准,但却符合"国情"标准的范例,所以属于"接受性移植"国家。虽然日本民商法的初期草稿受到法国法系的影响,但由于德国法系可以充分容纳日本既有的习惯,最终采纳了德国法系。

虽然前面有些研究证实移植效果与其所属法系无关,但这些研究无一考查移植国家和起源国家的法律演进以支持其主张。Pistor 等(2002)对不同法源国家间的法律变革模式进行比较研究,将过去 200 年移植了公司法的六个国家,即马来西亚、以色列(源自英国法)、智利、西班牙、哥伦比亚(源自法国法)、日本(源自德国法、美国法)的公司法演进与其起源国进行比较。结果表明,移植国家在法律制度的有效性上明显不同于起源国家,无论它们各自的法律制度存在何种差别,均呈现一些共性特征:缓慢而持续演进,最后与起源国家相比变化相当大。法律移植的低效(如以色列、马来西亚、日本)关键不在于法律起源,而在于移植国家的环境条件和法律变革的创新及自我持续能力。

Pistor 等(2002)还强调,即使几乎所有国家(除哥伦比亚外)最后都会依据国内的实情对公司法进行改革,但这并不说明移植过来的法律就可立即应用,也不表明法律制度能够进入一个连续性演进程序,使其按照使用者的需要自发性地进行改革。

"起源论"与"过程论"看似是两个对立的观点,其实从两方面来考察可以更好地诠释宏观法律移植在整个过程对经济绩效的影响。Pistor 等一些学者避开法源影响因素,致力于研究移植中后期内外部因素对最后效果的影响,甚至利用新制度经济学制度变迁理论与 OLS 估计来分析、来评估最后的移植效果。但无法否认,法律移植的"过程论"实际上还是承认法律起源对经济发展的影响,只是它更加强调法律移植过程。如果把法律制度看作经济体系中的"内生变量",在移植过程中需要移植的主体与客体对接,强制性移植改变制度只会失去最优均衡。反过来,如果一开始没有考虑相关国家法的起源,随意移植相关法律,太多案例表明一开始的"法律血缘"不匹配注定要以失败告终。宏观法律移植要重视一开始国外法与本国法之间的同构与兼容,在移植过程中也要注意能够加速或延缓其效果的外部环境和内部因素,只有这样移植的供体和受体才能主动融合,以制度创新更好地促进经济发展。

"新比较经济学"是从法律尤其是起源视角分析包括欧美、日本在内的各国资本主义国家在经济体系、经济绩效上的差异。20 世纪 90 年代,一些东欧新兴民主国家通过移植西方资本主义国家法律带来社会变迁,或推动和加速这种变迁。法律制度的移植会对这类从计划经济向市场经济转轨的国家产生什么影响?适用于资本主义国家法律移植的"法源论"与"过程论"

又能多大程度地解释转轨国家的法律移植与经济发展问题？这是本章接下来要详细阐述的。

2.3.4 转轨国家"盆栽式"移植的困境

Friedman(1998)在解释法律移植时强调社会的决定性影响,将截然不同的法律文化之间的成功迁移归因于现代性的扩展。鉴于现代工业、国际贸易以及全球通信已经延伸至第二、三世界国家,传统社会将会遭遇越来越多的发达国家曾经面临过的法律问题。尽管发展中国家与发达国家各自的法律历史差别较大,采用的解决方式却往往非常相似。很多转轨国家尝试借助法律制度变革来推动社会变迁,加速经济转型,如中东欧国家引进德国法系,东南欧国家引进法国法系,而苏联解体后一些前加盟国甚至引进英美法系。很多时候这种转轨通过鲁莽的、仓促的私有化表现出来,此时的法律被当成自变量而非因变量。就如同 Watson(1989)称谓的技术装置,把法律当做社会变迁的标准或工具,其移植过程必然会表现出很多弊端。

Black(2000)、Johnson(1997)、Stiglitz(1999)通过研究苏联和东欧前社会主义国家移植欧洲和美国的模式发现,较之前慢慢演化的法律相比,大规模迅速修缮本国法律,很容易在法律执行中出现问题,较弱的法律制度后来对国家发展和经济增长产生严重阻碍。例如,为了向市场经济有序转型,东欧国家在极短时间里对民商法典进行了变革,甚至成为紧迫的政治任务,但欧陆民法典旨在鼓励个人主动性和意思自治的基础性法律规范,在原先的计划经济土壤里(苏联、东欧社会主义国家)很难适应。

Pistor 等(2000)强调了法律执行情况的重要性,对于转型经济体,即使其发布了有关保护投资者的法律,由于其国家角色没有很好地从原先的直接协调者向公正的公断者转变,使得投资者对执法效率缺乏信息,其结果自然不会对企业的外部融资产生显著影响。研究发现,许多苏联国家在采纳相关法律保护债权人和股东利益时,由于缺少有效的执行制度,最后陷入困境。

同样,作为苏联最大加盟共和国,俄罗斯在借鉴西方法律时并没有考虑到"政治上的可行性"。Black(2000)认为俄罗斯在整个国家移植了相关公司法后,股东权利反而被侵犯,事实证明国家司法系统是失效的,法律和管制制度是不受信任的。因为各利益集团博弈难以达成均衡会使得政治交易成本很高,出台了一些"坏法"(如"特殊政策""特殊法"),民众很难形成稳定预期,导致良性社会资本(道德、信任等)耗损,很难建立长期的"声誉机制"。
这从法经济学来说就是没考虑到政治市场的"科斯定理"(张建伟,2006)。

法律制度的功能在于控制社会面临的两大风险,即无序和专制两方面
的风险。由图2.1可知,横轴代表高度专制带来的社会损失,即专制成本;纵
轴代表高度无序带来的成本;IPF代表社会或某一部门法律制度的可能性边
界(Institutional Possibility Frontier,IPF),曲线凸向原点,表示政府权力与
社会无序不仅此消彼长,同时专制边际成本增加只能换来无序边际成本的
减少。图2.1中向下倾斜的45°线表示一定程度的无序成本和专制成本相
加得到的总社会成本。它与IPF的切点是有效率法律制度选择。

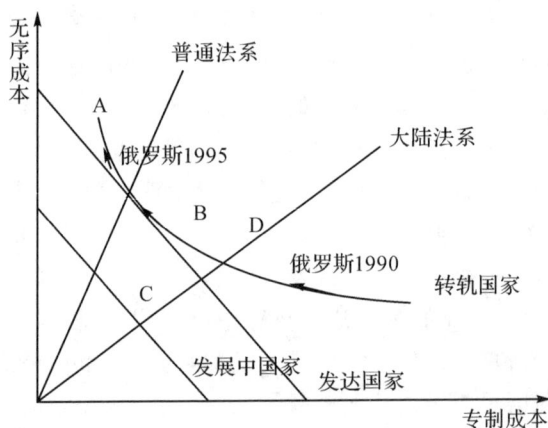

图 2.1 法律移植

由图2.1可看出,在IPF线上,向上表示社会无序的加剧,对下表示专
制的加剧,可以解释20世纪90年代,包括俄罗斯在内的转型国家的转轨实
情。俄罗斯实施了"休克"式改革疗法,相比其他东欧国家,IPF线上升过多,
表现在专制的衰败更为急剧,社会无序上升严重,维持其秩序的机制不复存
在,经济的非组织化、新生公有制被强实力通过犯罪、腐败所破坏,严重的地
方主义破坏国内金融,经济步入更长、更深的衰退(Djsnkov et al.,2002)。
相比成熟市场经济国家,转轨国家因政府管制较易缺乏透明度与必要的权
力约束,其可能性边界相比偏上。同时随着IPF线从发达国家向发展中国
家外移,转轨国家增加政府管制在减少无序方面的边际生产力更低,所以
IPF线更为平坦。

由图 2.1 可看出,由原点发出的射线代表对应的法系,与普通法系相比,大陆法系的干预和管制相对较强,所以大陆法系在普通法系的右边。可看出发展中国家无论移植的是普通法还是大陆法,对应均衡点上专制和无序增加较多,与其有效率的选择相比较,移植往往带来过多的管制和干预,当然大陆法系国家比普通法系国家情况更严重。发展中国家由于较高程度的管制,包括市场准入、司法程序等,制度性交易成本提高使得最后产品质量、司法公正及失业率等均有待改善。所以发展中国家更需要充分发挥市场机制的作用,而不是通过法庭来控制无序;放松诸如市场准入和劳动力市场方面的管制。

适合资本主义国家的"法源论"和"过程论"从某种程度也可解释转轨国家在法律移植上出现的问题。俄罗斯移植英美法系的"公司法"时,和原先的大陆法系制度发生冲突。在其他配套改革没有跟进的情形下,通过改善法律框架来保护股东和债权人的权益是较难达到预期效果的。移植商法的同时,更要重视移植过程,更需要移植的供体和受体进行长时间的磨合和适应,减少"过程论"里"移植效应"的负面性。

通过上面对立而又统一的两个理论可以看出,传统宏观"盆栽式"法律移植有其失效的根源。Dixit(2007)认为,由于信息不对称和交易成本的存在,法律的运行成本较高,可信度低,法律因而失效,这在发展中国家或转型经济中表现得尤为明显。法律如何成功移植到本国,以避免出现类似"兰花长在卷心菜地里"的情形? Pistor 和 Xu(2002)基于法律不完备性理论解释了法律移植的效果问题,鉴于法律移植无法带来完备的法律,其替代执行机制显得非常重要。目前国际贸易网络正在超越传统的国家主权,私人投资商积极寻求可预测的和可操作的游戏规则。加之人们越来越普遍关注人权及环境问题,所以有关人权和环境的国际条约增多,相关的标准也会借助跨国交易进行输出。越来越多的商事个体在跨国界商业扩张活动时把一国的商事制度移植到交易国,这时商人替代官方成为非官方法律移植的主体。

事实上一个独立主权国家在法律移植时,往往借助立法机关对来自不同法系的法律片段进行整合,形成新的法律。但发展中国家在法律制定和移植中扮演较弱角色,所以过度法律标准化会给这类国家带来很多风险。如国际劳工组织一直致力于推进各国尤其是发展中国家由上而下实行劳工标准统一。劳工标准较低既是发展中国家劳工比较优势,也是发展特定阶段既定之"原罪"。而标准统一化运动中必然有讨价还价的过程,所以劳工法律制度没有像发达国家及其他法律制度统一标准化那样进展顺利。很明显，在政府宏观层面正式移植无法达到预想效果时，非官方替代执行机制就显得很有必要。微观领域的企业间商业交易大部分都借助各种替代性的非正式安排来进行，如合作关系、习俗和惯例、合约等。随着第二次技术革命带来的发达国家与发展中国家基于各自比较优势形成国际分工，发达国家采购商较多采购来自发展中国家劳工标准较低的制造工厂甚至"血汗工厂"的产品，发展中国家企业在积极融入全球贸易体系的同时，越来越多地选择"点对点"的途径绑定、移植标准和合约等，这就涉及当前特有的较为有效的微观法律移植。

2.3.5　微观法律移植的理论

威廉姆森（Willmson）将制度类型分为四个层次，第一层是非正式制度，如社会习俗和社会标准；第二层由正式规则如宪法及法律组成的制度环境；第三层次为适应每一种交易类型的治理模式；第四层涉及生产、雇佣、市场均衡等常规的经济活动（迪克西特，2007）。很多学者从宏观层面对法律制度移植与经济发展之间的关系进行了研究，考虑到第一层非正式制度，则需要思考与经济个体交易有关的微观层面，这就涉及微观法律移植的问题。关于微观法律移植，目前还没有比较统一的概念，但总体来说很多学者都尝试从以下几个方面对其进行阐释：一是关注微观个体的行为，不再局限于宏观的国家层面；二是移植往往是强制性法规，如食品和药品标准，但也有非强制性的，如自愿性劳工标准认证；三是这些强制性或自愿性标准都有向法律演化、统一的趋势。

Lin（2009）认为，跨国公司通过私人合约要求供应商按照生产守则供应产品其实是一种法律移植，是一种微观领域的移植。跨国公司具有非常强的讨价还价能力，要求供应商在生产时按照指定规则，所以这种外部指令性移植（Miller，2003），目的是满足社会需要，同时控制交易成本和跨国界风险。

史晋川、林锦和王婷（2011）认为，消费者偏好的改变是跨国采购合约下法律移植的一个很重要的驱动因素，供应商准则是采购商基于发展中国家法治供给不足情况下的替代机制，通过私人合约的法律移植比通过正式立法更有效率，劳工法律制度的变革与社会经济发展同步，偏离最优路径会导致劳工处境恶化。

Ferrando(2013)对欧洲四个国家的采掘公司进行了分析,结果表明,公司制定的生产守则可以代理跨国公司网络中的私人法律移植,借助公司内部系统自我调整和自我训练的规则在跨国经营中进行传播,有助于自下而上地推动法律移植,同时也能避免跨国边界的约束。

通过以上学者对微观法律移植的陈述,可以看出他们各有其侧重点:Lin从节约移植成本和降低风险角度去考虑;史晋川等从消费者偏好视角去分析产生微观法律移植的原因;而 Ferrando 更多从拓宽跨国公司边界去看待微观移植的作用。当然同时也可看出以上学者观点的共同处:在微观领域出现规则、标准的移植是宏观法律失效或不完备情况下,跨国交易的微观个体自行制定的游戏规则的移植。既是对不完备法律的有效补充,也是法律移植微观领域研究,以更好地完备宏观法律移植,以促进宏观经济增长。微观领域涉及规则、标准移植的案例很多,如环境标准、食品标准和劳工标准等,本书将选取劳工标准作为微观研究的例子。

经济全球化造成的劳资冲突问题,是一个国际问题。劳工标准认证可认为是一种微观法律移植,同时也可看作全球化背景下西方发达国家跨国社会性规制在劳工领域的体现。相比政府宏观调控,微观规制是一般中的特殊,直接作用于市场主体。政府规制及其研究在西方与相应经济发展态势密切相关。20 世纪前,西方发达国家处于自由竞争阶段,政府规制的作用非常有限,相关研究也较少,主要是新古典经济学框架下规制的经济学效应分析,这也成为微观经济学视角下规制经济学的研究基础。伴随西方国家从自由竞争过渡到垄断资本主义,无论是规模还是力度,政府规制有所加强,规制的研究也主要围绕公共利益理论展开,代表观点有:Owen 和 Braentigam(1978)认为规制是服务公共需要、降低市场运作风险的一种方式。Posner(1978)认为市场运行有时较为低效,政府规制成本不高时,可通过制定相关产业政策来解决自然或人为垄断及由外部性和信息不对称带来的市场失灵问题。利益集团理论认为政府规制并不一定与市场失灵有关,从之前西方特定时期的规制经验看,政府规制往往更有利于生产者利益。持此观点的主要有 Stigler(1996),Peltzman(1976),Becker(1983),他们更多强调政府提供的规制要适应产业的需求,即规制机构被产业俘获。随着经济发展,对应规制内容也逐渐从经济型效率规制向社会型公平规制转变,如环境、劳工、消费者个人安全与健康等。同时规制模式相应发生变化,从政府主导向第三方规制方向发展。

中国的改革开放本身与全球化有着一致的内在逻辑,进入 21 世纪后,处于经济全球化背景下的中国,正处在经济社会发展全面转型阶段,也频繁受到安全、公众健康、环境保护等问题的困扰,社会公平及正义的实现尚需时日。核心劳工公约是实现社会公正的基本条件,但信息不对称和外部性带来一系列市场失灵,社会性规制也加速向发展中国家扩展延伸。核心劳工公约是实现社会公正的基本条件,但信息不对称和外部性带来一系列市场失灵,社会性规制也加速从发达国家向发展中国家扩展延伸。西方发达国家消费者道德责任运动通过一系列商业力量倒逼中国供应商满足劳工制度要求,中国有关规章制度虽然赋予一些部门监督权,但未规定任何法律责任或惩罚办法,所以劳工认证以自愿性形式展开。社会经济环境的变化对完善中国劳动法律规范提出新的要求,表面上是微观个体外部命令式社会性规制的跨国延伸,实则涉及国与国之间在经济全球化背景下的劳工制度演化博弈,当然在特定时期也是交易成本较小的移植形式,很多学者也基于微观视角对劳工标准的微观经济学机理展开了分析。

2.4 关于劳工标准的文献梳理

劳工标准的定义首先来自国际劳工组织,按照是否规定工人的基本权利,国际劳工标准可分为核心标准与非核心标准。核心标准涉及结社自由和有效承认集体谈判权利、有效废除童工、消除一切形式的强迫劳动或强制劳动、消除就业和职业歧视四个方面。非核心标准比较庞杂,主要涉及就业、产业关系、工作条件、特殊群体、特殊工种及社会政策和劳动行政管理等方面。国际劳工组织在结构上实行独特的政府、雇主和工人的"三方性原则",所以在监督实施机制上较为成功,但由于其自身所固有的国际法性质,不可避免地带有一些国际组织所共有的"弱法"的缺陷。柳华文(2005)提到,国际劳工组织的监督执行机制属于单一问题机制,对相关国家没有法律约束力,刚性不足。谢海霞(2007)认为劳工标准是一个"软法",在一些敏感的法律领域中,在无法推行硬法的情况下,可代之以软法,但也存在无法避免的弊端:缺乏有效的执行机制和争端解决机制。

全球化浪潮使得任何国家与组织都不能置身事外,特别世界贸易组织有一社会条款与劳工标准挂钩。该社会条款指的是在国际贸易协议中有关最低劳工标准的条款,主要以国际劳工组织的核心条约为基础,包括自由结社、杜绝强制劳动、集体谈判、禁止童工、免受歧视、获得平等报酬等基本的劳工权利,目前主要存在于一些单边、双边及多边贸易协定中。从某种程度讲,这种社会条款遏制了发展中国家迅猛的发展势头,有着向其兜售西方价值观念与限制发展中国家在国际贸易中的比较优势的双重目的。由于世界贸易组织已成为一个比较强势的组织,且包容性又很大,社会条款确定的可能性日益增强。所以一些对待国际劳工公约态度较消极的发展中国家,为了取得订单,会积极满足世贸组织有关社会条款的要求。

20世纪90年代,伴随着企业社会责任运动的兴起,西方国家的消费者、非政府组织、工会组织、学生组织等发起对跨国公司的批评,指责其转包体系中存在"血汗工厂"。这一社会运动要求跨国公司在谋求经济利益最大化的同时,必须承担起包括劳工权益保护在内的"社会责任"。同时这一运动与企业生产守则是相辅相成的,Synder(1999)认为在跨国公司和行业贸易协会的支持下制定的守则可能在实践中远比正式的国家或地方立法重要。Macklem(2002)认为,调整跨国资本公法范畴的国际劳工法逐渐以越来越多地使用公司守则的方式私化。类似SA8000等二、三方认证更多,且其内容与国际劳工组织相关内容没有太大差别,在具体落实上,虽没有更多的代表性和普及性,但显然具有更大的权威性,非政府组织在其中替代政府承担了一些功能。

周长征(2002)认为生产守则是跨国公司承担社会责任的一种形式,形式上是一种企业内部规章制度,同时也是经济全球化的一种后果。常凯(2006)认为企业生产守则运动是为保障劳工生存权、协调劳资关系而形成的一种社会运动,其法律性质决定其目的是实现劳动者在企业生产过程中的"权利",所以尽可能避免"生产守则"对工人的控制和对传统劳动运动的替代或排斥。郭铁军(2006)认为跨国公司生产守则从法律性质上来说是一种民间法,是有价值的非正式制度资源,有意识地利用生产守则来弥补劳动立法的漏洞和劳动执法措施的不足,以更好契合正式法律制度。龚柏华(2005)认为,由于发展中国家和发达国家的政治制度、法律制度差异较大且经济利益不同,在劳工标准方面不容易达成一致,而由某一非政府组织制定的社会标签,以公司为主体,即从"私"的途径提高劳工标准,与国内相关法的修改没有关系。

2.4.1　劳工标准与贸易投资

关于劳工标准与贸易投资相关性的文献,主要论点纠结于产生于发达国家的劳工标准是人为干预发展中国家的经贸发展,还是从长远来看对发展中国家劳动密集型产品出口有更好的促进作用。反过来,随着一国贸易投资的发展、经济实力的提升,是否会反过来作用于一国的劳工标准?这个作用是正作用还是反作用,或者没有相关性?所以此类文献脉络主要分别从理论和实证两方面去论证上面提到的观点和现象。

首先是关于贸易导致劳工标准"向下竞争"还是"向上竞争"的理论方面的争论。按照新古典国际贸易理论里的赫克歇尔-俄林要素禀赋论,各国应当分工生产并出口本国要素丰裕的商品,进口本国要素较为稀缺的商品。按此逻辑推理,在其他条件不变的前提下,通过国际贸易最终将实现各国生产诸要素相对价格和绝对价格的均衡,也就是赫克歇尔—俄林—萨缪尔森要素价格均等化定理(董瑾,2010)。Casella(1996)展开 $2\times2\times2$ 的赫克歇尔—俄林模型,从理论上论证核心劳工标准和贸易自由化之间的关系。两个要素分别为高技术劳动和低技术劳动,相关假设条件满足上面模型,两国劳工标准趋于相同,劳工标准将不会向下竞争。

Srinivasan(1996)是坚定的"要素禀赋差异论"支持者,各国劳工标准的多样性体现在各国要素禀赋和收入水平的多样性上,也就意味着低劳工标准的低工资不能视为不公平的竞争优势,而且通过国际分工和贸易形式的多样化,各国的劳工标准会随着要素禀赋差异的减小渐趋一致。

Krueger(1996)分析了在完全竞争情况下的小国开放经济中的劳工标准问题,结论表明,如果每个国家都按照社会成本等于社会收益确定最优劳工标准,劳工标准的向下竞争将不会出现。因为都是小国,个体标准将不会彼此影响,即使放到大国开放经济中,只要市场是完全竞争的,结论依然成立。

Brown、Deardorff 和 Stern(1996)同样从理论上分析了小国开放经济中的劳工标准问题。从贸易条件的角度来看,由于劳工标准的执行会提高劳动密集型产品的国际相对价格,所以会使得劳工稀缺的国家贸易条件恶化,因而较为有利于劳工充裕的国家。但同时由于劳动充裕的国家可能会过度管制本国劳动市场,而资本充裕的国家劳动市场相对又会出现管制不足,最后劳工标准将不会出现向下竞争。

Martin 和 Maskus(2001)论证了因就业歧视会导致劳工标准扭曲,进而削弱低技术含量的劳动密集型产品的竞争优势。所以政府为寻求国际竞争力会加强反歧视的立法,出现劳工标准的"向上竞争"。这在 Busse(2002)的实证分析中也得到印证:劳工标准的种类决定了其对比较优势的影响,诸如自由结社、集体谈判权、雇用童工以及强迫劳动领域的低劳工标准都会增强低技术劳动密集型产品的出口优势,但歧视女性则会降低比较优势。

也有学者提出不同观点。Rodrik(1996)基于封闭经济与开放贸易两种背景比较论证了向下竞争的情况。在自由贸易背景下,由于该国不能决定价格,而由世界市场来决定,所有涉及劳工标准的成本由工人或厂商承担。而在封闭经济背景下,生产厂商更容易把劳工标准部分成本转嫁给消费者。对比会发现,在开放经济背景下高劳工标准会较难维持,劳工标准向下竞争更有可能发生。

Basu(1999)认为,由于在经济学中经常存在较多均衡,所以可以考虑使用一个多重均衡模型来分析童工问题。研究发现,存在的多重均衡对童工的限制有时能导致较好结果。但是由单个国家执行的限制童工政策因资本的流动性,往往不能获得较为有利的均衡结果。特别是在向下竞争的极端情况下,可能仅存在类似囚徒博弈的均衡,所以需要改变其中的博弈系数,为的是产生更好的合作均衡。

Alam(1992)是第一批从理论上研究劳工标准对贸易投资影响的学者。他基于要素禀赋理论 $2\times2\times2$ 模型指出,劳工标准的实行有可能弱化比较优势,从而导致贸易量减小。有时劳工标准对比较优势产品的贸易出口影响是非中性的。实行劳工标准是否会削弱贸易出口,这主要取决于其在什么部门实行。所以 Alam 认为,人们应该谨慎对待劳工标准对出口贸易的影响。

Brown、Deardorff 和 Stern(1996)考察了各国独立行动和统一标准两种情况下劳工标准的执行对贸易出口的影响。在各国独自行动的情况下,劳工标准的执行使得产品成本提高,供给曲线向左上移动,相比出口会带来更多的进口。在专业化分工较细的行业中,劳工标准提高会减少贸易品的生产以及出口,使福利受损。但如果该国是大国,全球总供给量的减少会使得执行劳工标准的国家受益。由于劳工标准成本需要进口贸易国来承担,所以为了避免对外贸易条件的恶化,各国都努力尝试提高劳工标准。而在专业分工较为粗糙的行业中,劳工标准对贸易的影响是恶化还是改善取决于贸易品的要素密集度与劳工标准的要素密集度。很明显,劳动力充裕的国家会因为提高劳工标准带来额外净收益,劳动禀赋较差的国家会受损且劳工标准提高较为被动。

其次是劳工标准与贸易相关性的实证分析。Aggarwal(1995)对 10 个发展中国家的相关数据做了分析,发现其核心劳工标准的执行与其向美国的出口额之间并不呈相关性。尽管发展中国家出口部门的劳工标准,有时会高于非出口部门和非贸易部门,但低劳工标准国家同高劳工标准国家相比没有显现出较高的出口优势。

OECD(1996)通过实证分析,没有发现属于核心劳工标准的集体谈判权和自由结社权的执行与出口之间存在负相关,反而发现对美国纺织品的进口国家中,高劳工标准国家的市场份额更大。同时 OECD 也分析了核心劳工标准与直接投资流动的关系,实证结果表明,核心劳工标准并没有成为投资区位选择的重要决策变量。

鉴于 OECD 的研究大都是基于一些统计图表,所以其研究结论不太有说服力。Van Beers(1998)基于一些数据对 OECD 国家中的劳工标准与贸易流动之间的关系进行了更深入的分析。劳工标准的高低采用 OECD 的指数来衡量,当因变量包括所有出口时,高低不同的劳工标准并不能很好地阐释双边贸易模型。将双边贸易模型分成资本密集型和劳动密集型之后,发现高低不同的劳工标准并未影响劳动密集型商品的出口。

Mah(1997)选择 45 个发展中国家批准的 ILO 核心公约作为解释变量来研究 1993 年的对应出口情况与核心劳工标准之间的关系。实证结果显示,集体谈判、自由结社和非歧视公约的批准与出口呈负相关,而关于强迫劳动的 ILO 公约的批准对出口的影响不显著,其结论与前面 OECD 分析得出的结论有冲突。考虑到劳工标准仅是影响经济行为的因素之一,而 Mah 回归的方程中除了公约的批准外并没有考虑其他控制变量,如没有控制住其他变量而仅仅引入劳工标准自然会引起有偏估计。

Rodrik(1996)在控制变量处理上比 Mah 更完善,他在回归中使用了多种衡量劳工标准的变量来分析劳工标准与劳动成本、比较优势、直接投资流入以及贸易流动间的关系。实证分析发现,劳工标准是劳动成本的重要决定因素,与比较优势没有关联度。同时在劳工标准对直接投资影响的实证分析中,在控制了人口、经济增长率和政策扭曲后,发现低劳工标准往往会阻碍外商直接投资,即呈现负相关性。

Hasnat(2002)选择了 58 个非 OECD 国家为样本研究劳工标准与出口的相关性,出口指标用出口额占 GDP 比重来表示,把劳动生产率、投资额、ILO 劳工标准、人均工资、人力资本等设为自变量,国家被分为高收入国家和低收入国家两种类型,回归结果显示劳工指标与外贸出口没有太大相关性。

Rodriguez 和 Samy(2003)利用 1950—1998 年美国数据从实证方面来论证不同的劳工标准衡量指标对美国出口贸易的影响。实证研究发现,工人工作时间、职业伤病率和组织集会比率作为劳工标准的衡量指标,能很好地解释美国的出口行为,若选择其他指标可能会得出相反的结论。所以最后总结为:低劳工标准是否能提高出口能力,取决于选择哪些衡量劳工标准的指标类型。

Neumayer 和 Soysa(2005)分别就 10～14 岁劳动力和五年级受教育率作为童工衡量指标进行实证分析,得出:除了贸易开放度与五年级受教育率的相关性不显著外,其他方面,较高的贸易开放度都可显著促进高投资,也会降低童工的雇用率。他们还做了孤立点分析,得出贸易开放度与 FDI 都与 10～14 岁劳动力这个因变量在相关性上通过显著性检验的结论。

Edmonds 和 Pavcnik(2006)用开放度代表贸易水平,以童工数量表示劳工标准水平,从贸易与童工的内生性角度研究开放度和童工的关系,基于跨国界的数据实证分析结果显示,两者具有负相关,这种负相关在非 OECD 国家对 OECD 国家贸易中体现得尤为明显。就整个跨国界的数据来看,其相关系数是－0.7,而低收入国家的相关系数为－0.9。考虑到收入与贸易的关联度,控制收入差距的变量后,实证发现显示较小统计性非显著。从另一个角度也可以看出,只要国家间的收入渐趋相同,童工与开放度之间的相关性就不再明显。

国内学者也有相关的实证研究,主要是两者呈正相关的结论。许尧明(2004)基于 1986—2001 年统计数据实证分析了中国本国投资企业、外商投资企业的出口额和职工货币工资之间的关系。结果表明,外商出口贸易与本国职工货币工资呈正相关,另外本国投资企业出口与职工货币工资也呈正相关。

徐天云(2005)发现,我国劳工标准的改善同外商投资企业出口和国内企业出口都存在显著的正相关关系。发达国家所认为的"发展中国家通过压低劳工标准来增加出口",亦即"劳工标准与出口之间存在负相关"的观点没有得到理论和实证检验上的支撑。

王铂(2010)选取劳工工资的变化率作为劳工标准变化指标实证分析得出,国际贸易和出口对制造业劳工标准均有显著的正影响,出口额的变动是劳工标准变动的格兰杰原因。也证明了斯托尔帕—萨缪尔森定理在中国的适用性,发展对外贸易、扩大出口能够提高劳工标准,而抑制中国对外贸易的因素,可能不利于劳工标准的提高。王铂(2012)采用数据包络分析、协整检验等方法,实证检验技术路径和经济增长路径。分析表明,国际贸易不仅直接影响劳工标准,同时还可能通过影响其他经济因素如技术路径和经济增长等来间接影响劳工标准。

具体到 SA8000 对贸易的影响,相关研究近几年在不断增多。袁建新(2004)利用数理模型证实 SA8000 会降低外贸产品的国际市场竞争力,影响中国出口规模,甚至使出口大幅度下降,直接影响中国外贸结构的升级,短期内可能导致贸易条件恶化,使中国外贸发展失去增长的源泉。姜启军和贺卫(2004)认为,目前大多数中国企业是否实行 SA8000 认证,能否执行 SA8000 标准,主要取决于企业的压力大小以及企业成本—收益比较。魏洁琛(2011)通过因果检验得出职工平均工资是制造业出口的格兰杰原因,即 SA8000 标准与我国工业制成品出口贸易之间存在一种长期稳定的关系和单向因果关系。

最后是劳工标准与对外直接投资的相关性分析。一些学者认为两者没有直接相关性,OECD(1996)指出没有明显的证据表明劳工权利被压榨与外资的流入之间具有相关性。Aggarwal(1995)通过实证分析发现,东道国低劳工标准并不能吸引到美国的海外投资。Rodrik(1996)也通过计量分析更加肯定了这个结论。Kucera(2002),Busse(2003),Samy(2003)通过实证分析得出,童工的使用与国际直接投资(FDI)之间无显著相关性,即较低劳工标准并没有成为吸引 FDI 的重要因素。另外有证据表明,跨国公司的投资更易被基本人权和劳工权利水平更高的地方吸引。Teitlebaum(2010)更新了 Kucera 涉及 170 个国家和地区在 1994—1997 年的 37 类侵犯劳工权行为的数据,实证分析得出劳工权和 FDI 没有显著相关性,相反人力资本水平、既定资本存量、区域差异和国家规模相比政府对劳工权利的压榨更能影响投资。

另一些学者通过实证研究认为二者具有一定正相关性。Brown(1996)认为,OECD 国家更倾向直接投资于达到核心劳工标准的国家(地区)。

Kieman(2004)从微观企业层面分析,得出结论:健全的劳工保障措施更有利于企业从国外获得有效融资。不过 Javorcik 和 Spatareanu(2004)使用厂商层面数据分析发现,东欧低劳工标准的厂商得到了很多的来源于本地区的投资。Berik、Rodgers 和 Zveglich(2004)实证分析发现,在韩国和我国台湾地区,直接投资引发的竞争与低劳工权利之间呈现出正相关性,Leahy 和 Montagna(2002)也认为劳工权利的压榨与直接投资的流入间可能存在相关性。

国内学者也有很多通过实证分析劳工标准与国外投资的相关性研究。王晓荣(2006)通过使用工具变量控制了直接投资流入与劳工标准之间的内生性问题,实证结果表明,在其他条件不变的情况下,高劳工标准会成为吸引直接投资流入的原因。王铂(2008)实证分析证明,制造业工人的前期工资对 FDI 有一定的负向影响,在产出不变的情形下,三年前工人工资越低,对应吸引 FDI 就越多。杜晓郁(2010)通过对大连市实际利用 FDI 的金额以及居民可支配收入的相关性进行分析,证实居民实际收入和实际利用外资之间呈现正相关,即劳工标准的提高不会影响利用外资的规模,且有利于利用外资实现结构优化。

2.4.2　劳工标准的内生性

Freeman(1994)建议使用标签手段来甄别不同劳动环境下生产的产品,消费者将偏好于购买来自较高标准环境中生产的产品。这其实是将劳工标准的外部性进行内生化。

后来,相关学者尝试用经济学理论来分析劳工标准内生性。Beaulieu 和 Gaisford(2002)通过局部均衡分析了标签制和商品流通,研究发现标签制比贸易限制有利。但是标签制并没有得到实施,与之相似的一种措施却在兴起,即企业的社会责任认证制。所不同的是,前者是对产品的标签,而后者是对企业的标签。

Bagwell 和 Staiger(2001)把劳工标准问题放在两个国家、两种商品的一般均衡框架中,用这种扩展的模型来定义政府的偏好。每个政府只能通过其贸易伙伴的关税和国内劳工标准的选择(通过贸易),对世界均衡价格所产生的作用来间接地关注贸易伙伴在这方面的政策选择。分析认为,本国政府选择扭曲劳工标准与外国关税壁垒的降低是一种博弈的均衡。从战略性贸易政策角度得出,实施劳工标准可获得在国际贸易中的战略优势,是政治的替代手段,像关税一样会对进口竞争企业的福利产生影响。

Sinn(2001)通过动态优化的方法解释了发展中国家劳工标准逐步提升的过程,认为市场机制的作用使得发展中国家边际生产率低的劳动力向国外流动,同时外国资本也流入发展中国家,在此过程中劳工标准得到提高,从而与工资同步增长。发展中国家会从发达国家吸引一部分资本,资本的流入导致对发展中国家劳动力的需求增强,自然会促使工资率进一步增加,劳工标准就会提高,因而劳动力逐渐回流。当工资和劳工标准都达到发达国家水平时,资本停止流入,而这一过程并不需要国际组织的人为干预。

与前面的外生性分析不同,劳工标准内生性分析主要是基于博弈论视角下的内生性研究,这在 Aoki(2001)的制度内生性研究已有较多的体现。作为演化博弈论制度分析理论的代表人物,Aoki 从演化博弈论过程的性质入手定义制度并论证其内生性。制度既是博弈规则,也是博弈均衡。在博弈的过程中,参与人依据前期的信息选择自己不同情况下的行动规则。当参与人的信念与其行动规则一致时,则达到纳什均衡状态。博弈参与者的策略选择中存在一种"策略互补"关系,参与人基于共有信念而做出策略选择共同决定均衡再生,进而反过来又强化其浓缩信息。这种自我维系的制度外加浓缩的信息使得制度既是内生的又是客观化的。Aoki 这种制度内生性的观点与 Greif(2006)等人的看法很类似,与之略有不同的是,前者引入制度演进的理念,而后者是从比较制度角度来分析经济制度的变迁的。

2.4.3 劳工标准移植的微观机理

劳工标准移植涉及的微观个体主要是买卖双方,对此,相关文献主要可分为以下三类。

2.4.3.1 基于买方和卖方的视角的行为分析

Henkle(2005)从买方的视角进行研究,认为 SA8000 给供应商更多的信任,使得侵犯人权的风险降低。Ciliberti 等(2009)认为合约和信任是协调供应链过程的两个机制,当合约不完备时,信任就显得尤其重要,SA8000 在解决合同不完备和建立新合作商信任时显得非常重要,但对第二、三层供应商的间接协调作用较小。Miles 和 Munilla(2004)认为 SA8000 会带来一系列多米诺骨牌效应,更多采购者鼓励或激励供应商遵守标准,逼迫对社会条款不关心的供应商采纳或遵守 SA8000 条款,以在供应链上保持较好地位。

SA8000能够通过一系列连锁反应,使供应商能够自觉地遵守该规则,同时提高企业在生产环节中的地位,提高供应商的可信度。但是它的影响力与公司的规模大小有很大的关系,大型企业比较重视企业的信誉度,而且实行该制度所需要的成本也相对较低,所以一般乐于执行;但对小型公司来说,受限于既有成本和认知度,导致很难高标准执行该制度,从而限制了小公司的快速发展,工人的收入和就业也会有所限制。Wolters(2003)认为由于政府干预、文化匮乏、经济落后,发展中国家第二级和第三级供应商很难达到认证标准的水平。Mamic(2005),Ciliberti等(2008)认为,缺少严格的规制或者政府的不作为,供应商信息反馈的困难、文化和语言的差异,同时缺少和供应商充分沟通的工具,使得机会主义更容易发生在发展中国家,所以监督就显得尤为重要。Muller等(2009)观察到,仅是生产商认证,而非第二、三级供应商认证意味着认证公司没有对工作条件负责,未来的认证应该围绕中心地点展开,包罗供应商所有地点,这样可以尽可能多地监督到厂商的工作条件。从供应商角度,Stigzelius和Mark-Herbert(2009)认为买方不支持成为实施SA8000的一个重要障碍。买方不分担供应商遵守标准的成本,而且没有合同保证标准代表一个安全投资,所以遵守标准的同时,又要保持对买方有吸引力的价格是很困难的。

2.4.3.2 关于认证方选择的研究

Dewally和Ederington(2006),Terlaak和King(2006)认为,可以通过第三方认证,独立一方设定规则,检验监督供应商是否履行承诺,最后公布结果,以提高信息可靠性。除了第三方认证,还有第一方与第二方认证,第一方认证是供应商设定规则,第二方认证是买方设定规则并检验。Hwang等(2006)比较了第二方认证和第三方认证,相比前者,后者代理成本要低,因为前者要支付额外的监督成本。Lepoutre和Heene(2006)认为,大客户的压力使得小的供应商采取社会责任的认证。因为小公司讨价还价能力低,大公司有较强的话语权要求其合作的供应商完成认证,所以小公司需要寻求与其他企业合作以摆脱困境。小企业参与企业社会责任较难还有一个重要原因是相关成本较高,这就是为什么监督小企业供应商需要第三方认证而不是第一方或第二方认证,鉴于同样原因,小公司经常不能解决涉及信息不对称的问题。

2.4.3.3　关于微观机理的经济学分析

Ciliberti 等(2009)认为,SA8000 减少了供应链上的交易成本,这样的标准代替了合同大部分,守则在事前和事后两个阶段影响交易成本,事前阶段主要是协商和搜寻成本减少,因为采购商选择供应商只需看其有无认证。事后阶段是监督和执行成本的减少,因为第三方只需认真对待监督审证的工作即可。认证减少信息不对称但不能完全解决,公司和客户必须在 SAI 框架内依赖并信任第三方。

Ciliberti 等(2011)把企业认证的问题纳入到委托代理框架内来分析,由于信息不对称会产生两个问题:逆向选择和道德风险。作者通过四个案例来解释生产守则(SA8000)如何帮助没有讨价还价能力的中小企业解决委托代理问题。生产守则特别涉及第三方认证,可以通过供应链与直接或间接的合作商交换信息,通过协商准供应商可以通过接受认证或开始的认证过程来大大减少逆向选择。就道德风险这块,风险规避型供应商会较好遵守守则,但守则局限在于无法剔除那些有机会主义的行为供应商,这就需要采购商借助地方非政府组织保护和诠释这种行为,同时加强第三方对供应商的监督。

2.4.4　中国劳工标准移植现状

中国 40 年渐进式改革开放取得举世瞩目的成就,而劳工标准认证作为发展中国家劳动密集型产品进入发达国家市场的"入场券"和发达国家消费者的"道德标签",在中国的移植也是在政府和市场"两只手"调节下采取"自愿性"认证的渐进过程。近些年相关学者研究中国企业劳工标准问题的文献也不断增加,更多学者尝试从企业内、外部影响因素分析其现状。Chan(2003)将我国的劳工标准和墨西哥进行比较分析,有两个非常重要因素影响我国企业劳工标准的执行:我国国内的户籍制度和工会的力量,在这两个因素中,工会是内部的原因,能够在一定的程度上保证工人的正常福利待遇的提高。Ngai(2005)基于 2002—2003 年间两个中国服装企业供应商研究发现,供应商投资一定费用用于员工宿舍建设的供应商的工作条件要比没投资的供应商好。Niklas(2007)通过相应的研究分析表明:中国供应商在进行生产的过程中,存在不按照约定遵守瑞典厂家要求的情况,在生产的过程中减少相应的程序来欺骗零售商;除此之外,由于经济利益的关系,在进行生产的过程中,相关的生产、零售部门及雇工会逐渐放松对约定好的相应规则的执行。Chan(2009)通过对锐步公司在福州和台湾两个供应商的生产过程进行相应的调查,得到在实际的工业生产中,通过工会,能够保障工人的相应的合法权益,但是这种方式也只是暂时的,当生产的成本有较多降低时,由于工厂的管理方掌握主动权,同时中华总工会又会参与谴责跨国公司对中国制度及其运行的干扰,所以工人的权益还是无法保障,血汗工厂的条件还是没有得到根本性变化。通过为沃尔玛供货的中国服装和玩具企业的劳工标准执行度研究时发现,供应商在工作时间和最低工资的要求上违反生产守则规定(Chan,Siu,2010)。

有学者从外部性视角基于 2000 年初耐克关于中国和越南供应商的研究发现,如果买卖双方的关系从简单的市场操作到相互的合作关系,生产守则的实施更能提高工人的权利(Phillips,2008)。另一些学者对生产守则遵守程度依赖于供应商的大小,正常而言,小企业(1000 人)较大企业(10000 人)更易遵守劳工标准(Locke et al.,2007)。同时认为,生产守则的遵守与供应商国外所有权正相关。在对锐步公司中国的供应商的生产情况进行调查发现,在实际的生产过程中,相应的生产守则并没有得到很好执行,而且由于成本的增加,“血汗工厂”状况更加严重(Yu,2008),议价权较高的采购商没有和供应商分担成本、中国国内 GDP 竞争及 ACFTU 无作为成为劳工标准向下竞争的重要因素。Bartley 和 Zhang(2012)通过对北京、上海、广东等地的企业进行相应的调查分析得知,很多公司在进行生产的过程中,并没有很好地执行劳工标准,但是它能够提高企业的社会责任,促进人力资源管理的快速发展以及推动在中华总工会的劳动代表等方面重要作用。除此之外,公司守则能够提高工人对自身权利的保护意识,应继续发挥相应的私人标准的角色,即使目前没有占绝对主导作用,但能帮助境内对劳工权利、福利等的认知及工厂开放交流的渠道,所以这样的劳工标准在我国的发展过程体现了我国劳动体制和国际体系融为一体的过程。Niklas(2015)基于2004—2009 年中国四个玩具供应商的研究时发现,2009 年除了生产守则中的加班和工人保险没有很好安排外,绝大部分生产守则都较好遵守,同时认为生产守则的政策和实施如能更好结合需要以下四方面的条件:一是增加外部需求和监督;二是改变外部需求的类型;三是内部化外部需求;四是在组织和利益相关者之间实施压力时,更多缔结信任关系。

近年来相关中国学者开始从微观视角分析企业劳工标准执行的内在机

理。史晋川、李贤祥(2014)用信息租模型分析基于产品买方市场的发展中国家劳工标准移植的特征时发现,发展中国家高劳工标准存在是供应商追求信息租金和采购商追求真实剩余博弈的均衡。同样基于发展中国家产品卖方市场研究时发现,供应商的劳工标准趋于最低要求水平是供应商通过卖方市场实力帕累托改进的结果(史晋川,李贤祥,2015)。李贤祥(2016)基于劳工标准信号的作用分析时发现,当供应商风险偏好为中性及劳工标准呈现为规模型和效率型正外部性时,最后劳工标准执行度较高,供应商的净收益较之前提高较多。考虑到信息传递成本及最低标准等有限责任信息租,供应商与采购商要满足委托代理的过程,采购商还必须多支付相应的代理成本;类似经验品属性决定对应企业劳工标准执行中会产生挤出效应,所以通过长期的声誉机制维持较低合约激励(李贤祥,2018)。

2.5 本章小结

关于劳工标准的研究,西方主要集中在世贸组织成立后经济学者开始关注劳工标准与对外贸易投资关系的实证研究,也有一定的国家层面的理论研究。20 世纪 90 年代中后期,随着西方国家企业社会责任运动兴起,也倒逼采购商对来自发展中国家产品进行劳工认证。党的十九大报告指出,中国经济已从高速增长到高质量发展阶段,而劳工标准认证也在从原先的"便不便宜"的成本节约型到现在"有没有""好不好"的数量质量提升型转变。从微观法律移植视角去看,劳工标准跨国界绑定、移植既是微观个体自愿性选择的合作契约,同时劳工标准水平高低的背后也反映了交易中微观个体各自市场力量的博弈。这给暂且靠劳动要素禀赋作为比较优势的发展中国家研究劳工标准移植,更好发挥比较优势及如何创造竞争优势提供了较好的范例。通过前面文献综述,的确产生了一大批关于劳工标准与贸易的富有创见的文献,但总体来讲这些研究尚存在以下不足:

首先,在对法律移植与经济发展的研究中,较少有涉及微观法律移植与经济发展的研究,尤其是围绕发展中国家的研究。通过以上文献可以看出,宏观法律移植与经济发展的理论已较成熟,且在资本主义国家实践中有较多的体现;同时在转轨国家的法律移植中也有一定反映。但由于转轨国家意识形态的特定性、全球经济一体化节奏加快,为了避免整体"盆栽式"移植带来高昂运行成本、甚至法律失效,很多发展中国家尝试通过另一类"点对点"路径去移植,借助贸易交往中个体需要选择劳工标准或其他类型认证标准进行移植,这就涉及微观法律移植问题。目前这一块的研究正处于开始阶段,本书选择其中一个劳工认证标准作为对微观法律移植研究的尝试。

其次,在梳理劳工标准文献时发现,关于劳工标准的外生性研究已较成熟,主要运用计量工具考察标准与其他变量的关系。内生性研究更侧重于数理研究,借助动态优化和博弈论工具来考察劳工标准内在变动机制,文献相对较少。已有的内生性研究更侧重于宏观层面,如果把供应商劳工标准的认证看作微观法律移植,这种借助劳工标准认证的微观法律移植,也较好地融合了西方国家的宏观法律移植理论与转轨国家的法律移植经验。对于中国这样一个在短短几十年间经历了西方国家上百年来变革的国家,在吸收国际劳工组织劳工条约的同时,还要考虑原先制度惯性的约束。如何寻求合适的路径来更好地移植劳工法律制度? 很明显,相比转轨国家那种事后被证明失败的"休克式"移植,这种通过劳工认证形式的渐近式微观移植应该更加适合我国国情,所以这样的研究具有一定的理论与现实意义。

最后,当前基于微观视角的研究侧重于微观个体行为方面,虽基本偏向于买方市场,但大体都是些陈述性结论,且没有运用现代经济学原理对内在机理进行系统深入的研究。基于不同微观个体行为变化对最后劳工标准及市场绩效的影响研究,就是要从劳工标准的内生性角度研究其机制变化。而制度的内生性研究目前已经比较成熟,通过前面制度内生性文献可以看出,从老制度经济学的内生性研究,尤其是现在新制度经济学中运用现代博弈工具去分析制度内生博弈演化,对我们分析劳工标准内生性变动机制具有很好的借鉴作用。把劳工标准内生性研究放在不同市场结构框架里进行分析,既是对产业组织理论中哈佛学派的结构—行为—绩效(structure-conduct-performance,SCP)分式范式的应用;同时还可以运用产业组织理论里的前沿且经典理论去分析其机制,如 Laffont 和 Tirole 的信息租和政府规制理论的运用就是一种初试。

3 劳工标准的概述

　　经济全球化一体化是不可逆转的发展趋势,全球化发展浪潮也会派生出前所未有的新问题,如劳工标准与贸易挂钩等。20 世纪 90 年代,随着嵌入式自由主义让位于新自由主义,国际自由贸易与国内社会规制的妥协逐渐失去相互的平衡。新自由主义努力完成自由市场、自由贸易与经济全球化的无缝对接。WTO 在 1995 年创建,标志着新自由主义经济全球化在世界范围内开始全面推进。但新自由主义轻视监管的天性也使得环境保护、劳工市场规则等领域呈现去监管化趋势。随着社会阶层贫富分化加大,除了财富创造和经济效率之外,其他诸如公平正义的社会价值理念引起关注,90 年代末,世界各地工联主义者、环境组织等非政府组织掀起了"全球正义运动"。WTO 等国际组织自上而下地推动经济全球化,民间非政府组织自下而上地推动道德责任运动,中间有一个很重要的交汇点,即劳工标准与国际贸易的联接。经济全球化赋予劳工标准多维属性的问题,表现在国际政治、经济、法律及伦理等领域。就国内而言,劳工标准原本具有"私"的性质,政府作为独立于企业和劳工双方的第三方颁布基本和最低劳工标准,具体内容呈现市场导向特色;但西方发达国家对发展中国家及企业劳工标准的绑定要求,使劳工标准已经突破公私之间的分界同时含有两种性质。

　　国际劳工标准作为一种"舶来品",其诞生和发展的历程与西方国家的政治、经济、文化等密不可分。20 世纪 80 年代中期开始,随着经济全球化进程的不断加快,国际劳资关系格局发生了较大变化,出现了劳资关系全球化的趋势,国际劳工标准问题正是这一趋势的集中表现。随着全球价值链的分工和分化,生产方式的变化造成区域发展不平衡和发达国家内部核心工人与外围工人的对立,导致劳资关系的全球性恶化。加之工会实力渐趋衰弱以及资本实力日益增强,使得处理劳资关系问题必须借助一系列公认的国际机制,劳工标准就是其中之一。

为对劳工标准进行较为完整的概述,本章内容安排如下:第一部分,主要阐述劳工标准的产生与发展,基于时间维度分析劳工标准产生的本源以及发展完善的过程;第二部分,基于政治平台的国际劳工组织和世界贸易组织,较详细地解释劳工标准各部分内容及社会条款的作用,并比较中国的劳工法制与国际劳工标准要求的差距;第三部分,基于民间平台,从两方面论述劳工标准认证的存在与发展,其一是从理论上分析其存在的依据,其二是从实践上论证劳工认证的历史变迁,并以 SA8000 认证为例来分析劳工认证在世界和中国的发展分布;最后是本章的结论部分。

3.1 劳工标准的产生与发展

对于"国际劳工标准"(international labor standards)一词,学术界并没有形成一个完整、统一的定义。从广义上讲,国际劳工标准是指由国际劳工大会通过的国际劳工公约书和建议书,以及其他达成国际协议的具有完备系统的关于处理劳动关系和与之相关联的一些关系的原则、规则。国际劳工组织(ILO)迄今已经通过 185 个公约和 195 项建议书,外加一系列宣言,其内容广泛涉及工人的就业、工资、福利、社会保障、工作条件和相关人权等诸多内容。主要内容可分为两个方面,一是道德与权利性的,涉及工人在工作中享有的基本人权;二是利益与条件性的,主要是工人的工资水平、工作时间和安全条件等。前一类标准通常被称为核心劳工标准。由于大量劳工标准的存在,经济合作与发展组织建议应重点关注核心劳工标准:结社自由和集体谈判权、禁止强迫劳动、禁止就业歧视和禁止剥削性利用童工。此种分类标准体现为《世界社会峰会宣言》所认定的基本人权,另外它们为创建更好工作条件提供了一种框架。

根据国际劳工组织 1998 年的《工作中基本原则和权利宣言》,核心劳工标准包括以下几方面内容:①结社自由和有效地承认集体谈判权;②消除各种形式的强迫劳动;③有效地废除童工;④消除雇佣和就业歧视。该宣言从八项基本国际劳工公约中提炼出四个方面核心劳工标准(见表 3.1)。

表 3.1　核心劳工标准与八项基本国际劳工公约

公约序号	公约内容	核心劳工标准
第 87 号	结社自由(1948 年)	结社自由和有效地承认集体谈判权
第 98 号	组织(工会)权(1949 年)	
第 29 号	禁止强迫劳动(1930 年)	消除各种形式的强迫劳动
第 105 号	废除强迫劳动(1957 年)	
第 138 号	童工(1973 年)	有效地废除童工
第 182 号	消除最恶劣形式童工(1999 年)	
第 100 号	同工同酬(1951 年)	消除雇佣和就业歧视
第 111 号	消除歧视(1958 年)	

　　"国际劳工标准"概念的出现比国际劳工组织的建立要早得多。早在 14 世纪,劳动市场规范要求就已在欧洲出现,当时的规范要求主要是保护处于统治阶层的贵族的利益,而不是普通工人阶层的利益。一直到产业革命兴起,更多社会行动者开始担忧工业化的负面影响,并提出应该对底层劳动群体进行保护。1802 年人类第一部劳工法——《英国工厂法》的诞生标志现代劳动保护运动的开始(Engerman,2001)。该法案规定了一系列关于普通学徒的工作条件,例如:禁止夜班工作及 12 小时工作制,要求雇主为普通学徒提供基本的宗教信仰和专业技能教育等。因而,有关劳工标准问题的讨论就集中于政府介入市场以及干预工人选择的合法性问题。整个 19 世纪,北美和欧洲的一些国家一直在努力为保护女工、童工等弱势群体推动国内法修订,目的在于平衡他们相对于雇主的更为弱势的地位。这些法律大都集中在工作日工作时间和夜班工作时间以及妇女从事危险工作等几个狭窄的领域(王晓荣,2006)。一直到 19 世纪中叶完成工业革命之后,由于欧洲主要资本主义国家的生产力有较大幅度提高,国内趋于饱和的市场使得资本家有必要拓宽国际市场,以获得竞争优势。他们为了降低生产成本,不惜通过使用童工、牺牲工人的工作条件等残酷手段来达到。人们在关注原先的劳工立法和国际现有竞争之间的冲突时,也在考虑如何利用劳工法进行相关协调,以减轻贸易竞争带来的劳工保护滞后的问题。从 1890 年的柏林会议到 1897 年的布鲁塞尔会议,一直在研究建立国际劳工局应遵循的原则,之后成立了一个意在推动各国建立国际劳工局的委员会。一些国家也陆续成立

了相关组织,这些组织于 1900 年 7 月在巴黎集会,由此建立了"国际劳工立法协会",该协会即为国际劳工组织的前身。

1919 年,国际劳工组织成立,主要围绕如何消除奴隶和其他形式的强迫劳动等议题展开讨论。1946 年,成为联合国第一个负责社会劳工问题的专门机构,从而更广泛地在议程中纳入劳工权利保护议题,比如消除童工、集体谈判、自由结社、消除雇佣歧视等。国际劳工组织公布了一系列的公约和建议书供成员选择,为的是努力建立国际劳工标准,尤其是 1919—1939 年推出为建立国际劳工标准铺路的相关公约。如 1 号公约规定了 8 小时工作制,5 号公约规定了 14 岁为最低工作年龄,还有一些涉及工资、抚恤金、退休津贴、职业安全和健康等问题的补充公约和建议书。这些涵盖劳动关系基本原则与权利的法律文件可分为两种类型:一种是公约,即由缔约国批准的、具有法律约束力的国际条约;另一种是建议书,为一种不具有法律约束力的指导性文件。截止到 2014 年 10 月,国际劳工组织已经制定了 189 项公约和203 项建议书①,人们习惯把公约和建议书统称为国际劳工标准。国际劳工组织确立了由各国政府代表、雇主雇员代表共同起草的国际劳工公约和建议书,它所涉及的国际劳工标准,在国内层面实施并解决具体问题的过程中,逐步得到发展,成为规制工作和社会政策的综合体系。

3.2　国际劳工组织的劳工标准

由于涉及国际劳工标准的劳工权利公约为数众多,且对应各国执行情况存在差异,因而需要确定一个最基础的标准,使之既能包括劳工的最基本权利,且又能被各国普遍接受,这种基础的标准被国际劳工组织称作"基本劳工权利",也被称作"核心劳工标准"。核心劳工标准主要涉及劳工关系中的四项基本原则:结社自由与集体谈判的确认权原则、消除一切形式的强制或强迫劳动原则、切实消除童工现象原则以及消除就业和职业歧视原则。目前有 8 个公约被列为核心公约,即《1948 年结社自由和组织权利保护公约》(第 87 号)和《1949 年组织权利和集体谈判权利公约》(第 98 号),《1930年强迫或强制劳动公约》(第 29 号)和《1957 年废除强迫劳动公约》(第 105号),《1973 年准予就业最低年龄公约》(第 138 号)和《1999 年禁止和立即行

---

①　数据来源:http://www.ilo.org/。

动消除最恶劣形式童工劳动公约》(第 182 号),《1951 年同酬公约》(第 100
号)和《1958 年(就业和职业)歧视公约》(第 111 号)等。除核心标准外,国际
劳工标准也规定了一些非核心标准,做好对产业关系、社会保障、工作条件、
特殊群体等的保护工作。

3.2.1　结社自由和集体谈判

第 87 号公约规定了工人和雇主建立组织的同等权利和应受到的保护。
同时指出,"工人、雇主及其各自的组织在行使公约规定的各项权利时,应与
其他个人或团体一样遵守本国的法律。第 98 号公约的目的是保护工人在就
业方面免受任何排斥工会者的歧视。公约规定不允许因工人加入了工会或
参加工会活动而将其解雇或者以其他手段予以打击。根据公约,工人和雇
主组织均应享有充分的保障,以防止出现相互干涉内部事务的情况。公约
最重要的内容是要求批准公约的成员国必要时采取符合国情的措施,鼓励
和推动在雇主组织同工人组织之间,就确定就业条款和条件进行自愿谈判,
达成集体协议"(刘旭,2003)。

3.2.2　消除强迫或强制劳动

《1930 年强迫或强制劳动公约》(第 29 号)和《1957 年废除强迫劳动公
约》(第 105 号)是涉及强迫或强制劳动问题的核心公约。第 29 号公约规定,
只有为公共用途,并在公约规定的条件和保证前提下,才可强迫或强制劳动
外,在逐步禁止使用所有形式的强迫或强制劳动的过渡期内一律不允许。
第 105 号公约禁止的强迫或强制劳动范围包括:作为动员和使用劳动力以发
展经济的一种方法;将强迫或强制劳动作为一种政治强制或政治教育的手
段;作为对参加罢工的一种惩罚;作为一种劳动纪律的措施;作为实行种族、
社会、民族或宗教歧视的一种手段。

3.2.3　废除童工

《1973 年准予就业最低年龄公约》(第 138 号)和《1999 年禁止和立即行
动消除最恶劣形式童工劳动公约》(第 182 号)是涉及消除童工问题的两个重
要的核心公约。第 138 号公约是在总结以前各项涉及不同部门最低就业年
龄公约的基础上制定的综合性公约,适用于所有经济部门。按照公约,准予

就业的最低年龄应不低于完成义务教育的年龄,并在任何情况下不得低于15岁。在经济和教育设施不够发达的国家,可初步规定最低年龄为14岁。对于性质或工作环境很可能有害于年轻人健康、安全或道德的职业或工种,准予就业年龄不得低于18岁。第182号公约规定的"最恶劣形式童工劳动"包括:所有形式的奴隶制或类似奴隶制的做法,如出售和贩卖儿童、债务劳役或奴役、强迫或强制劳动,包括强迫或强制招募儿童用于武装冲突;使用、招收或提供儿童卖淫、生产色情制品或进行色情表演;使用、招收或提供儿童从事非法活动,特别是生产和非法买卖有关国际条约中确定的麻醉品;其性质或是在其中从事工作的环境,很可能损害儿童的健康或道德的工作(刘旭,2003)。

3.2.4 消除就业与职业歧视

《1951年男女工人同工同酬公约》(第100号)和《1958年(就业和职业)歧视公约》(第111号)是保障平等、消除歧视的两个重要的核心公约。第100号公约原则要求是不以性别歧视为基础确定报酬标准。公约的这一原则在成员国可通过多种手段予以实行,如国家法律或条例;合法建立或承认的确定工资的方法;雇主与工人间的集体协议。第111号公约所说的"歧视"主要是指基于种族、肤色、性别、宗教、政治见解、民族血统或社会出身等原因,采取的有损于就业或职业机会均等或待遇平等的区别、排斥或优惠措施,歧视性措施可能是以法律形式存在的,也可能是以事实或惯例形式存在的(刘旭,2003)。

3.3 我国劳工法制与核心劳工标准的差距

前面基于政治平台对国际劳工组织的劳工标准相关公约进行了简要的概述,由于国际劳工标准过于浩繁庞杂,而核心劳工标准在条约的适用上均有代表性,所以习惯上人们更多关心核心劳工标准的几个方面。本节将会比较我国目前劳工法制和劳工标准与前面提及的核心劳工标准的差距,便于对我国目前劳工法制情况有一个较为清晰的认识,也为后面从微观视角研究中国劳工标准移植可行性做一些理论与现实的准备。我国政府对相关国际公约的批准情况见表 3.2①。

表 3.2　中国批准、签署国际公约情况

国际公约	签署(S)/批准(√)
国际劳工组织第 29 号公约:强迫或强制劳动公约	
国际劳工组织第 97 号公约:移民就业公约	
国际劳工组织等 105 号公约:废除强迫劳动公约	
国际劳工组织第 138 号公约:准予就业最低年龄公约	√
国际劳工组织第 143 号公约:移民工人公约	
国际劳工组织第 182 号公约:禁止和立即行动消除最恶劣形成童工劳动公约	√
联合国儿童权利公约	√
联合国儿童权利公约"关于买卖儿童、儿童卖淫和儿童色情制品问题协定书"	S
联合国消除对妇女一切形式歧视公约(CEDAW)	√
1949 年禁止贩卖人口及取缔意图营利使人卖淫的公约	
联合国打击有组织跨国犯罪国际公约(Palermo)	√
联合国打击有组织跨国犯罪国际公约——"关于预防、禁止和惩治贩卖,特别是妇女和儿童任择议定书"	S

3.3.1　自由结社权和集体谈判权方面的差距

在自由结社权和集体谈判权方面,与公约广泛保护农业劳动者在内的所有劳动群体不同,中国仅涉及工业化劳动关系中的劳动者,近年来,中国工会给予了农民工群体很大关注,努力让更多劳动者实践组织权。中国工会实行一元化组织体制,并坚持中国共产党的领导,同时工会的成立必须报上一级工会批准,这与公约规定的"自由建立和参加自己选择的组织"和"无须事先得到批准"结社自由的精髓之间是存在差异的。同时中国工会行政化的特点极易忽略对劳动者主体权利的尊重,并不符合公约精神。值得注

---

　　①　由国际劳工组织网站数据整理得到:http://www.ilo.org/。

意的是,近年来基层工会民主选举使工会身份得以部分回归,劳动者自主性得到加强。中国基层工会力量屡弱,一方面存在工会"干部队伍"问题,另一方面"老板工会"和工会经费问题导致雇主干涉工会活动。

我国《宪法》第三十五条规定了公民的结社自由权。宪法的结社权利仅仅是原则性的规定,而在劳动领域的具体落实主要还是依靠《工会法》来实现。为了进一步确保劳动者的结社自由权,保证工会在政治、经济和社会生活中的重要地位,明确工会的权利和义务,2001年修订的《工会法》第二条规定:"工会是职工自愿结合的工人阶级的群众组织。中华全国总工会及其各工会组织代表职工的利益,依法维护职工的合法权益。"但《工会法》第十三条又明确规定:"基层工会、地方各级总工会、全国或者地方工会组织的建立,必须报上一级工会批准。"这项规定确立了工会采取的是民主集中制的原则,上级工会组织领导下级工会组织,在全国建立统一的全国总工会,全国总工会是全国所有工会的中央领导机关。很明显现行的工会体制从严格意义上来说并不符合第87号公约的规定:"凡工人和雇主,均应没有任何区别地有权建立他们自己选择的组织,以及仅依有关组织的章程加入他们自己选择的组织,而无须事前得到批准。"

第98号公约对集体谈判权做了原则性的规定:"对于雇主或雇主组织同工人组织之间进行自愿谈判的机制,政府应当采取适合本国国情的措施鼓励,并促进其充分发展与运用,以使双方通过签订集体协议来规定工人的就业条件。"而我国《劳动法》没有规定如何进行集体谈判,即没有保障集体谈判的条款。另外《劳动法》第三十三条规定企业职工一方与企业签订集体合同具有非强迫性,是"可以"而不是"应该"或"必须"签订集体合同。所以可以看出我国《劳动法》与国际劳工标准在集体谈判权的规定上还是有一定差距的。

目前,中国的集体谈判制度发展不均衡,签订集体协议的企业里,国有企业与集体企业比较多,合资企业与私营企业较少;在签订这些协议的企业里,设立专职工会主席的,则以国有企业与集体企业居多(见表3.3和表3.4)。在目前中国集体谈判制度中,国家居于绝对主导地位。所谓集体谈判制度是以国家制度加以保证的,企业自身进行的集体谈判基本处于空白。就市场经济规律来讲,谈判权其实是在尊重当事人各方意图的基础上,基于对各自的利益进行讨价还价,以达到各自满意的目的。如果国家过多介入会失去原本意义,从而导致这种在市场经济主体之间进行协商的较优途径失去作用。

表 3.3　不同所有制企业与工会订立集体合同的情况

企业所有制性质	与工会签订集体 合同的比率(%)	未与工会签订集体 合同的比率(%)
国有	73.0	27.0
集体	41.7	58.3
私营	15.4	84.6
合资	38.1	61.9
独资	50.0	50.0
其他	50.6	49.4

表 3.4　不同所有制企业的工会情况

企业所有制性质	组建工会,有专职 工会主席的比率(%)	组建工会,没有专职 工会主席的比率(%)	没有工会,没有专职 工会主席的比率(%)
国有	89.5	10.5	
集体	69.2	30.8	
私营	40.0	26.7	33.3
合资	68.2	31.8	
独资	33.3	16.7	50.0

3.3.2　强迫劳动或强制劳动的差距

强迫劳动问题与其他几个核心劳工标准不同,它是在一系列核心劳工标准中,唯一一个本来写入 WTO 协议中的标准,在《关税与贸易总协定》关于一般例外的规定中,就已明确允许各国可以采取措施禁止监狱产品进口。严格地讲,这里的"监狱产品"是强迫劳动的一种形式。国际劳工组织关于强迫劳动问题的公约主要是第 29 号《强迫或强制劳动公约》以及第 105 号《废除强迫劳动公约》,我国尚未加入这两项公约,主要是因为国内持续较长时间的两个问题:一是劳动教养制度^①;二是因某些地区执法不到位而产生的强迫劳动现象。对比第105号公约要求,我国的法律与公约最突出的矛盾是劳动教养问题。劳动教养制度是我国特定政治背景下的产物,其法律依据是1957年国务院发布的《关于劳动教养问题的决定》等行政法规。2013年12月28日全国人大常委会通过了废止劳教制度的决定,宣告实行半个多世纪的"恶法"的终结。

国际法上,原则上不禁止对罪犯给予劳动改造。《公民权利和政治权利国际公约》规定,在可以让被监禁人从事艰苦劳动作为对犯罪进行惩罚的国家里,该公约关于禁止强迫劳动的规定,不得被援引来妨碍执行依照法院的判决而处以这种惩罚的艰苦劳动。我国劳改制度的主要的问题在于,很多监狱机关都设立了相应的附属企业,这些企业利用罪犯进行无偿或者廉价的劳动。虽然现在监狱企业创造的经济效益不再是监狱经费的主要来源,但禁止"监狱制造"的这种廉价产品出口是国际公认的贸易规则(杨帅,宣海林,2013)。世界贸易组织也有明文规定,有必要采取有效措施禁止监狱生产的产品通过各种渠道销售到国外,尤其还要考虑监狱可能作为劳工认证企业对口的廉价外包隐形生产机构。另外在一些私营企业存在强迫劳动情况,如以威胁或者非法限制人身自由的方法,以暴力强迫劳动的现象比较普遍,招工中强制交纳押金的规定也是强迫劳动的一种常见方式等。

3.3.3　废除童工方面的差距

在禁止童工问题上,我国政府的态度是一贯的、坚决的。我国已于1999年批准通过138号公约,并于2002年批准通过第182号公约。根据第138号公约,国际上对童工的年龄规定为15周岁,同时允许发展中国家界定为14周岁。而我国目前为16周岁,甚至高于一些发达国家的水平,体现了着重保护未成年人、维护基本人权的理念。1995年施行的《劳动法》在"法律责任"一章中明确规定:用人单位非法招用未满16岁未成年人的,由劳动行政部门责令改正,处以罚款;情节严重的,由工商行政管理部门吊销营业执照。但我国童工劳工标准执行情况不是很理想,主管部门、雇主组织和工人组织三方协商机制未能充分发挥作用,童工多分布于较低层次产业,工作环境较

---

① 我国虽已在2013年废止劳教制度,但因其影响较具典型性,此处仍以当时情况做一分析。

差,缺乏童工数据监测和知识库的建立,这主要因为劳动监察机制没能充分发挥作用。《劳动法》第十五条第二款规定:允许体育、文艺和特种工艺单位经过批准可招录未满16周岁的未成年人,这一规定与国际公约有相悖之处。同时,一些非公有制企业为了降低成本,常常使用童工。其实这也和我国目前经济发展所处特定阶段及发展的不平衡有关,贫困地区很多儿童很早就放弃接受教育的机会,随家长来到城市,通过"伪装"身份来加入养家糊口的阵营。同时儿童权益保护机制的缺失与不完善,使得教育资源最短缺地区的女性受教育权常常受到严重的剥夺。所以中国童工问题的消除很大程度依赖于经济发展水平的提高,同时还依赖于中国劳工法律的完善和执法手段的健全。

3.3.4 消除就业与职业歧视方面的问题

我国在《宪法》《劳动法》《妇女权益保障法》《就业促进法》中都规定男女平等,但女性仍然受到严重的性别歧视。社会出身的歧视最大受害者主要是农民工群体,如针对临时工的"霸王条款"及"用工陷阱"都会侵害劳动者权益。另外对残疾人、乙肝等病的疾病歧视也时有发生。就业和职业歧视主要表现在性别和身份歧视两方面。

3.3.4.1 性别歧视

我国就业领域的性别歧视是非常严重的,虽然宪法规定男女平等,但现实情况却并非如此。如一些国有企业重组为较小规模、参与国际市场竞争的股份合作制企业时,原来年纪较大的女工首当其冲成为被淘汰的对象。就业方面,许多公司在招聘时明确表示只收男生,或者在需要女生时会附加许多诸如身高、相貌等无关岗位需求的条件。在中国,男性退休年龄是60岁,妇女是55岁。退休年龄区别对待其实也是歧视女性的一种表现。同许多国家一样,中国也认为一些工作只适合女性,如家务、清洁等简单的重复性工作,这种分工歧视是造成男女工资差距的主要原因。据澳大利亚国立大学孟欣的一项研究,在中国,73%的男女工资总差距是性别歧视造成的。新华社和北京市劳动局最近联合举办的一项调查显示,大约10%的雇主在女工的劳动合同中没有遵守劳动法的有关规定。也有许多公司在合同中规定女员工在若干年内不得生育。而一些用人单位甚至要求申请工作的妇女提供单身未婚的证明。这明显和中国《劳动法》特别是《保护妇女权益法》相违背。

3.3.4.2 身份歧视

与第 111 号公约有关"歧视"的定义相比较发现,中国法律的歧视含义并没有包括肤色、社会出身和政治见解,但是基于社会出身的歧视在我国相当严重。而在社会出身歧视的各种情形中,以户籍歧视最为典型。改革开放 40 年,是新中国成立后农村劳动力转移规模最大、速度最快、效果最为明显的时期。将近 1.35 亿农村劳动力通过不同的方式实现了就业转移,由于农民工转移速度过快、规模过大,国家与社会的配套制度的变革跟不上,农民工群体在发展中出现了诸多问题,近年来最突出的问题之一就是侵犯农民工权益与人权的现象频频发生,并存在制度化的倾向,从而成为困扰农民工群体的重要焦点之一。2014 年 7 月 30 日,国务院《关于进一步推进户籍制度改革的意见》,明确了建立城乡统一的户口登记制度,这标志着我国实行了半个多世纪的"农业"和"非农业"二元户籍管理模式将退出历史舞台。户籍改革是一个渐进且漫长的过程,但就目前来看,子女入学、大学生就业及生病就医都因户籍制度存在不同的歧视问题。

3.4 世界贸易组织的社会条款

1995 年 1 月世界贸易组织的成立,将国际劳工标准与国际贸易直接挂钩,通过贸易规则条款来为劳工标准设立底线的讨论,成为国际贸易谈判中的热门话题,贸易协定中有关"社会条款问题"引起了较多的关注。所谓社会条款,是指将贸易伙伴对标准的遵守情况与市场准入联系起来。通过在国际贸易协议,尤其是在 WTO 贸易协议中写入有关规定,强制协议的所有签字国必须实施最基本的劳工权利,并和贸易协议中其他义务条款具有同等的法律约束力。缔约方如果违反该条款,其他缔约方可以给予贸易制裁。它以国际劳工组织的核心条约为基础,一般包括自由结社、集体谈判、杜绝强制劳动、禁止童工、免受歧视、取得平等报酬等基本劳工权利。社会条款的出现主要针对发展中国家廉价劳动力形成的劳动密集型产业优势对发达国家的冲击以及发展中国家迅猛的发展势头。发达国家力求在国际贸易与国际劳工标准之间建立起一种联系,达到其兜售西方价值观念与限制发展中国家在国际贸易中的比较优势的双重目的。就产生背景来看,"社会条款"的产生与贸易制裁密不可分。一般认为,其雏形可追溯至 1890 年美国制定的禁止进口监狱中囚犯生产的产品的法规,首开贸易与劳工标准挂钩之先河。其后,在国际自由工会联合会的支持下共同提出了关于"社会条款"的三点主张,包括:①将国际劳工组织的"基本劳工权利公约"纳入世贸组织的协定和国际货币基金组织的协定;②实行"社会标签"制,要求出口国承诺产品的生产过程符合国际劳工组织的核心劳工标准;③由世贸组织和国际劳工组织共同成立监督机构,通过贸易制裁的方式,确保劳工标准得到实施。在整个《关税与贸易总协定》存在的过程中以及 WTO 的发展过程中,西方发达国家始终坚持使"社会条款"成为合法的贸易制裁手段。社会条款与劳工标准不会完全等同,目前还只是劳工标准问题在贸易领域的实施或执行手段,是出现在外贸领域劳工标准问题的特定称谓。由于世界贸易组织已经成为一个比较强势的组织,且包容性又十分大,在社会条款确立的可能性日益增强的同时,必然会对国际劳工组织在世界劳工保护领域的地位产生很大的挑战。

WTO 是否应纳入环境保护、劳工权益等内容的主张历来备受学界及政界争议,尤其是将无关贸易的劳工标准与国际贸易挂钩最具争议性。自 19 世纪中叶以来,国际劳工标准的经济与社会利益一直有较多争论。支持者批判劳工标准的"向下竞争"和不公平竞争,因为发展中国家的低标准将影响发达国家高标准下生产的产品的价格竞争力。同时较低劳工生产条件及有限劳工权会影响长期的生产效率,在短期降低劳工成本获取不合理优势时,被高标准发达国家认为的"社会倾销",有必要通过附加社会条款即提供最低标准的劳工规制来实现联接。反对联接者却强调许多发展中国家低劳工标准是受其较低发展水平限制的,而不是刻意设计为低水平,是在农业化向工业化转型阶段,充沛弱势人口红利和稀缺强势资本调配使然。而且这种低价格仅是暂时的比较优势,长期来看,劳工权的降低会影响效率,增加生产成本,反向推动这些国家主动提高劳工权。但总体而言,国际劳工组织与发达国家政府是目前劳工标准直接且关键性的推进者,发展中国家除了努力提高劳工条件对接国际劳工标准外,也在尝试基于本国特定发展条件,找寻中间路线:四项核心劳工标准构成工作场所的基本人权,可称为不同国别劳工标准的"最大公约数",同时如工资水平、最低工资、职业安全及健康也允许各国存在些许不同,这些重要劳工标准要求的"最小公倍数"可以很大,也为微观个体在跨国博弈背景下参与 SA8000 等劳工认证,助推外向型经济发展提供较好制度保障。

国际劳工标准的实施主要是国际劳工公约和建议书,在国际劳工大会上通过并得到成员的批准、采纳并切实地予以执行。批准公约是国际劳工标准实施的主要途径。但随着国际劳工标准在全球的推广,各成员对其的认识逐渐加深,国际劳工标准实施的途径也在不断发展变化,呈现出多样化趋势。近年来产生了软法、协议、普惠制、行为准则等新的方式。国际劳工标准实施的重要主体是各成员国。随着行为准则这种新的实施方式的出现,以跨国公司为代表的企业也成为标准实施的主体之一。

3.5　生产守则及劳工标准认证

在资本主义国家,随着公司规模的扩大,与公司直接和间接有关的各个利益群体都受到了公司的影响,公司在社会经济生活中所起的作用越来越大。同时,在公司的发展过程中,也产生了许多社会问题,于是人们开始要求公司承担对社会的责任。企业社会责任运动并不是一个新概念,它最早由英国学者欧利文·谢尔顿(1923)提出,是在资本不断扩张导致贫富分化、劳资冲突等社会矛盾日益激烈的背景下提出的。20 世纪 80 年代在各个国家被重新提起,并逐步形成了"企业的社会责任运动"。"企业生产守则运动"则是企业社会责任运动最为主要的一种形式。这一运动由消费者团体、劳工组织、环保组织和人权组织等非政府组织所发起,并与人权运动、劳工运动、环保运动、消费者运动互相作用。其动力机制在于不满公司的社会表现而导致的投资者撤资和消费者抵制购买运动。生产守则运动以 20 世纪 90 年代以来迅速发展的跨国公司为主要载体,因此又可称为公司生产守则运动。

生产守则表现为如下几个特征:①运动合法性的载体由一国立法向国际公约和多边协议转换。在集体谈判三方格局下,谈判过程及集体协议的合法性是由一国立法和国家权力机关予以保障的;生产守则运动则援引国际社会认可的人权标准和劳工标准作为其合法性的基础。②由三足鼎立的均势格局到跨国公司全力膨胀后的自我约束。经济全球化使跨国公司的影响力急剧膨胀,消费者运动则顺势而行,直接向跨国公司施加压力,迫使其担负改善全球劳工状况,尤其是发展中国家劳工状况的社会责任。

"企业社会责任运动"的最直接目的在于促使企业履行各自的社会责任;同时,要求公司尤其是跨国公司,设立有关企业内部劳工标准方面的自律性规范。该行为守则规定在生产经营过程中,公司及其子公司、各级供货商都必须遵守一定的环境标准与劳动标准,否则将被取消合同。但早期社会责任生产守则的产生,主要源于消费者运动的压力,公司制定生产守则的行为绝不是主动为之,而是订单企业与跨国公司间一种内部的自我约束。跨国公司自己制定的生产守则明显有其商业目的,并且其实施状况也不能得到社会的监督。在劳工组织、人权组织等非政府组织推动下,生产守则的运动由跨国公司"自我约束"的"内部守则",逐步转变为"社会约束"的"外部守则"。"内部守则"是更多公司所采用的守则,如阿迪达斯、耐克等,它的优点首先体现在具有针对性,跨国公司可以事先对生产商进行检查,分发行为守则,对检查合格后的生产商签发订单,并且每年定期进行复核,所以相比一、三方认证,"内部守则"确实能更好地掌握关于供应商的较为可靠的信息;同时由于其局限于内部范围审核,包括交易和监督方面在内的审核成本会较低。但这种内部范围的审核,十分方便采购商"自导自演",使得外界对其自我监督往往缺乏信任。另外不同跨国公司由于社会责任的"内部守则"存在较大差异,也使得同一供应商必须耗费极大的人力与物力来应付来自不同采购商的针对性责任审核。所以在多重力量的推动下,独立于单个企业之上的"外部守则"开始出现。一些行业性联盟、非政府组织及国际机构开始制定较为标准化的生产守则,对企业提出了各自不同的要求,而这些生产守则主要分布于英国、德国、澳大利亚、美国、加拿大等国。其中较有影响力的生产守则制定及监察认证组织有:美国"公平劳工协会"(FLA)、"国际社会责任组织"(SAI)、荷兰的"洁净衣服运动"(CCC)、英国的"道德贸易行动"(ETI),以及"地毯标志基金会"(Rugmark Foundation)等。

其中影响最大的是美国的非政府组织国际社会责任组织(SAI)于1997年10月发布的SA8000——社会责任标准。这是由消费者、劳工组织、一些国际组织以及非政府组织共同参与制定的劳工标准,通过多方参与和监督以保障其有效性。与ISO14000环境管理体系认证标准和ISO9000质量管理体系认证标准一样,SA8000成为全球第一个用于第三方认证的社会责任国际标准,同时也避免跨国公司生产守则各自为政的局面而使其具体实施陷入困境。SA8000是基于国际劳工组织公约及其基本劳动公约,《世界人权宣言》《公民权利和政治权利国际公约》《经济、社会和文化权利国际公约》《儿童权利公约》等制定而成的,目的在于订立一种为所有国家所有行业的所有公司通用的标准,从而确保制造商的生产模式符合统一标准,并最终保障工人获得合理待遇和理想工作环境。其运作的程序是:由"经济优先权委员会认证署"(CEPAA)组成的顾问委员会经国际授权论坛(International Accreditation Forum,IAF)核准,成为合格的认证机构;由该委员会成员向申请 SA8000 证书的公司提供认证服务业务;经审核确认公司符合 SA8000 所规定的标准之后授予证书;为确保 SA8000 标准的持续履行,认证机构每隔 6~12 个月对有关公司进行定期监督。审核内容包括如下九个方面:童工、强迫性劳动、安全健康、结社自由和集体谈判权、歧视、惩戒性措施、工作时间、工资报酬及管理体系。

(1)童工:公司不应使用和支持使用童工,应与其他人员或利益团体采取必要的措施确保儿童和应受当地义务教育的青少年的教育,无论工作地点内外,公司不得将儿童或青少年置于危险、不安全、不健康的环境中。

(2)强迫性劳动:公司不得使用或支持使用强迫性劳动,也不得要求员工在受雇起始时交纳押金或寄存身份证件。

(3)健康安全:公司出于对普遍行业危险和任何具体危险的了解,应提供一个安全、健康的工作环境,并应采取必要的措施,在可能条件下最大限度地消除工作环境中的危害隐患,应保证所有员工经常接受健康与安全培训,公司给所有员工提供良好的休息环境,在可能情况下为员工提供储藏食品的卫生设施。

(4)结社自由和集体谈判权:公司尊重所有员工自由组建和参加工会以及集体谈判的权利;在结社自由和集体谈判权受到法律限制时,公司应协助所有员工通过类似渠道获取独立、自由结社以及谈判的权利;公司保证此类员工代表不受歧视并可在工作地点与其所代表的员工保持接触。

(5)歧视:在涉及聘用、报酬、培训机会、升迁、解职或退休等事项上,公司不得从事或支持基于种族、社会等级、国籍、宗教、身体残疾、性别、性取向、工会会员或年龄等方面的歧视;公司不能干涉员工行使奉行信仰和风俗的权利;公司不得允许强迫、威胁、虐待或剥削的侵扰行为,包括姿势、语言和身体的接触。

(6)惩戒性措施:公司不得从事或支持体罚、精神或肉体胁迫以及语言侮辱,只能采取一种公平的旨在教育工人的惩罚程序,如对违犯厂规的工人采取口头警告、书面警告、严重警告等方式,教育工人认识到自己的错误,纠正自己的不良行为;为违规工人提供申诉的渠道,让工人参与实施程序的有关程序。

(7)工作时间:公司必须遵守各国劳动法规定的工作周劳动时间;如果公司作为谈判的一方,与具有相关代表性的工人组织自由谈判达成协议,可要求加班工作以达到短期的商业要求,但是所有加班工作应支付额外津贴,所有加班工作必须是自愿的。

(8)工资报酬:公司保证工人工资达到当地或行业规定的最低工资标准并能满足员工的基本需要,以及提供一些可随意支配的收入;不因惩戒目的扣减工资,向工人提供工资清单和工资组成;工资按月度用现金和支票支付,不得克扣或拖欠,公司保存工人的工资资料至少两年;公司不得采用虚假学徒计划或试用期计划而不与工人签订劳动合同或不支付工资。

(9)管理体系:公司高管层应根据本标准制定符合社会责任与劳工条件的公司政策,并对此定期审核;委托专职的资深管理代表具体负责,同时让非管理阶层自选一名代表与其沟通;建立适当的程序,证明所所选择的供应商与分包商符合本标准的规定。

就目前发展的趋势而言,将劳工标准和国际贸易给予一定形式的挂钩是一个必然趋势。即使劳动力充裕的中国不希望将劳工标准与贸易相连,但发达国家也不会放弃努力的。SA8000 标准自公布以来,已在全球工商界中广泛传播。它为投资者和消费者提供了一个可以较为简单识别的标志,用以鉴别哪些公司关注劳工问题,它也为公司提供一种向客户和公众展示其良好社会责任表现和承诺的"信号",以此区别于其他公司。另外,SAI 透明和公开的政策、有效的投诉及申诉机制使得公众可以监督 SA8000 标准的实施过程,从而具有更高的公信力。一些发达国家积极制定战略,推广 SA8000 标准,一些发展中国家政府也在其出口加工行业推广 SA8000 标准,以提高本国企业的出口竞争力。《远东经济评论》提到:"美国政府在给予中国永久正常贸易关系的同时,曾拨款 160 万美元给 SAI 作为其推广 SA8000 的费用,并建立了一个委员会来监督中国的劳工状况。如果中国劳工状况恶化,该委员会可以建议美国政府对中国进行贸易制裁。"我国的出口企业应尽可能适应这一标准,同时,国内的相关标准认证机构也应积极申请,以争取 SA8000 标准认证的授权。SA8000 本身是根据国际劳工组织及其基本精神制定的,与我国劳动法规定是大致相符的,我国在延长工作时间、使用童工等方面甚至比 SA8000 要求更高,除了我国国情现状所决定的结社自由和强迫劳动条款有所保留,其他方面只要做到遵纪守法,企业通过 SA8000 认证没问题。

3.6 SA8000 认证的现状

SA8000 标准认证存在着双重性。一方面,它是欧美等发达国家按照它们的标准制定的。正常而言,社会责任标准对应要求依赖于一国经济发展水平,但 SA8000 以发达国家自己的高标准强加于发展中国家,甚至直接将社会条款与贸易订单挂钩,这种强势绑定对发达国家尤其是发达国家的劳动密集型产品有"贸易保护主义"之嫌。另一方面,SA8000 对社会进步推动作用也较为明显。在填补商业活动和西方社会价值观之间的间隙的同时,也是社会良知对资本进行的制约,对企业及人的发展要求与经济发展的目的较吻合,让更多人享受社会发展、进步的好处。下面来分析 SA8000 近些年在全球以及国家(主要以我国为例)层面的发展情况。

3.6.1 SA8000 在全球的发展情况

SA8000 标准自公布以来,已在全球工商界中广泛传播,除了具有与外部生产守则相似的外部审查、第三方监督的特点之外,在某种程度上它还具有劳工标签的特性(赵小仕等,2014)。就目前发展趋势而言,劳工标准以及国际贸易思考的不再是是否应该挂钩的问题,而是如何挂钩和何时挂钩的问题。虽然发达国家与发展中国家围绕此类问题一直进行博弈,从多哈回合谈判甚至到最后崩盘就可以看出,将劳工标准纳入多边贸易体系会牵涉到较为复杂的政治与经济问题,短期内难以达成共识。就宏观层面来看,发达国家都或多或少地加大了激励效应,如通过单边贸易立法或区域性贸易协定甚至是普惠制中社会条件的强调来将贸易优惠与贸易惩罚这种"胡萝卜加大棒"的政策结合起来。从微观层面来看,伴随西方国家消费者倒逼企业的社会责任运动的发展,生产守则这种博取消费者信任的公关工具逐步成熟,通过商业运作来推动发展中国家的生产企业"自愿"采取劳工标准的格局逐渐形成。事实上,世界贸易组织有关规定为其发展提供了较难得的发展空间,类似劳工标准涉及商品生产过程的"TRADE-RELATED"问题一直是世界贸易组织最为持谨慎态度的,如被纳入多边贸易体系,会要求WTO深入调查敏感的国内事务,更容易产生纷争。之前著名的"金枪鱼案"就是典型的由非政府组织牵头向本国采购商施压,最后通过实施标签制度得到解决的。既没有违反世界贸易组织的相关原则,同时组织也能认可,自然使得自愿性劳工标准发展得更为合法、合时、合理。大多数外部守则的相关机构透明度不够,SA8000 的透明度较高。SAI 对于合格的企业发给证书,并且允许加贴标志用于商业宣传。贸易经济学家巴格瓦蒂(Bhagwati,2004)一直积极反对劳工壁垒,但对于自愿性劳工标准他则持较肯定态度:支持广大自愿性条款的适用,如社会责任认证制度 SA8000。

截至 2019 年 9 月底,共有 62 个国家(地区),56 个行业,4266 家企业参与认证,涉及劳动人口达 2142044 人。而 2014 年 6 月底,共有 71 个国家(地区),65 个行业,3388 个企业参与认证,涉及劳动人口达 2019193。其得以在十几年内迅速覆盖众多国家(地区)和行业,说明它有良好的适应性和可移植性,从而有可能整合其他众多跨国公司劳工标准,有效保证国际劳工标准的实施。值得注意的是,在获得 SA8000 认证的 3388 家企业中,来自发达国家(地区)的占 50% 左右,这与传统认为劳工标准主要针对发展中国家劳动密集型行业的观点不太相符(详见表 3.5 和表 3.6)。

表 3.5　2012 年、2014 年各国(地区)SA8000 认证情况[①]

国家(地区)	认证企业就业人数/人	占比/%	国家(地区)	认证企业数/家	占比/%
印度	468295	25	意大利	986(1124)	31(33)
中国	338513	18	印度	689(947)	22(28)
意大利	325938	17.4	中国	485(601)	15(18)
巴西	121911	7	罗马尼亚	266(148)	8(4)
巴基斯坦	103026	6	巴基斯坦	169(62)	5(2)
西班牙	81370	4	巴西	86(77)	3(2)
越南	61185	3	保加利亚	76(94)	2(3)
罗马尼亚	60629	3	越南	67(75)	2(2)
葡萄牙	34(40)	1(1)	菲律宾	24668	2

数据来源:由网站 http://www.wto.org/english/thewto_e/whatis_e/tif_e/org6_e.htm 数据整理得到,下同。

---

① 考虑到网站数据的更新,就业有效数据截至 2012 年底。括号中对应的是截至 2014 年 6 月底的数据,其他数据有效年份为 2012 年底。

表 3.6 2016 年、2019 年各国(地区)SA8000 认证企业统计

国家(地区)	2016 年认证企业数/家	2019 年认证企业数/家
意大利	1288	1309
印度	1162	977
中国	692	606
越南	12	118
以色列	42	63
罗马尼亚	88	56
巴基斯坦	148	55
葡萄牙	39	33
比利时	3	24

由表 3.5 也可看出,意大利较两年前又上涨 2 个百分点,占 33%①,从而大大提高了发达国家(地区)的比重。而意大利能有如此多的认证企业与其政策有关。其四个省的地方政府鼓励中小企业开展认证,并给予一定的资金支持。另外,就申请认证企业的行业分布分析,正从劳动密集型的第一产业延伸发展到第二、三产业,而这些产业往往是发达国家的优势产业。紧跟意大利之后,获得认证较多的国家分别是"金砖国家"中的印度、中国和巴西以及一系列以劳动密集型产业为主的东南亚国家。发达国家跨国公司在全球范围内接洽、合作发展中国家供应商、代工商,也较大程度地带动了这些地区的认证企业的增加。尤其是越南,近几年上升非常明显,从 2016 年的 12 家增加到 2019 年的 118 家,在"一带一路"沿线国家中,劳工认证数增长最为迅速。这一方面是本国现代化目标使然,另一方面也显示越南正在努力接受中国在内的国际产业梯度转移。这也印证了以 SA8000 为代表的劳工标准对于具有劳动力优势的发展中国家的影响力,具体情况笔者会在下一节进行分析。在就业人口方面,印度、中国、意大利排在前三,也充分显示劳工标准的标签对发展中国家劳动密集型行业劳动就业的强大拉动效应。

---

① 考虑到网站数据的更迭和变化,就业有效数据截止到 2012 年底,括号里对应 2014 年 6 月底数据,其他数据有效年份为 2012 年底。

　　纵观近几年的行业认证现状[①],服装、纺织、建筑、清洁服务、食品等行业一直排在前五位,纺织和服装业占据 30％左右(见图 3.1),主要集中在印度和中国,吸纳就业达到 43％。纺织和服装业由于对生产技术和资本的要求很低,因此其通常被视为劳动密集型行业的重要代表,在西方发达国家,它们是劳工集团重点关注的领域。多哈回合谈判失败的一个很重要的导火索是印度和美国在关于棉花出口补贴方面产生严重分歧,作为纺织和服装业重要的生产材料,棉花行业雇用了大量发展中国家的年轻女性工人,发达国家的媒体多次曝光其恶劣的生产和生存条件,关注度较高。对于此类产品,国外消费者比较看重除了质量和价格之外的其他因素,诸如劳工条件等;加之此类行业对产品品牌高度敏感,因此来自消费市场的压力会倒逼发展中国家的生产厂商重视其产品的道德形象。值得关注的是,作为全球第一大服装和纺织品出口国,截至 2014 年 6 月底,中国仅有 98 家服装企业和 44 家纺织品企业申请认证,仅占纺织服装行业的 17.3％,这样低的比例可能和中国目前在转型时期产品结构升级的策略和路径有关,具体将在下一节进行分析。

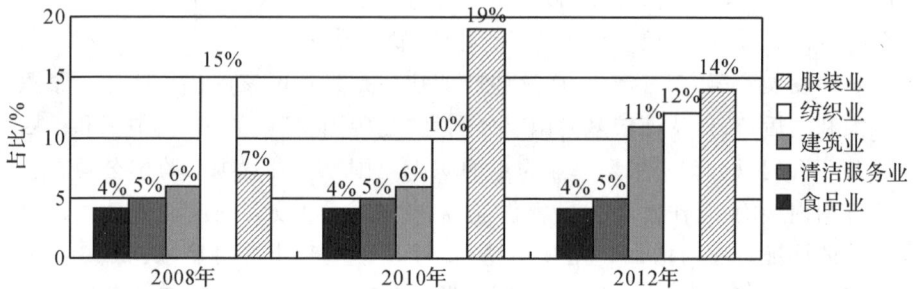

图 3.1　SA8000 认证行业前五位排列

　　由图表可以了解到,截至 2014 年 6 月底,全球的建筑业认证企业数达到267 家,主要集中在意大利、罗马尼亚和保加利亚,分别为 93 家、76 家和 69家,共占总数的 89％。清洁服务认证企业主要集中在意大利,约占总数的90％。食品认证企业数达到新高,共 152 家,其中意大利为 77 家,超过总数的一半。但是就近几年分布来看,发展中国家也在积极参与,巴西、中国、印

　　① 考虑到网站数据的更迭和变化,2012 年数据有效月份是截至 9 月底,其他年份都是对应年底的数据。

度和越南都有一定的认证数,分别为 6 家、5 家、16 家和 7 家。很明显,中国的食品业认证较为缓慢,通过图 3.1 可以发现,排名靠前的一些非劳动密集型行业,尤其涉及二、三产业的认证企业多来自发达国家。咨询服务企业中,意大利占 24 家,比例超过 50%;清洁服务企业中,包括罗马尼亚和希腊在内发达国家占比达 91%;食品服务企业中,意大利占 64 家中的 51 家,而发展中国家的巴西为 7 家,中国和印度各有 1 家。通过数据的挖掘发现,发达国家在服务业的认证开始从原先的生活性服务业转向生产性服务业。如水管理认证企业中,意大利有 28 家,超过总认证的一半以上;食品服务的认证企业中,意大利占有 64 家中的 51 家;在信息科技服务认证上,发达国家也占有绝对比重。

同时发展中国家企业也开始尝试二、三产业的认证,尤其是巴西、印度和越南,近几年无论从数量和类型上都有较大变化。如皮革的认证企业,几乎都来自印度,占 69 家中的 60 家;鞋类认证上也是遥遥领先,占整个鞋类认证数的 76%;而在工程研发这块,巴西和印度的认证企业数为 6 家和 3 家,中国没有企业认证。2010 年后,发展中国家很多认证是中国目前尚未有企业认证的,如 2012 年印度企业对健康服务业进行了认证。可以预见,不久的将来其他发展中国家会有更多的行业认证走在中国前面,以寻求错位发展。除金砖国家外,东南亚的越南在认证方面表现得十分积极,而且涉及的行业除了劳动密集型行业外,服务业也有较大范围的参与,认证企业包括皮革、家具、鞋类、包装、塑料、机械制造、建筑、交通运输及食品等。这充分体现出国际分工背景下,一方面,发展中国家在积极参与分工;另一方面,发达国家也本着节约成本的原则与这类国家接洽,在争取消费者信任基础上倒逼此类国家进行劳工认证。另外,从既有数据来看,目前的行业劳工标准认证和产业结构升级还是较匹配的,这样的外部命令式劳工认证从某种程度来看也促进了发展中国家产业结构的升级,以便认证企业在经济全球化背景下在国家的外向型经济发展中获得更多的比较或竞争优势。

3.6.2　SA8000 在中国的发展

中国企业在与跨国公司建立商业关系时,越来越多的 SA8000 标准出现在订单的附加条款中,长三角、珠三角地区的部分劳动密集型企业由于获得了 SA8000 认证,争取到了长期、稳定的订单,且价格上也有一定优势,从而在竞争中处于较为有利的地位。加入 WTO 后,中国企业认证无论是在数量还是行业上都有较大幅度的进步。一方面,因为外界压力,中国企业必须选择"认证"这个必要条件;另一方面,通过认证也可以显示在劳工条件方面较为真实的信息,便于获得采购商甚至是同类型的企业非正式社会网络里潜在采购商的青睐。截至 2014 年 6 月 30 日,中国共有 601 家企业通过SA8000 认证,这些企业分布在纺织、服装、化工、鞋类等行业,涉及区域除了青海地区以外的所有省(区、市)。其中沿海地区的 6 个省(市)占了 90% 以上的企业。

如图 3.2 所示,中国作为最大的发展中国家,在通过认证的劳动密集型企业中,来自服装和纺织行业的企业数位列第一、三位,相应的比例分别为16% 和 7%,相加为 23%。这一比例较另一个发展中国家印度要小,尤其是服装企业的比例,印度认证企业数超出中国一倍以上(印度企业 215 家,中国98 家),所以就这两个行业的认证来看,中印两国既有领先于其他国家的数量,同时双方的竞争也较为激烈。商品符合特定的劳工标准应该属于非价格竞争优势的一种,就如同广告这样的信号效应一样,应该引起国内厂商的重视,不能仅以低价格为优势。值得一提的是,目前这种情况已经有所改善,国内很多纺织、服装企业已走过认证初级阶段,进入 ODM 自我设计阶段,从而慢慢地从原先低价格比较优势转向提高附加值的品牌竞争优势阶段。

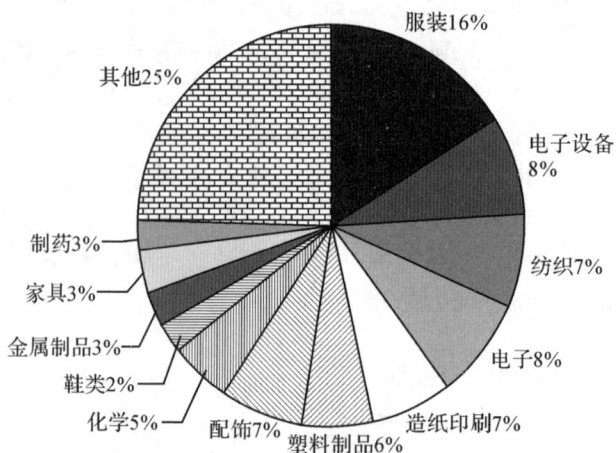

图 3.2　2014 年 6 月中国 SA8000 各行业认证比例

值得注意的是,在典型劳动密集型行业认证中,鞋类企业认证没有排在前列,仅占认证总数2%,全球鞋类认证企业总数为91家,全部集中在发展中国家,仅印度一国就占69家。鞋类作为典型劳动密集型行业,一直是"反血汗工厂"运动的重点领域,为什么这类企业认证数这么少呢?中国此类企业认证数为什么较印度少这么多?其中一个原因在于鞋类企业代工更频繁,如中国福建晋江就是很多国际知名品牌如耐克、阿迪达斯的代工企业集中地。这些代工企业以贴牌、白牌等中性包装的生产形式完成知名企业要求的订单,同时知名企业以公司内部生产守则来约束、规划处于外包体系中的企业行为,就是前面提及的"二方认证"。近年来由于中国劳动力成本提高,耐克、阿迪达斯等知名企业纷纷转战越南等劳动力更低廉的东南亚国家。所以这种鞋类上的"二方认证"在特定情形下有其特定优势:代工企业的前期认证成本相比三方认证要低,同时采购商点对点的监督成本也不高,尤其是出现特定外界干扰因素如人民币升值带来劳动力成本提高时,选择撤资的转移成本相对较低。

电子、塑料制品及一些制造行业认证数在增多,且逐年呈现稳定增长趋势。在67家电子装备认证企业中,中国占有48家,配饰行业认证企业数虽然在中国整体认证企业中所占比例较小,却占有这个行业世界范围总认证数的66%。同时在纸制品、照明、化学、塑料等行业的认证中,中国企业均占有绝对的优势,基本在70%左右。从传统的劳动密集型的第一产业向附加值较高的第二、三产业发展的同时,这种原先较被动的劳工标准认证也越来越体现出较多的正向作用,即为了拿到国外高附加值的订单必须在国内满足劳工条件,认证的通过也进一步带动此行业的发展,提供更多的就业机会。而且其中一些行业的相关产品甚至在全世界范围内都有一定的垄断权,所以一旦认证成功,也会给该行业的相关认证企业带来更多的附加值,如制药行业里维生素E的生产与出口,本身在中国就只有四五家同类型厂家参与生产,除了在国内近乎寡头垄断外,在世界范围内也处于绝对重要位置,所以在定价上会有绝对的裁量权。

另外,在占有25%比例的"其他"行业里,亦体现出中国认证企业的一些现状和未来趋势。如通信、社会服务、信息科技、商业服务等服务业,中国都有一定数量的企业参与认证,既涉及生活性服务业也涉及生产性服务业。虽然数量较少,但这类服务业目前总认证数量也不多。重要的是要看到未来的发展趋势,在发展中国家基于劳动密集型产品进行"对口"认证的同时,国家更要考虑产业结构、就业结构发展的需要,有针对性地进行调试,充分利用外来劳工认证的移植带动相关产业发展、升级。同时更要考虑发达国家国际产业转移,在接收传统或现代劳动密集型行业代工订单时,有些服务性行业可以适当考虑进行与发达国家近乎同步的认证。就如前面提到的巴西在政府公共服务领域的认证,目前中国还没有相关服务行业的企业进行认证。既要遵守经济发展的规律,同时也顺应生产守则基于产业结构优化运动规律——从第一和第二产业向第三产业延伸的主流趋势。

由图 3.3 可以看出,我国劳工认证企业中,以广东省(图中把东莞和深圳单独列出是因为它们的数量较大,具有典型意义)最多,占全国总数的 66%,东莞与深圳认证比例分别为 17% 和 12%。大部分电子行业的认证企业基本集中在东莞和深圳,这主要是因为国家政策性支持使得特定区域产生产业集聚外,同时相关配套产业也顺势产生集聚。这从某种程度可以解释为什么玩具和鞋类企业认证数相对较少,除了品牌跨国供应商内部二方认证外,数量较少的同类型认证企业背后有较多的未认证代工商为其完成订单。而这类由采购单约束的代工关系决定了这类代工商的生产条件、劳工标准水平一直处于被人忽视的"灰色地带"。由图 3.3 可知,东南沿海地区(港澳地区除外)认证企业数量占全国总数的 88%。内陆地区十年前仅有几家认证企业,直到最近几年才开始奋力追赶,截至 2014 年,全国除青海外,内陆地各省(区、市)均有企业通过认证。这也充分说明生产守则运动在我国不同地区间的影响从开始过于聚集向现在的扩散转化。其影响力的加深不仅体现在行业上,也体现在地区分布上。但通过图 3.2 和图 3.3 明显可以看出,我国认证企业地区分布和行业分布存在不均衡现象,行业分布上主要聚集在制造业,地区分布上主要集中于东南沿海一带。

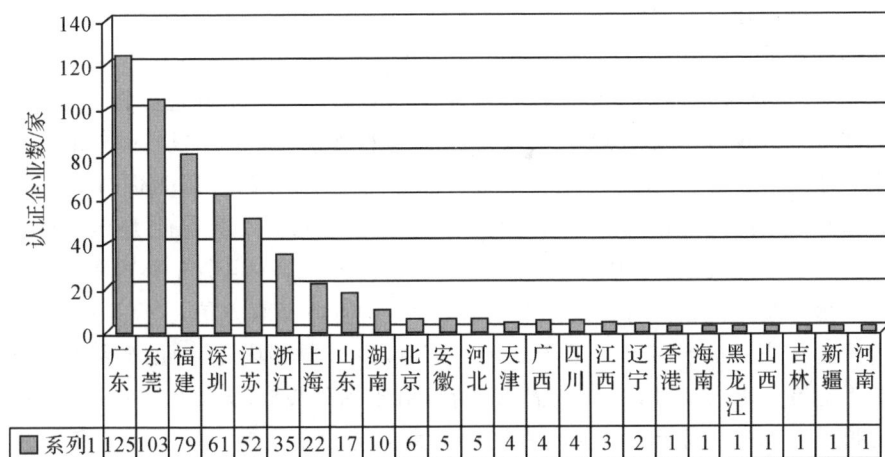

系列1	广东	东莞	福建	深圳	江苏	浙江	上海	山东	湖南	北京	安徽	河北	天津	广西	四川	江西	辽宁	香港	海南	黑龙江	山西	吉林	新疆	河南
	125	103	79	61	52	35	22	17	10	6	5	5	4	4	4	3	2	1	1	1	1	1	1	1

图 3.3　2014 年 6 月中国 SA8000 认证企业的地区分布情况

3.7　劳工认证的理论分析

　　截至 2019 年,我国已经连续接近 20 年成为全球遭遇反倾销调查最多的国家,国际贸易摩擦严重,发达国家对发展中国家劳动密集型产品的反倾销行为时有发生,反倾销的焦点就是劳工标准问题,这也是中国与进口国之间贸易摩擦不断的主要原因。由于中国很多企业处于跨国公司生产链的末端,自然也成为受劳工标准影响较为严重的国家。劳工认证具有双重性:一方面,它是欧美等发达国家按照自己的标准制定的,具有较浓的国外色彩与痕迹;另一方面,将劳工标准与国际贸易以某种形式进行挂钩是发展趋势,也是必然要求。劳工认证作为一种自愿性认证标准,较一些强制性标准有其更严格之处,这种自愿也是基于国家之间、微观个体之间博弈的结果。这种自愿标准在移植到发展中国家时有其艰难过程,尤其是某些条款会触碰到国家体制的"底线"。但随着西方国家对发展中国家劳工认证的某类条款亮出"绿灯",加上世贸组织对待这类生产问题的谨慎,使得这类民间自愿性的"标签制度"能在此缝隙中寻找出更合适的发展路径。从经济学视角来看,标签制度的存在较完全封杀(即进口禁令)更能平衡贸易和劳工权益的关系(Beaulieu,Gaisford,2002;王晓荣,2006),下面笔者将运用经济学原理在局部均衡框架内分析劳工标准认证存在的合理性及条件约束。

采购商通过自愿性劳工标准如 SA8000 的合约来采购发展中国家的供应商的产品,产品的认证如同标签一样,由于前期的认证及本身产品的成本较高,使得认证产品的价格比没有认证产品要高。为了更好地分析问题,我们在复杂的现实世界抽取两个国家即本国和外国放到局部均衡分析框架里。假设一:本国为出口劳动密集型产品的发展中国家,外国为进口某类劳动密集型产品的发达国家。当然两个国家在各自国家都会有此类产品的生产和消费。假设二:本国生产的产品中,一部分符合一定劳工标准的要求,另一部分是在比较低劣的条件下生产出来的,但由于双方信息不完全,外国消费者无法了解本国产品生产的真实信息,而外国国内生产此产品是符合劳工标准要求的。假设三:从需求来看,由于国外发达国家经济水平较高,使得其大部分消费者对待来自发展中国家的劳动密集型产品的劳工条件较为看重,而本国作为发展中国家,由于收入等条件限制,消费者相比更关心价格,而没有发达国家消费者那种对"道德责任"的要求。假设四:就劳工认证来看,由于涉及微观个体的自愿性标准,即使是发达国家,也不会有左右世界价格的能力,即产品价格由世界市场决定。

3.7.1 从禁令下完全禁止进口到劳工标签下部分禁止进口的比较

贸易交易中推行劳工标准的途径有很多种,如传统的单边或双边措施,甚至有多边和区域协定,上述都需要国家层面自上而下地进行干预调解,而采用自愿性劳工标准的标签是微观个体民间性自下而上的自发性措施。为了体现劳工标签的作用,笔者尝试通过其他措施与此方式的比较,利用相关生产者和消费者前后的福利变化来分析劳工标签的作用。

如图 3.4 所示,随着推行劳工标准途径的变化,出口国与进口国相关微观个体的福利也在相应发生变化。在局部均衡的框架内,按照前面的假设,面对发展中国家提高到 P_e,这也就是所说的另一个价格效应。原先价格为 P_p,即混同时的价格。一些没有符合劳工标准条件的产品,进口国(商)一开始采取完全禁止的方式,这会带来两种效应,即质量效应和价格效应。质量效应指的是在实行禁运情况下,进口国的产品都是符合劳工标准要求的,会促使进口国的消费者消费更多此类产品,自然使得进口国消费者需求曲线向右移动,因而进口国内的均衡价格会因为之前达到与未达到劳工标准的产品混同起来,"柠檬问题"出现,符合劳工标准与不符合劳工标准的产品按

照相同的价格 P_p 出售,按照"柠檬市场"的经济学原理,P_p 实际上是不符合劳工标准要求的产品价格。价格从 P_p 提高到 P_e,使得进口国生产者剩余增加,增加的部分为 $S+V+Y$。而消费者剩余的变化主要由两部分组成,也是前面两种效应的结果。质量效应引起的消费者剩余增加为 $U+X+Y+Z$,即需求曲线向右移动后增加的部分。价格效应引起的消费者剩余减少为 $S+T+U+V+W+X+Y$。综合最后总的效应为$(Y+Z)-(T+W)$。如果净的价格效应大于质量效应,完全禁运时进口国最后的福利为负,所以结果还不能确定。

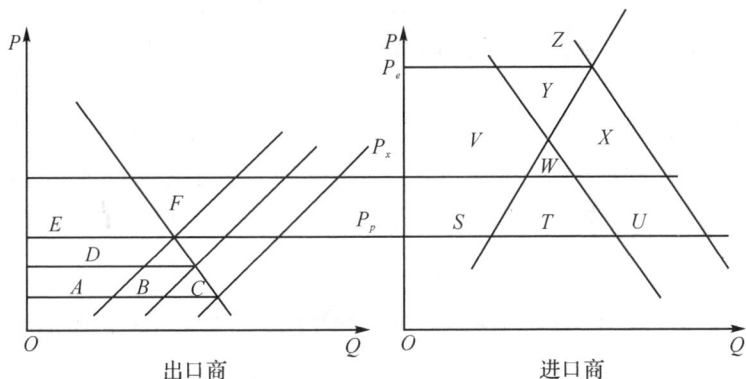

图 3.4 从禁令下完全禁止进口到劳工标签下的部分禁止进口的微观个体福利变化

现在尝试从完全禁运的途径转向劳工标签下的部分禁止进口,即有认证标签的产品可以进入,其他不符合劳工认证条件的产品一概不允许进口。这种情形其实是用一种"标签"把信息不对称时的出口国生产厂商甄别出来,这时有两条供给曲线(如图 3.4 左图所示)。附有劳工认证标签的 S_1 供给线和没有认证标签的 S_2 供给线。很明显,S_1 位于 S_2 的左上方,且下面总的供给线 S 是由曲线 S_1 和 S_2 水平相加得到。由模型假设前提可以知道出口国是小国,其可以按照世界价格无限量出口,所以只要 $P_x > P_H$,有劳工认证标签的生产商就会选择出口,而不是在国内销售。现在出口国的国内供给留给 S_2 供应,也会在原先的价格 P_H 上升为 P_{H1}。在这种贸易制度安排下,由 P_x 决定的有标签认证的产品用于出口,由 P_{H1} 决定的无标签认证的产品用于国内销售。这时出口国的福利变化如下:

有劳工认证标签的厂商剩余增加为 $A+D+E+F$,没有劳工认证标签的生产厂商剩余增加为 $A+B$,消费者剩余减少为 $A+B+C$。所以在这种贸易制度安排下对应各自价格变化所带来的总的福利净变化为$(A+D+E+F+A+B)-(A+B+C)=A+D+E+F-C$。正常而言，这种结果很多时候是正值（就本例来看，由前面推理可知，图形 A 和 C 是等底等高，即 $A>C$），所以和进口禁令相比，出口国福利有所改善。

我们继续来看进口商福利的变化。由于对劳工标签认证产品的放行，也会抑制国内原先此类自产自销产品的高价格，价格会下降到与图 3.4 左边图形对应的出口价格，即认证的世界价格持平，因为有前面假设四的要求。由于价格的下降，生产者剩余肯定要减少，具体为 $V+Y$，消费者剩余增加 $V+W+X+Y$，最后进口国的福利净剩余为 $W+X$。同样，相比完全禁止进口，进口国福利也会改善。对于进口国而言，相较于早期近乎"重商主义"的完全禁止进口出口国同类型产品的做法，留点缺口给劳工标签认证商品更加有利，其总体福利会有一定改善，具体改善程度大小取决于世界价格 P_x 与进口国禁运后的 P_p 的差距，或者说取决于因进口劳工标签认证商品带来的价格下降程度。假如下降程度不明显，甚至超过 P_p，那就没有进口劳工标签认证商品的必要。

3.7.2　劳工标签下部分禁止进口到自愿性劳工标准认证的比较

继续还原现实，劳工标签认证是发达国家一些有"特定"消费偏好的消费者倒逼采购商要求的，也会有一些没有通过认证的产品会通过一定合理的渠道送到无此偏好的消费者手里，因为其低价格优势势必会吸引对应的消费者。这就涉及劳工认证产品与非劳工认证产品输送到发达国家的消费者手里的分离均衡问题，下面进行具体分析。

由图 3.5 所示可以看出，随着进口商对待非劳工认证产品的开放，使得出口国此类产品价格提高到 P_p，所以出口国没有认证标签的产品的生产商的生产者剩余增加为 $D+H+I$，消费者剩余减少为 $D+H$，净福利增加为 I，为正，所以出口国福利改善，其大小取决于 P_p 相比 P_{2s} 提高的程度。总体而言，对出口国来讲，劳工标签下自由出口优于部分限制出口。

对于发达国家进口国，由于其国内对不同劳工标准类型产品兼容接受，所以分析落在两个不同的市场上：有劳工标签的市场一、没有劳工标签的市场二。根据前面假设，由于出口国生产者面临的价格不变，因而其福利也就没有变化。由于一些特定消费者会自由选择另一个没有劳工标签的市场二,这就使得进口国市场一对原先劳工标签产品的需求曲线向左移动。移动的幅度依赖于两种产品之间在质量及价格上的差异。偏好劳工标准标签产品的消费者福利没有变化,而偏好非劳工认证标签产品的消费者面对另一类自由选择,其剩余自然增加,如图 3.5 中的 G。这样的变化是符合帕累托改进定义的:其他人没有变坏,自己的境况变好。所以对于进口国而言,标签制度下的自由组合优于部分禁止进口。

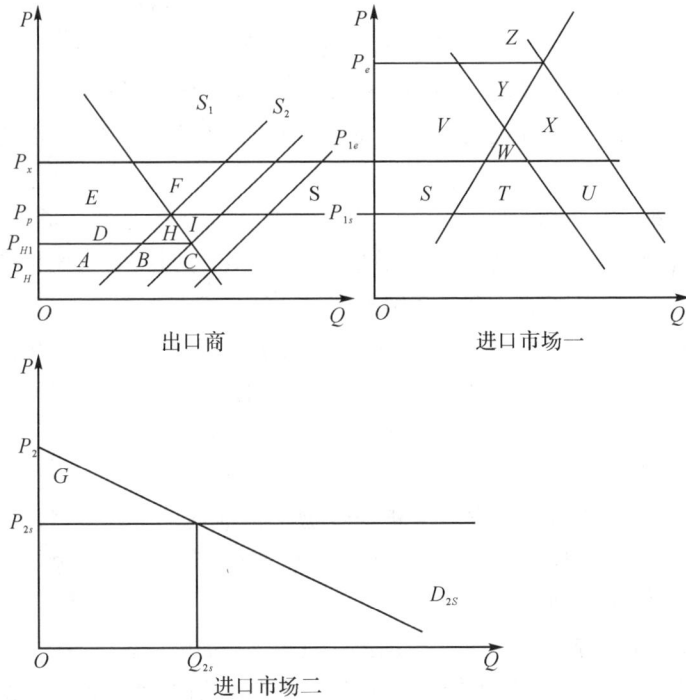

图 3.5 部分禁止进口到自愿性劳工标准认证的微观个体福利变化

总而言之,相较于完全禁止进口,采用部分禁止进口的劳工标签对贸易双方的福利都会有一定提高;而自愿性劳工标准认证除了考虑认证的需求与供给达到市场的局部均衡外,更能考虑到非认证的需求与供给的局部均衡。所以无论是发达国家还是发展中国家,自愿性劳工认证都是较优的选择。

3.8　本章小结

劳工标准国际化有两个重要平台：一是政治平台，包括世贸组织和国际劳工组织等；二是民间平台，主要有各类民间非政府组织。本章基于国际劳工组织和世贸组织两个平台阐述其对应的内容和性质，在国际劳工组织里，劳工标准分为核心标准和非核心标准，本书主要关注核心劳工标准。世贸组织里的劳工标准主要是一项基于世贸平台各贸易成员绑定的社会条款，由于这项社会条款很多内容和国际劳工组织的核心劳工标准重合，所以可看作世界贸易组织平台上的劳工标准。且由于和贸易挂钩，所以具有社会条款性质的劳工标准实施起来较为有效。

除了"第一道门槛"即国家之间的政治平台竞争外，"第二道门槛"即企业之间的民间平台竞争也使得越来越多的企业参与到民间自愿性劳工标准认证中来。本章回顾了从生产守则到三方认证的 SA8000 的发展历程，从世界层面和中国层面对 SA8000 认证情况进行了分析，并根据发达国家与发展中国家认证的数量、认证结构以及就业数等指标，尝试从微观层面考量劳工标准认证对经济发展的影响。

本章后面也从理论层面论证了自愿劳工认证较其他非关税壁垒更能提高微观个体福利。定性和定量分析论证劳工标准认证——微观法律移植一个例子存在的必要性，也为后面基于更深层面的不同市场结构微观机制分析做好理论与现实铺垫。

对比中国的劳工法律制度与国际劳工组织的劳工条约要求，有很多相同之处，有的方面中国劳动法要求甚至更加严格，如在对待童工年龄最低限制这块。而由于特殊的体制背景，目前在职工自由结社和集中谈判权方面较核心标准有一定差距。不过由于国外对待这块给予发展中国家"渐进式"包容，也使得劳工标准基于哪个平台都能较容易移植过来。现实中，随着贸易合作越来越频繁，也使得劳工标准的要求逐渐渗透到中国对外合作的企业中，例如很多企业的工会影响力越来越大，员工对待工资待遇、劳工条件等方面的主观能动性越来越强。

通过私人采购合约的点对点劳工标准移植在特定阶段比通过正式立法更有效率。经济全球化背景下各国之间的经济发展和法律发展不平衡现象是无法避免的，跨国界商事主体一直都是法律移植的主要推动力量。相对于宏观劳工法律移植效果的渐进性、不确定性,这种点对点劳工标准移植模式的效果往往更具直接性、灵活性。采购商与供应商既是劳工标准移植的微观主体,也是为各自利益最大化展开博弈的行动主体。在国家实施既定的政策引导企业执行劳工标准的前提下,可以考虑通过微观企业层面跨国界商业交易,绑定、移植劳工标准,在小政府、大社会的治理背景下发挥其重要功能。

经济发展是完善劳动法规适用国际劳工标准的最终目标,劳动法规完善对经济发展以至劳动条件与标准提高都具有非常重要的意义。为什么一些企业劳工标准最后检测成绩高,而一些企业的劳工标准检测成绩低,或呈现高低波动,或一直处于较低水平? 从经济学视角研究其变化及特征是一种较新的视角。基于不同市场结构的微观个体对市场价格的调控力是有差异的,而这种差异直接影响到微观个体的收益分割,最后间接影响到对相关劳工标准的执行。所以基于现实中田野调查的数据,考虑到不同的市场结构,研究买卖双方的行为博弈对均衡劳工标准的影响及最后市场绩效的评价是下一步要研究的内容,也是 Aoki 比较制度经济学里关于制度内生博弈演化的微观性应用。同样,基于不同市场结构的供应商的努力程度也是有差异的,对市场有主导性的供应商很少把订单分包给二级供应商进行,即使有分包的二级供应商也会非常关注劳工条件。而市场主导性较弱的企业如纺织企业很多时候会把订单分包给加工条件较为恶劣的二级供应商,这就涉及信息不对称下的道德风险问题。前面劳工标准认证的差异是基于在信息不对称背景下解决逆向选择问题,也可进一步基于同一个框架来研究不同市场结构中供应商的道德风险(努力程度)问题。总体而言,通过对劳工标准微观内生性的深刻研究,可以更好地了解发展中国家劳工标准移植的规律、问题及未来发展路径。

中

篇

上篇涉及文献综述与相关研究议题,就信息不对称、市场结构和微观法律移植理论进行陈述,同时基于法学、公共管理学及宏观经济等学科视角对相关劳工标准文献进行梳理后,重点对微观法律移植视角的中国企业劳工标准移植的现状、特征及机制进行了分析。本篇试图基于卖方市场和买方市场分别运用信号模型和信息租模型分析包括中国在内的发展中国家劳工标准移植的特征及机制,并提出摆脱最低标准"陷阱"困境的路径选择。

首先,我们基于信息不对称背景尝试借助信号模型分析卖方市场的企业劳工标准认证特征。通过对前期相关认证企业调研获得的信息进行收集、整合,提炼出卖方市场中企业劳工认证的现状,运用数理模型论证劳工标准混同均衡到分离均衡的条件,同时从时间维度分析认证与非认证企业筛选机制内生均衡。其次,基于信息不对称背景分析买方市场企业劳工标准移植的特征和机制,运用信息租模型分析基于买方主导型市场企业高劳工标准存在的原因;更多企业陷入低标准混同均衡时供应商类型分布的单调风险率需满足的条件;从我国企业特定的风险偏好和有限责任(最低工资等)视角,把涉及劳工标准的道德风险和逆向选择放到同一框架分析信息传递机制对我国企业劳工标准的影响。最后,考察劳工标准移植进一步促进认证企业的正向生产及声誉效应,表现为劳工认证在一定的时间会通过内在相关规则约束及持续改进的正反馈机制产生生产效应,基于外部声誉视角直观分析劳工标准外部性对供应商的收益及均衡劳工标准的影响,基于政府规制视角从非串谋与串谋两方面分析其对不同能力企业均衡劳工标准的影响及政府规制后的效率评价。

总之,本篇的叙述结构按照从卖方到买方,由事实到理论机制的分析,诠释基于不同市场结构微观个体讨价还价能力的不同,带来因信息不对称获取信息租金的差异,从而在两类市场满足相关条件时呈现劳工认证混同均衡,并通过数理模型论证从混同均衡到分离均衡需满足的条件。同时由于市场失灵,政府需要对这类劳工法律移植进行一定的社会性规制,力求达到不同市场结构下效率和公平的统一。

4 信息不对称、卖方市场和劳工标准移植

　　信息对称的微观世界,资源配置正常即能达到帕累托条件的最优,满足瓦尔拉斯(Walras)一般均衡。但现实经济活动中是无法满足这一条件的,即信息不对称是常态。信息不对称会导致逆向选择,产生 Akerlof(1971)所述的"柠檬市场",低质量产品逼出高质量产品,出现市场失灵。较信息对称时买卖双方可以按照真实价格成交的情形,在帕累托次优的失灵的市场,买方无法获得合适的与价格匹配的产品。所以劳工标准认证就如同一个信号,通过"信号"的发送,让买方了解到卖方不被了解的真实信息,如企业社会责任承担、工人待遇以及工人工作条件等,避免出现逆选择。这种"外部命令"式微观法律移植在不同市场会呈现不同的特征,关于这方面,从标准的经济学分析框架出发展开的分析目前尚不多见。本部分尝试基于产品卖方市场结构,来研究买卖双方基于各自收益最大化目的展开博弈最后达到均衡的劳工标准确定,即卖方市场下,劳工标准在发展中国家的移植情况。

　　第 2 章已经陈述过,法律移植概念的界定已突破生物学上的"过程论"式移植,在强调法律从一国(或地区)迁移到另一国(或地区)的同时,更看重这种迁移所产生的实际效果。黄金兰(2006)认为,法律移植还需要把那些以民间渗透方式展开的法律借鉴活动纳入法律移植的范围,这就涉及微观个体法律移植问题。作为微观法律移植的一个例子,劳工标准,是借助微观个体贸易的需要实现的跨国界移植,这种移植按照"效果论"来分析其实更看重劳工标准移植到新"土壤"后的实际执行情况:执行情况较好,工人相关工作条件等都会得到较大改善,证明效果较好;反之,劳工标准执行情况较差,则证明劳工标准移植较为失败,效果较差。本章将基于前面概念的准确界定基础,运用数理模型来分析卖方市场结构下劳工标准执行的情况,即劳工

标准的移植情况。

本章内容安排如下：第一部分，主要针对卖方市场结构下发展中国家企业劳工标准认证的特征事实进行分析；第二部分，对本章运用的分析工具即信号模型相关文献进行梳理论述；第三部分，对卖方市场结构下的劳工标准移植进行理论分析，主要从理论上论证劳工标准趋于最低要求的原因及劳工标准分离均衡所需的条件，重点从时间维度分析劳工标准的筛选机制；最后是文章的结论部分。

4.1 卖方市场条件下企业劳工认证的特征事实

推出劳工标准认证主要是针对发展中国家劳动密集型产品恶劣的生产条件，这种"外部命令式"劳工标准移植会使得发展中国家微观个体尝试多种方式参与认证，有的供应商（生产商）采取内部认证的方式，有的供应商（生产商）选择外部三方认证，也有些企业选择二方、三方都需要认证的形式。一方面，为了满足进口国消费者出于社会责任对产品生产条件的要求；另一方面，也可避免发展中国家此类产品低价格造成的"社会倾销"。就现实来看，既定的资源禀赋决定了发展中国家还是需要发展劳动密集型产品出口，充分运用比较优势来提高本国的出口份额，以创造更多就业。从长远来看，这种耗费传统资源禀赋的产业发展模式有严重的限制性：附加值低，讨价还价权小，是处于产业分工的"微笑曲线"的中间最低部分。从发达国家产业发展的既有经验和规律来看，重心从传统第一产业转移到第二、三产业是企业发展的必然趋势。发展中国家接受国际分工的产业转移的同时，也需要更好发展具有竞争优势的行业。从中国近些年劳工标准认证企业的信息来看（见表4.1），在稳定传统劳动密集型比较优势的行业认证外，开始有越来越多的制造业以及与制造业配套的相关服务业企业参与认证，这种认证趋势一方面能显示劳工认证在发展中国家已开始向纵深发展；同时借助认证，企业也遇到了前所未有的机遇。很多需要认证的企业看似被动要求认证，以获得外国市场通行证的"必要条件"。但就交易过程及结果来看，原有的在劳动密集型行业几乎没有讨价还价权的地位开始转变，取而代之的是很多认证企业在与采购商博弈时具有充分的讨价还价权，当然，这些企业一般都处于卖方市场。

表 4.1 2012 年、2014 年中国相关行业参与劳工标准认证企业情况（单位：家）

年份	电子设备	电子	化工	金属	制药	商业服务	照明	珠宝	社会服务	信息科技
2012	50	40	20	16	7	6	9	10	1	1
2014	48	48	30	17	16	8	13	7	4	3

　　除了上面提及过的排名靠前的占有绝对比例的纺织、服装等劳动密集型行业外，近几年制造业及配套的第三产业的认证情况在数量和种类上都有上升趋势。如表 4.1 所示，涉及技术类行业的电子设备行业和电子行业的认证一直居于第二、三产业认证前列，这些行业一般都聚集在广东和江苏，尤其是深圳、东莞和苏州已有较为完善的产业集群，这些地区也能吸引更多外商投资以及更多产品的出口。2000 年之后，在长三角以及珠三角地区形成了贸易投资一体化现象，相应的，劳工认证这个外来的微观"法律"也越来越多地嵌入贸易投资一体化进程中。除了劳动和技术融为一体的制造业外，一些奢侈品如珠宝业的认证也在增多，同时制药行业和化工行业的认证近两年也呈急剧增长趋势。服务业的认证虽然不是很多，由表 4.1 可看出，像信息科技、社会服务、商业服务这类和生活、生产密切相关的服务业，随着制造业和生活消费品发展水平的提高，认证数量也呈逐年增多趋势。

　　与发展中国家传统劳动密集型行业的认证情况相比，第二、三产业的认证在产品附加值提高、产业升级方面有更大的促进作用。就微观和中观层面来看，涉及这些行业的相关认证企业由于产品特定优势及国际分工的安排，在世界范围具有一定的主导性优势，像制药行业中的维生素 E 产品市场，是典型的卖方有说话权的市场。与发展中国家大部分产品被发达国家采购商所牵引，在数量和价格方面都很被动的劣势相比，这些行业的认证企业在产品的数量和价格方面都有主导权，这类市场的主导作用会通过市场的微观机制反作用于认证商对待劳工认证的态度、行为，最后影响劳工认证的最后水平。

　　就卖方市场来看，微观个体表现出什么样的特征会作用于价格等因素，进而影响到整个市场效率，这就涉及处于卖方市场的特定产品的分析。卖方市场结构下，由于种种原因，供给方受生产能力的限制无法一下子扩大生产量来满足社会需求，生产的供给量对价格的反应较为迟缓，供给弹性较小，需求方变动幅度远远超过供给方，因此需求弹性较大。需求弹性和供给弹性是微观经济学非常重要的两个因素,需求弹性指的是在其他条件不变的情况下,需求量对价格变化的反应程度,像面粉、大米一类基本必需品的价格波动对实际需要影响不大,所以需求弹性较小;而一些奢侈品或高级品如汽车的需求弹性就较大,价格稍微波动即会影响需求发生较大幅度的变动。同样供给弹性指的是供给量对价格变化的反应程度,例如在短期,石油的供给是缺乏弹性的,原因在于已知的石油储存量和石油开采能力不能迅速改变。但从长期看,石油的供给又富有弹性,因为石油输出国组织(OPEC)以外的石油生产者对高价格的反应是加强石油勘探和提高开采能力。像前面列举的维生素 E 市场,从现实中了解到需求者之间彼此竞争,甚至抱着钱袋等待卖方开价,必然会导致价格上升。下面从微观经济学的需求和供给弹性视角来分析卖方市场的内在微观机制,为后面分析劳工标准内生性做好基础性铺垫。

如图 4.1 所示卖方市场,自上而下的 DD 曲线代表此类产品的需求线,自下而上的 SS 曲线代表此类产品的供给线,均衡点为 E,对应的价格水平为 P。随着需求量的增加,DD 需求线向右平移到 $D'D'$,均衡价格也从原先的 P 上升到 P'。由于卖方市场中供给价格弹性小,如图 4.2 所示供给线 SS 比较陡峭,所以同一般情况下供给弹性较小的 $S'S'$(较 SS 水平)相比,价格上升的幅度更大。价格从 P 上升到 P',明显大于 P 与 P_1 之间的距离。这种模型的推理结果尝试解释在卖方市场,当需求弹性大于供给弹性时较高均衡价格的确定。

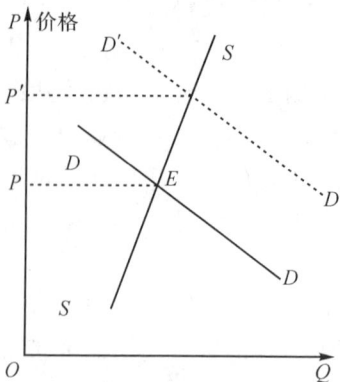

图 4.1　卖方市场

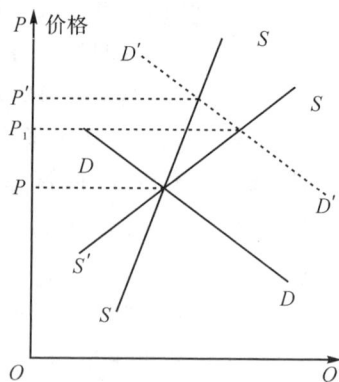

图 4.2　不同供给弹性下的价格变化比较

如从讨价还价权角度去分析,处于卖方市场的卖方具有主动权,所以尽可能利用市场主导地位来提高价格。至于最后的较高均衡价格会稳定在什么位置,还需要结合实际问题中特定的需求与供给要求来确定。总之,需求—供给的局部均衡分析方法可以用来分析基于卖方市场结构的价格波动问题,但如果再放到委托代理的框架里,则需要考虑更多的约束条件,如参与约束和激励相容约束等。

4.2 信号模型简单回顾

Akerlof(1971)最早提出用逆向选择模型来论证在信息不对称条件下"柠檬市场"①的存在,在极端情况下可能连市场都不存在。很多学者都试图破解"柠檬市场"问题,促进帕累托改进。信号模型最早由迈克尔·斯宾塞(Michael Spence)建立,用于解释劳动力市场上的信息不对称现象。Spence(1973)在斯宾塞—莫里斯条件②限制下,尝试通过信号传递的相关机理来解释劳动力市场中的逆向选择效应。在该劳动力市场中,雇员报酬由其生产能力决定,此时"生产能力"为"信息"(不可改变),"教育水平""外貌条件"等为"信号"(可改变)。劳动力市场上的信息不对称主要指雇员知道自己的生产能力但雇主不知道,雇主只能估计出雇员生产能力的条件分布,再根据对边际劳动生产力和教育水平之间关系的估计来雇用工人。这个估计过程会经历几个循环,即估计—观察—修正估计—观察。一个循环结束后产生稳定信号均衡点,即先验估计与事后所观察到的事实相符,也就是自确认均衡。Spence 认为的信号均衡是一个连续的数目无限的点集,可以按照帕累托占优的标准进行排序。但这样的信号均衡有时也会得出和现实相悖的结论:获得的信号很多,但没有得到好的效益,即没有雇到优秀的工人。Spence(1974;1976)论证了工人通过竞争均衡最后可能产生的两种均衡,即混同均衡和分离均衡。混同均衡的前提假设是,是否接受教育不影响工人的生产

---

① 柠檬市场(the market for lemons),"柠檬"在美国俚语中表示"次品",所以柠檬市场也称"次品市场",是指信息不对称的市场,即产品的卖方对产品拥有比买方更多的信息。柠檬市场效应则是指在信息不对称的情况下,往往好的商品遭受淘汰,而劣等品会逐渐占领市场,从而取代好的商品,导致市场中都是劣等品,这就是信息经济学中的逆向选择。

② 在斯宾塞—莫里斯条件下,学历可以显示一个人的能力,能力较强的个人能以较低的成本获得学历证书,而能力较差的个人获得学历证书的成本比较高。

能力,则每个工人将得到与他们的生产能力平均值等值的报酬,教育水平无法显示信号作用。分离均衡的前提假设是,生产能力较强的工人会选择接受教育,生产能力较弱的工人在比较教育成本和教育可能带来的收益增长后决定不接受教育,此时会选择不向雇主发送自己未接受教育的信号;生产能力较强的工人则会出现在教育上投资过度的情形,为了避免自己被雇主误认为是未接受教育的低生产能力工人,此时会选择向雇主发送自己接受过教育的信号。后来 Riley(1975)放宽了 Spence 的假设条件:原先多重的自确认信号均衡通过市场机制作用不再稳定,经过帕累托改进一直到唯一完全确认均衡。同时,Riley(1979)批判了 Spence 提出的存在策略性信息均衡的观点,认为越是热衷于帕累托意义上的均衡,竞争均衡就越难实现。Riley(1985;2001)对 Spence 模型进行了改进,分别考察了类型连续分布的纳什均衡、卖方类型有限的纳什均衡和多个委托代理人的隐藏信息模型,并认为无论是保险行业还是劳动力市场,满足一定合理假设,即可证明多委托代理问题存在纳什均衡。与信号传递不同,信号甄别是未掌握信息方主动提供特定交易合约,供掌握信息方自行甄别,最后实现帕累托改进。Rothschild 和 Stiglitz(1976)通过研究各保险公司(未掌握信息方)向投保客户(掌握信息方)提供各种不同的保险费和免费额的组合,对竞争性保险市场均衡进行了验证,模型最后证明没有实现混同均衡,唯一的均衡是两种各不相同的保险合同的市场销售的均衡,而且实现该均衡的一个重要前提是低风险偏好的投保客户所占比重足够小。这一均衡条件与 Riley(1985)分析的均衡条件有其相通之处,后者认为可以通过两个渠道实现这种均衡:一是高标准的边际成本足够小,二是低标准所占份额足够大。Spence(2002)坚持,即使教育水平提高能够增加工人边际劳动生产力,这些结论仍然成立。

Spence 的信号模型,除了因理论不够完善引起争论外,众多学者都在研究如何改进信号模型以得出更趋近现实的结论,现实中,无论是产业组织,还是相关金融行业或劳动力市场,都在充分应用信号模型来分析解决问题。Riley(1979)是较早从经验上验证 Spence 的信号传递模型的学者,其研究成果是,在工人的生产能力难以测定的经济部门,信号显得尤其重要,因为在这些部门,工资和教育水平强相关,而相关部门也不容易观察到相关的生产能力。对应的,企业对其雇员的生产能力了解越多,雇员报酬和教育水平的关系就越弱。Milgrom 和 Roberts(1982)用信号传递模型验证了贝恩的"限制性定价"猜想,并对产业竞争中的不完全信息条件下的非合作博弈的应用进行了评价(1986)。Bedard(2001)验证了信号模型,证明中学入学率和辍学率与信号传递模型较为一致,与纯人力资本模型不一致。在产品市场,广告、产品价格和质量保证书同样可以起到传递产品高质量信号的作用。Grossman(1981),Klein 和 Leffler(1981),Wernerfelt(1988)在各自研究中指出,品牌和质量保证书可通过单独发送信号来传递无法直接观察到的产品质量信息。Viscusi(1978)认为,在一个质量无法确定的市场,选择质量认证也是一步步分离出"柠檬模式"的过程。Anger(2007)认为,从理论上说可以通过内部信号模型认定,工人愿意免费加班,是该企业产品质量较高的信号。现实中,德国 1993—2004 年的社会经济面板数据可以证明,德国工人的这种积极表现确实传递出经济蓬勃发展的信号。Ordine 和 Rose(2009)延伸Spence 模型从不同学校的间接成本的异质性角度分析不同能力的学生获得同一教育水平均衡的稳定性,而混同均衡的获得依赖"能力效应"和"间接成本效应",当教育质量较低时,后者效应更明显,自然会产生过度教育信号。Suzuki(2010)认为适度竞争会使得均衡信号传递出真实信息,反之过度竞争会削弱信号传递的有效性。国内研究信号模型的文献主要聚焦于对模型的归纳或修补上,如黄曼慧(2006),王钦池(2009)对信号理论进行了综述,郑志刚(2011)从高校就业角度阐述了外部竞争对信号传递有效性的影响等。

Terlaak 和 King(2006)就美国制造商 11 年的面板数据对其参与ISO9000 标准认证后产生的竞争优势做了分析,结果证实,当采购商很难获得供应商产品的信息时,其对认证情况的重视度会非常高,从而通过是否参加认证这个信号来更全面地了解供应商产品的质量,并提出 SA8000、ISO9000 等认证标准在国际贸易中具有重要意义。

发展中国家外贸转型升级的一个重要表现是出口的产品结构优化,从传统劳动密集型产品转向资本、技术密集型产品。一方面,后者附加值较高;另一方面,后者在全球市场中占有较高份额,具有一定垄断地位。一般认为,中国当前的外部命令式劳工标准移植处于较低水平,主要因为卖方的讨价还价能力较弱[1],但事实是在中国有一些产品卖方具有很强的市场实

---

① 这种外部命令式劳工认证标准移植水平较差至少说明两个问题:第一,从原因上看,中国这样的发展中国家,劳动密集型产品的价格劣势使得生产商为获得微薄利润不断降低生产条件,导致劳工标准向下竞争,Rodrik(1996)和 Basu(1999)等都有解释;第二,从过程上看,采购商相对发展中国家供应商的强势地位,使得供应商认证成为与其交易的必要条件,这样的强势地位也反映在他们的价格主导性上,Lin(2001),Bartley 和 Zhang(2012)都有详细分析论证。

力。这种较强的市场实力很多时候源于此类产品世界范围内的特定分工或垄断。笔者通过去浙江几个认证企业调研发现像维生素 E 市场是寡头垄断,买方竞相购买此类产品,价格主动权一直为卖方牢牢把握,属于典型的卖方主导型市场,这样的市场结构劳工标准呈现什么样的特征?什么因素影响其变化?最后的市场绩效又如何?

4.3 趋于最低标准一致性分析

信息不对称使得买方无法获知卖方真实的符合本国消费者要求的"生产条件"。所以卖方通过劳工标准认证发送合适的有质量的信号,以避免买方出现逆向选择。卖方如果要发送区别于低标准产品的高标准信号,必须付出更多由于信息不完全带来的信息摩擦成本,较完全信息的最优投资扭曲较严重。但扭曲的高标准投资内生于生产中,使得员工有更多提高劳动生产效率的内生动力,从长远来看,认可高标准信号作用于出口产品为更多消费者认可,产生声誉机制,对出口产品市场占有率、产品结构的优化有一定推动作用。但从短期来说,尤其是从供应商个体收益最大化角度去看,最后买卖双方博弈的均衡劳工标准水平往往停留在较低水平。

4.3.1 基本假定

本节主要基于卖方主导市场来考察采购商和供应商收益最大化后均衡劳工标准的变化。还原案例的原型可知,一些特定产品由于世界范围内的特定分工或垄断地位,买方会竞相购买,使得卖方可以抽取更多剩余。所以建模首先设定采购方市场是竞争的,而卖方有绝对的讨价还价主导权。现实中,劳工标准的认证水平呈离散分布,Spence(1973)基于二元策略空间分析教育的信号作用,掩盖了一些问题,如非最低点的混同均衡等,所以基于连续性策略空间借助微分方程可以更好地实现对劳工信号特征的描述。设 S 是供应商产品的价值,它是公司自然能力 n 和劳工标准 y 的连续函数,即 $S = S(n, y)$,且 $S_n > 0$,$S_y > 0$;这也和现实基本相符,即企业能力越强,产品价值也会越高;劳工标准越高,消费者认可度更高,产品价值也会提高。$f(n)$ 是 n 的分布函数。其成本 C 是 y 和 n 的函数,即 $C = C(n, y)$,且 $C_n < 0$,$C_y > 0$,$C_{ny} < 0$。能力强的公司认证边际成本会较低,这是非常重要的前提,是保持非常重要的条件。这个假定被称为斯宾塞-莫里斯条件

(Spence-Mirrlees condition),正因为不同能力的公司认证成本不同,所以劳工标准水平才可能传递有关能力大小的信号。能力强的公司相比能力弱的公司认证更轻松,因为成本会下降;同时随着劳工标准提高,对应成本也会提高。严格讲,总成本应该加上一个认证固定成本,由于后面考虑到变量 n 和 y 的变化,经过一阶导数后固定成本没有起到实质性作用,不影响最后分析结果,为了方便计算,暂且将其设为 0。价格 P 是 y 的增函数,即 $P = P(y)$,$P_y > 0$,总收益函数应该是单位收益乘以产量 Q,一阶导数后 Q 同样也没起到实质性作用,所以为了后面推理更简便,假定 $Q=1$。这样设供应商的净收益 $U(n,y) = P(y) - C(n,y)$。所有假设条件基本符合信号模型条件,所以我们可以用 Spence(1974),Riley(1975)信号模型来分析劳工标准信号效应是如何影响微观个体行为及最后市场绩效的。

4.3.2　最优解:自确认多重均衡到完全确认均衡

理性供应商基于目标收益最大化后确定均衡劳工标准,所以有对应目标函数:

$$\max_y U(n,y) = P(y) - C(n,y) \tag{4.1}$$

最大化净收益,满足上式一个正的劳工标准,一阶和二阶条件必须满足:

$$P_y - C_y = 0 \tag{4.2}$$

$$P_{yy} - C_{yy} \leqslant 0 \tag{4.3}$$

因为买方市场的竞争使得任何低于 $S(n,y)$ 的价格都是较为不稳定的,所以最后买方市场的竞争均衡会有:

$$S(n,y) = P(y) \tag{4.4}$$

设 $C = y^\beta/n$,$P = S = ny^\alpha$,$0 < \alpha < 1 < \beta$,

则:$U_y = P_y - \dfrac{\beta}{n}y^{\beta-1} = 0$,且 $P_{yy} - C_{yy} \leqslant 0$,解微分方程可得:

$$P = \left(\frac{2\beta}{\alpha+\beta}y^{\alpha+\beta} + k\right)^{1/2} \tag{4.5}$$

$$n = \left(\frac{2\beta}{\alpha+\beta}y^{\alpha+\beta} + k\right)^{1/2} y^{-\alpha} \tag{4.6}$$

卖方发出劳工标准的信号,买方依据后验概率进行评判,所以会有很多价格信号,短期来说,k 为常数,卖方价格确定。但从长期来说,市场机制作用促使卖方可以自由在非均衡路径选择合适价格函数，以使得自己的收益最大化。所以当外生变量 k 变动时，卖方有多种价格可供选择，即 $P = P(y,k)$，且 $P_y, P_k > 0$。

由式(4.5)可以看出，随着 k 的增加，P 增加；又由式(4.6)可知，y 与 n 在一定区间是同步变动的。即从连续性来看，劳工标准的提高可以同步于公司能力的提高，即其可以作为信号来显示公司能力这个私人信息。

如图4.3所示，k 可看作是除 y 之外另一个影响价格 P 的变量，每个 k 产生一个潜在的信号均衡，k 增至最优值记为 k^p，此时 $P(y,k^p)$ 代表完全信号均衡，也可看作最优帕累托均衡。由式(4.4)对 y 求导并代入式(4.2)可得：$S_y - C_y = -S_n\left(\dfrac{dn}{dy}\right) < 0; k < k^p$，同时可看出每个企业的劳工标准私人边际成本超过社会边际价值，原因是因为 $S_n > 0$，即超过部分为信息不对称带来的信号(标准)成本，所有均衡产生于帕累托改进路径上。如果信息完全对称，买方知道卖方相关类型，即 $S_n = 0$，也就没有信息摩擦成本，即 $S_y = C_y$，达到帕累托最优。由 $S(n,y) = P(y)$ 且 $S_n > 0$，所以上式可转化为：

$$n = n^*(y,P) = n^*[y,P(y,k)] = n(y,k) \tag{4.7}$$

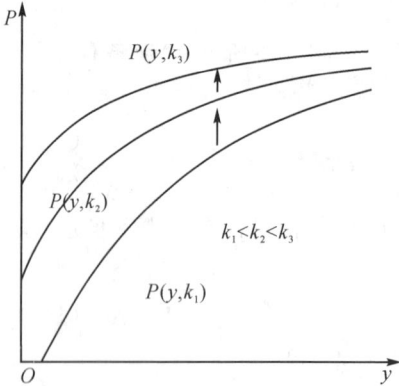

图 4.3　可供选择的均衡价格　　　图 4.4　与公司能力对应的均衡劳工标准

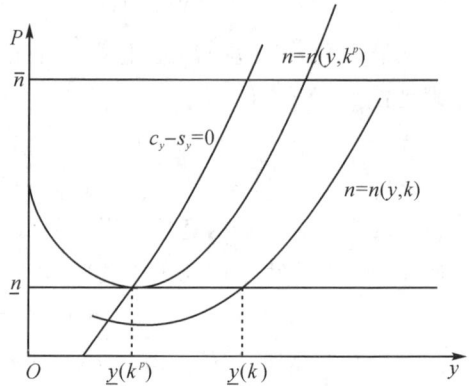

可以看出，满足信号均衡 n 是 y 的函数，且随着 k 的变化有一系列显示 n 的曲线。由式(4.4)两边对 y 微分再变形得：

$$\frac{dn}{dy} = \frac{C_y - S_y}{S_n} \tag{4.8}$$

由式(4.2)一阶导数得：$P_{yy} - C_{yy} = C_{ny}\left(\dfrac{dn}{dy}\right)$，所有 $y > 0$。按照单相交假

设条件 $C_{ny} < 0$，满足信号均衡有解必须有：$\dfrac{\mathrm{d}n}{\mathrm{d}y} \geqslant 0, n \in (\underline{n}, \bar{n})$，其中 $\bar{n}$ 和 $\underline{n}$ 设定为供应商能力的上下界，且整个均衡路径必须在曲线 $C_y - S_y = 0$ 上或右边。根据隐函数性质，其斜率应该是：$\dfrac{C_{yy} - S_{yy}}{S_{ny} - C_{ny}}$，要使其不为负，即劳工标准的边际成本是增函数，劳工标准边际价值是严格递减函数。劳工标准和公司自然能力在创造产品价值中是互补的两个要素，这样确保分母为正。

由式（4.7）可得出 $\dfrac{\partial n}{\partial k} = \dfrac{\partial n^*}{\partial P} \cdot \dfrac{\partial P}{\partial k}$，$\dfrac{\partial P}{\partial k} > 0$，$\dfrac{\partial n^*}{\partial P} = \dfrac{1}{S_n} > 0$，如图 4.4 所示，随着 k 增加，关于 n 的曲线会向左上方移动。$n[\underline{y}(k), k] = \underline{n}$，即对于每一个关于 n 的曲线，总会有一个对应于最低能力的较低的劳工标准。

为更好地理解竞争过程特征，不应把价格简单看作一系列采购商给出的随 k 变化的价格的曲线束，而是此类曲线束的包络线：

$$\widetilde{P}(\hat{y}) = \begin{cases} 0, & y < \hat{y} \\ P(\hat{y}, k), & y \geqslant \hat{y} \end{cases}$$

这里还有一个供应商不会接受的价格供给的子集：

$$\{\widetilde{P}(\hat{y}) \mid \hat{y} < \underline{y}(k)\}$$

由图 4.5 可看出：总会存在 $\underline{y}(k)$，使得价格曲线 $P(y, k)$ 和成本曲线 $C(n, y)$ 的距离最大，即在既定价格信号线下，收益最大，达到供应商自确认均衡。开始对应 $\underline{y}(k) > \underline{y}(k^p)$，即大于最低劳工标准上，在此标准的供应商最大净收益为 U^*，根据包络定理[①]，$U^* + C(\underline{n}, y)$ 曲线其实就是随 k 变化的一系列价格曲线束的包络线 $\widetilde{P}(y)$，同样此曲线也是在最低标准附近供应商的净收益无差异线。所以在最低标准右边的供应商会向左移动，至少净收益不会减少，通过竞争，供应商可以有较高的价格，净收益无差异线会向上移。同时在信号非均衡路径上，$k < k^p$，$S_y(\underline{n}, \underline{y}) < C_y(\underline{n}, \underline{y})$，因而任何集合

$$P(\hat{y}) = \begin{cases} 0, & y < \hat{y} \\ P, & y \geqslant \hat{y} \end{cases}$$

---

① 考虑含参量 a 的函数 $f(x, a)$ 的无条件极值问题（x 是内生变量，a 是外生变量）。显然，一般来说，其最优解 V 是参量 a 的函数，即 $V(a)$。包络定理指出：V 对 a 的导数等于 f 对 a 的偏导数（注意是 f 对"a 所在位"变量的偏导数）。

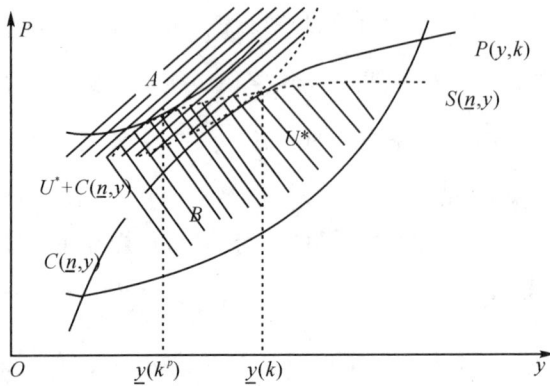

图 4.5　供应商自确认均衡到完全确认均衡

其中，$P \in A \bigcap B$，供应商和采购商的收益都会提高的，因为 $S(\underline{n}, y)$ 曲线下方 B 是采购商可以接受的区域。$U^* + C(\underline{n}, y)$ 曲线上方 A 和 $S(\underline{n}, y)$ 曲线下方 B 的交集如图阴影部分，可选择价格设为 P。所以原先信号均衡 $\underline{y}(k)$ 就会打破，只要 $k < k^p$，就会有帕累托改进。一直移到 $\underline{y}(k^p)$ 处，即 $S_y(\underline{n}, \underline{y}) = C_y(\underline{n}, \underline{y})$，对任何一方而言都没有收益再提高的可能，此时达到帕累托最优，这就是 Spence(1974) 自确认多重均衡后，通过市场机制作用，最后达到 Riley(1975) 完全确认均衡。

西方发达国家推行劳工标准，可看作是为发展中国家制定的"门槛标准"。中国很多企业尝试认证最后没有成功，所以传统认为能认证成功的企业确实具备一定能力，但大多也是在"门槛标准"附近。本来认为类型不同认证企业应表现出不尽相同的劳工标准，但现实是这类企业标准基本趋于最低化。笔者调研时发现维生素 E 市场几大寡头企业近几年的劳工标准检测结果都为 C(及格)。Spence(2002) 认为理论上信号分离均衡在现实中不容易实现，主要原因在于现实中无法满足分离均衡诸多严格条件。市场机制作用使得在最低标准附近的供应商的净收益是无差异的，这也和现实情况较相符。同时采购商没有给予较高能力供应商额外的补偿和激励，使得本身可以发出"强"信号的供应商会减弱自己的信号，一来可以节约信号成本，同时在允许范围内采购商收益也没有减少。所以基于个体理性角度去看劳工标准水平渐趋最低，其实是一次次打破既有均衡，帕累托改进的过程。当更多企业选择最低点作为最后博弈的均衡点，就会出现在劳工标准信号市场的混同均衡，这样的均衡点也较为稳定。任何非最低点，只要有帕累托改进就会重新调整。所以这样的动态调整过程，其实就是供应商借助卖方市场实力理性提高收益的过程，当然买方市场竞争机制也在保证这种调整过程的有效性。这种合作的混同最低标准均衡，使得较低能力公司可以分享较高能力公司的较低边际成本所带来额外收益。从微观效率来讲，各个供应商不必扭曲更多资源来传递较强信号，所以也是最优混同均衡。

4.4 非最低标准均衡的条件

Rothschild 和 Stiglitz(1976)认为不存在信号混同均衡，但现实中的混同均衡并不少见，主要是因为理论上微观个体遵从理性逻辑的推理，但实践中很少有人能遵守。前面已分析，在劳工标准认证信号上，个体理性和集体理性决定处于最低标准的混同均衡的最优性。供应商没有过多"标新"来展现自己的能力，从现实情况分析主要出于两点原因：一是相关信号的边际成本差距不大，二是采购商对劳工标准信号的要求不够高。所以在现实的劳工标准认证上，混同均衡相比分离均衡更易成为常态。很明显，相比发展中国家，发达国家的劳工标准普遍要较高。

问题是为什么发达国家企业劳工标准没有像发展中国家劳工标准那样趋于最低标准，处于非最低标准均衡需要满足什么条件？本节将从企业类型分布状况的不同来分析两者的差异。

如图 4.6 所示，假设最低标准右边有一点 $(\hat{y}, \hat{P})$，其中 $\hat{y} = y(\hat{n})$，$\hat{n} > \underline{n}$，$\hat{P} > P(\hat{y})$，很明显，这一点对于 $\hat{n}$ 类型供应商来说是能够接受的，在接近 $P(\hat{y})$ 附近有两类企业，分别为 $n_1(<\hat{n})$ 和 $n_2(>0)$，它们 和 $\hat{n}$ 类型公司收益无差异。设定 $y(n_i)$ 是对应 n_i 类企业最优选择劳工标准。设 $P = P(y|n_i)$ 为通过点 $(y(n_i), P[y(n_i)])$ 无差异曲线；代替 y 可写为 $P = P(y(n)|n_i) \equiv P(n|n_i)$，支付给 n_i 类企业的价格与由 n 类企业开始选择劳工标准所需价格是一致的，$P_*(n) \equiv P(y(n))$ 是产品的价值线。这两个无差异曲线与曲线 $P_*(n) \equiv P(y(n))$ 相切于 n_i，相交于点 $(\hat{n}, \hat{P})$。

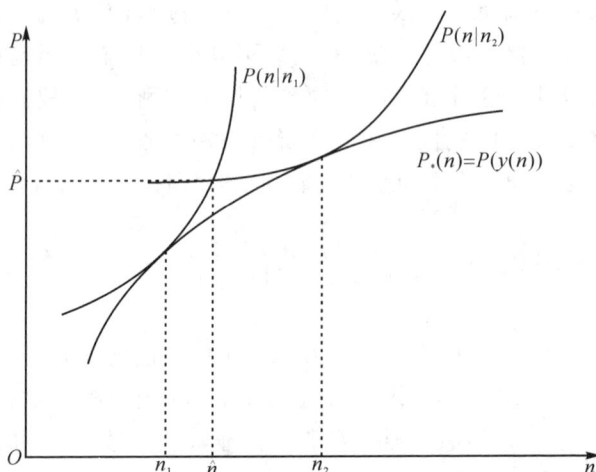

图 4.6　不同类型企业内部的分离与混同

为使模型推理更方便、直观,设 $\alpha = 0$, $\beta = 3/2$,这样净收益函数转化为:

$$U(n;y,P) = P - \frac{y^{3/2}}{n} \qquad (4.9)$$

$$且\ S(n;y) = n \qquad (4.10)$$

根据式(4.5)和式(4.6)结论综合式(4.9)和式(4.10)可得出: $P(y) = (2y^{3/2} + k)^{1/2}$ 。再变形可转化为: $y(n) = \left(\frac{1}{2}n^2 - \frac{1}{2}k\right)^{2/3}$,代入式(4.9),得: $U(n_i;y(n),P) = P - \frac{1}{2}\frac{(n^2 - k)}{n_i}$ 。因而无差异曲线变为: $P(n \mid n_i) = \frac{1}{2}\left(n_i + \frac{n^2}{n_i}\right)$,由于类型 n_1 和 n_2 两类企业的无差异曲线必相交于 $(\hat{n}, \hat{P})$,可以得到: $\hat{P} = \frac{1}{2}(n_1 + n_2)$ 。虽 n_1 和 n_2 的选择有其随意性,但采购商预期收益和下面式子对应成比例,即:

$$\int_{n_1}^{n_2} \left[s(n;\hat{y}) - \hat{P}\right] \mathrm{d}F(n) = \int_{n_1}^{n_2} \left[n - \frac{1}{2}(n_1 + n_2)\right] \mathrm{d}F(n)$$

$$= \frac{1}{2}(n_2 - n_1)\left[F(n_2) + F(n_1)\right] - \int_{n_1}^{n_2} F(n)\mathrm{d}n$$

如果 $F(n)$ 是严格凸函数,高能力企业密集度更高,更多高能力企业的生产价值可以抵消低能力企业模仿带来的损失,所以存在非最低标准使得采购商的期望收益为正。反之,如果 $F(n)$ 是严格凹函数,低能力企业密集度更高,更多低能力企业模仿高能力企业获得高价格。当更多低能力企业以次充好,以致其带来的损失无法通过高能力企业"以好充次"来抵消,最后使得采购商期望收益为负,违反采购商参与约束条件(竞争性假设),所以任何一个非最低标准的均衡都会可能使采购商的期望收益为负,采购商和供应商最后博弈的均衡点趋于最低劳工标准。

在发展中国家尤其在中国这样的"世界制造工厂",劳动密集型行业劳工标准普遍较低,较低劳工标准的企业密集度高,理论上可以认为这些企业呈凹函数分布,采购商平均收益会较低,所以参与约束条件决定采购商与供应商最后博弈的均衡点会靠近最低点,为避免采购商预期收益为负,更多企业在最低点产生混同、合作均衡。而在发达国家,较高能力的企业占有比例更多,其企业类型概率分布函数近似凸函数,即使少量的低能力企业模仿高能力企业获得投机收益,从总体来说更多高能力企业高生产价值会保证采购商期望收益不为负。所以可以看出,发达国家企业标准普遍趋高也是采购商与呈特定类型分布的供应商展开博弈后实现非合作均衡的结果。这种非合作均衡看似比最低标准均衡要损耗更多资源,但从另一个角度可以看出发达国家对待劳工标准的态度。

目前发展中国家处于资本原始累积初期,在较被动地进行劳工标准认证,发达国家更多的是把工人的劳工条件和企业社会责任意识主动植根于企业整体规划中,发挥人力资本的作用,最后的产能和品牌效应也会在市场完全显示。而对于发展中国家的很多企业来说,它们大多处于最低标准的最优"困境",这既是理性约束的结果,也是目前劳动力相对充裕,资本、技术等要素相对匮乏的权宜结果。发展中国家企业缺乏提高标准的动力,也会提醒采购商通过一定的激励来促进供应商尽可能向高劳工标准靠近。采购商可以通过价格加成或者要求实行劳工标准升级版如 ISO26000 来提高供应商的劳工标准[①],用外在的压力和动力促进供应商提高企业社会责任,改善工人生产条件。反过来,产品品牌竞争力提高,对企业长远的竞争和市场占有率也有良性促进作用。

---

① ISO26000 是 2010 年 11 月 1 日由 ISO 正式发布的标准,主要围绕人权、劳工问题、环境问题、消费者问题以及社区参与等七大问题,适用于任何形式的组织。

4.5 风险规避与风险中性的供应商比较——基于离散角度分析

基于前面的分析可以看出，发展中国家处于卖方市场的供应商的劳工标准趋于最低要求，这一方面是追求收益最大化的供应商个体理性使然，另一方面是卖方市场下更多企业在标新收益与对应成本无差异条件下的集体理性选择。提高劳工标准会增加成本，同时在一定程度上会增加风险，使得风险规避型供应商习惯于把劳工标准降到最低，以减小应对风险的成本支出。但有的供应商基于长远考虑，愿意承担一定的风险成本，使得最后的劳工标准趋于分离均衡，本节将从供应商不同风险偏好的视角来分析劳工标准的移植。首先简单陈述风险及风险偏好的相关概念，然后再做理论机制分析，最后再结合现实进行总结。

4.5.1 风险偏好的概述

关于风险的内涵，学界一直没有为所有人认可的统一定义，但就学者对风险的理解和认识，总体来讲，有两种定义。第一类是狭义风险，指损失发生或者损害程度的不确定性，只强调损失，没有考虑从中受益的可能性。持这种观点的有 Rosenb(1972)，Crane(1984)等。第二类是广义风险，即强调风险是未来可能产生结果的不确定性，所以由此产生的结果可能是损失也可能是受益。持此类观点的有 Mowbray 和 Williams(1985)，Henry(1995)等。由于个人的价值观和偏好的差异，人们对待风险的态度也不尽相同，所以需要引入一个概念来评估衡量人们对待风险的态度或接受程度，这就是风险偏好。风险偏好(risk preference)是指组织或个人为了实现目标在承担风险种类、大小等方面的基本态度。组织或个人面对风险时所表现出的态度、倾向便是其风险偏好的具体体现。由于受价值观、经济实力和愿景等主客观因素影响，不同行为者对待风险的态度自然存在较大差异。有些人喜欢冒险，有些人对待风险敬而远之，有些人对待风险中规中矩。所以，学者们根据对待风险的不同偏好将他们分为三种类型：风险寻求型、风险中性型、风险规避型。风险偏好的刻画通常都是基于效用理论的效用函数展开的。

在效用理论中，设某行为人存在一个效用函数 $U(x)$，x 表示风险资产组合,则风险资产组合 x 可带来收益的期望效用为 $E(U(x))$,而该资产预期收益效用为 $U(E(x))$。如果 $E(U(x)) > U(E(x))$,收益期望效用大于期望收益效用,表示该行为人是风险寻求型。当由于信息不对称等偶然因素带来投机机会时,由于认为风险收益的增长速度高于风险损失速度,所以敢于冒险尽可能获得超额利益。从效用函数特征来分析,表现为凸函数,即 $U''(x) > 0$。如果 $E(U(x)) < U(E(x))$,期望收益效用大于收益期望效用,表示该行为人是风险规避型。当由于信息不对称等偶然因素带来投机机会时,除非有很大把握,否则不会贸然行动。从效用函数特征来分析表现为凹函数,即 $U''(x) < 0$。如果 $E(U(x)) = U(E(x))$,收益期望效用等于期望收益效用,表示该行为人是风险中性型。既不冒险也不保守,尤其在信息不对称引发投机机会时,此类行为人行为反应很容易被观察和控制,效用函数特征表现为一条直线,即 $U''(x) = 0$。

风险规避应该是日常生活中大多数行为人所表现出的风险偏好,很多学者针对此类偏好进行定量研究,主要的问题是对风险规避的程度进行更好的度量,Arrow(1965)和 Pratt(1964)提出的度量方法被普遍接受和使用,且此类方法较适合将三类不同的风险偏好放在整体框架内进行分析比较。在度量法中,风险规避根据其程度可分为两种:绝对风险规避和相对风险规避。绝对风险规避系数定义为:$r(x) = -\dfrac{U''(x)}{U'(x)}$;$\mu(x) = -\dfrac{U''(x)}{U'(x)}x$。固定不变的绝对风险规避度量效用函数和固定不变的相对风险规避度量效用函数分别为:$U(x) = -e^{-rx} + \beta$ 和 $U(x) = \dfrac{x^{1-\mu}}{1-\mu}$。

4.5.2 不同风险偏好供应商的均衡劳工标准

考虑高低能力不同供应商风险偏好的变化对最后均衡劳工标准的影响,本节尝试从离散视角做对比性推理论证。假设供应商为高能力类型($\bar{n}$)和低能力类型($\underline{n}$)概率分别为 ρ 和 $1-\rho$,同时考虑到风险偏好的影响,所以在此节引入冯·诺依曼-摩根斯坦效用函数 $u(\cdot)$,将其定义在货币支付($P-C$)上。则供应商规划问题转变为:

$$\max_{\{(\underline{P},\underline{y});(\bar{P},\bar{y})\}} \rho u(P(\bar{y}) - C(\bar{n},\bar{y})) + (1-\rho)u(P(\underline{y}) - C(\underline{n},\underline{y})) \tag{4.11}$$

$$\text{s. t. } S(\underline{n},\underline{y}) - P(\underline{y}) \geqslant S(\underline{n},\bar{y}) - P(\bar{y}) \tag{4.12}$$

$$S(\bar{n},\bar{y}) - P(\bar{y}) \geqslant 0 \tag{4.13}$$

由委托代理理论可得式(4.12)和式(4.13)两个约束是紧约束，所以可以解出最优的劳工标准为：

$$S_y(\underline{y}^{SB}) = S_y(\underline{y}^*) = C_y(\underline{y}^*, \underline{n}) \tag{4.14}$$

$$S_y(\bar{n}, \bar{y}^{SB}) = \frac{\rho u'(\overline{U}^{SB})C_y(\bar{n}, \bar{y}^{SB}) + (1-\rho)u'(\underline{U}^{SB})S_y(\underline{n}, \bar{y}^{SB})}{\rho u'(\overline{U}^{SB}) + (1-\rho)u'(\underline{U}^{SB})} \tag{4.15}$$

$$\overline{U}^{SB} = S(\bar{n}, \bar{y}^{SB}) - C(\bar{n}, \bar{y}^{SB});$$

$$\underline{U} = S(\underline{n}, \underline{y}^*) - S(\underline{n}, \bar{y}^{SB}) + S(\bar{n}, \bar{y}^{SB}) - C(\underline{n}, \underline{y}^*)$$

其中，$\underline{y}^*$，$\underline{y}^{SB}$ 分别为低能力供应商最优和次优均衡劳工标准，且 $\bar{y}^{SB}$ 为高能力供应商次优均衡劳工标准。

由于 $\overline{U}^{SB} > \underline{U}^{SB}$，所以 $u'(\overline{U}^{SB}) < u'(\underline{U}^{SB})$，因为供应商假设为风险规避型，所以有如下连续不等式：

$$\underbrace{\rho C_y(\bar{n}, \bar{y}^{SB}) + (1-\rho)S_y(\underline{n}, \bar{y}^{SB})}_{\text{第一项}}$$

$$< \underbrace{\frac{\rho u'(\overline{U}^{SB})C_y(\bar{n}, \bar{y}^{SB}) + (1-\rho)u'(\underline{U}^{SB})S_y(\underline{n}, \bar{y}^{SB})}{\rho u'(\overline{U}^{SB}) + (1-\rho)u'(\underline{U}^{SB})}}_{\text{第二项}} < C_y(\bar{n}, \bar{y}^{SB}) \tag{4.16}$$

由式(4.14)可看出低能力供应商资源不存在扭曲，即 $\underline{y}^{SB} = \underline{y}^*$；由式(4.16)连续不等式可以看出，无论是供应商的风险偏好是中性型还是规避型，高能力最优劳工标准都会小于其边际成本，出现过度投资，偏离帕累托最优。这也是信号模型的一个重要思想：基于信息不对称时信息摩擦成本使然。由于不等式第一项小于第二项，可认为是风险中性型供应商的均衡劳工标准要高于风险规避型供应商的均衡劳工标准。一方面，供应商借助卖方市场实力，一步步避免资源扭曲进行帕累托改进，而风险中性型供应商愿意接受各类风险，承担对应风险成本，所以最后的均衡劳工标准较风险规避时要高，当然从长远来看会获得比任何其他信号均衡都多的期望收益。另一方面，缺乏提高标准的动力，也会提醒市场的买方通过一定激励来促进卖方尽可能向风险中性靠近，从而提高劳工标准，以此促进企业社会责任提高，工人生活生产条件改善。反过来，也会提高卖方企业产品品牌竞争力，对长远的竞争和市场有良性促进作用。

4.6　劳工标准筛选机制

信息不对称普遍存在，由其带来的信息摩擦成本，使得信息的接收者往往无法准确感知信息发送者真实的信息,产生市场失灵,出现劣币驱良币的情形,"柠檬问题"反映的就是信息不对称下的逆向选择问题。如果说逆向选择反映的是交易合同签订前的信息问题,道德风险反映的就是代理人签订合约后采用的隐藏行为问题,如保险市场中被保险人行为改变,会导致保费提高,劳工市场时而也会出现认证企业把订单分拨给条件恶劣的二级供应商产生道德风险问题。商品经济中,信息可作为一种生产要素,所以信息优势者自然成为收取信息租金的一方,买卖双方基于信息不对称背景下解决逆向选择和道德风险问题,就是相互博弈后如何切割信息租金的问题。

4.6.1　认证企业间劳工标准筛选机制:从分离均衡到混同均衡

劳工标准认证可认为是西方发达国家相关社会性规制跨国界的延伸,包括中国在内的发展中国家企业也在努力提高劳工标准,但在提高过程中会遇到各种现实问题。劳工认证一开始被认作一种需要过度投资才可得到具有筛选机制的信号,笔者在调研时了解到,国内一些制鞋企业为了获得国外订单需要艰苦地通过保底"标准",事实上这类企业的劳工标准很难在短时间内有高质量变化或提升,所以现实中有时会出现这类信号的低标准混同均衡。随着一些认证企业恶劣的生产条件一再被曝光,人们不得不考虑:企业认证成功后如何维持较高的劳工条件?提高劳工标准的内在机制是什么?如何尽可能避免企业认证成功后劳工标准向下竞争?劳工标准从混同均衡到分离均衡需要满足什么条件?

劳工标准的标签作用类似发送的信号,经过一段时间的甄别、筛选,通过保持一定劳工条件作用于生产环节。有关信号筛选作用的研究,开始于20世纪70年代。由于劳动力市场信息不对称,Riley(1979;1985;2001)在信息传递理论基础上,分析了信息筛选的经济学帕累托改进。事实上,筛选理论提出前,就有关于教育促进生产的研究,其理论称为人力资本理论,产生于20世纪60年代,强调的观点是教育能提升个人的人力资本,提高生产能力(Schultz,1960;Becker,1962;Mincer,1974)。中外学者也就两者是互补还是替代关系进行了有针对性的研究。Riley(1976)提出了包含生产功能和信号功能的统一模型:雇主的雇佣决策取决于教育信号功能,但雇员的工资水平取决于其先天能力和后天教育积累的人力资本总和,雇员通过一个自选择的过程实现劳动力市场的分离均衡。这意味着承认教育同时具有生产功能和信号功能。Milgrom和Roberts(1986)对在产业竞争中的不完全信息非合作博弈的应用进行了评价。Wernerfelt(1988)在许多相关的研究中,认为品牌和保证书可以单独发送信号来传递无法直接观察到的产品质量信息。Spence(2002)提出了信号的筛选理论,特别强调教育不能提高个人生产能力,但是在一定程度上可消除信息不对称的作用。在教育的信号功能与生产功能孰强孰弱上,Ordine 和 Rose(2009)延伸 Spence 模型从不同学校的间接成本的异质性角度分析不同能力获得同一教育水平均衡的稳定性,而混同均衡的获得依赖"能力效应"和"间接成本效应",且在教育质量较低时,后者效应更明显,自然会产生过度教育成本。Suzuki(2010)认为适度竞争会使得均衡信号传递更真实的能力,反之过度竞争会削弱信号传递的有效性。李锋亮(2008)在两个理论极端点的中间选取某一个"黄金分割点"作为教育两种效应的收益结合,并基于此展开了研究。

Arrow(1973)提出高等教育是双重筛选的过滤器,劳工认证也可视为具有类似双层筛选的功能:一是对参与和未参与劳工认证企业的筛选,二是甄别通过或未通过劳工认证的企业。但较高劳工标准并不一定能直接促成更好的经济效益,所以当信息不对称时,供应商要发送区别于低标准产品的高标准筛选信号,要进行更多投资,避免出现逆向选择,相比完全信息时需付出更多信息摩擦成本。在正常情况下,理性经济人本着节省成本、获取较高利益的原则,逐步走向低位,最终陷入低劳工标准困境。企业需要做出额外过度投资并发出具有筛选效应的高强度劳工信号,才能实现可能的低标准混同均衡,再考虑甄别能力不同的供应商对应不同劳工标准的分离均衡,会呈现不同特征和内在机制。

4.6.1.1 基本假定

现实中企业劳工标准的认证离散分布,Spence(1973)基于二元策略空间来分析教育的筛选作用,掩盖了类似非最低点混同均衡等问题,所以本节尝试基于连续性策略空间来分析劳工标准的筛选效应。设 S 是供应商生产产品价值,它是企业自然能力 n 和劳工标准 y 的连续函数,即 $S = S(n, y)$,且 $S_n > 0$,$S_y > 0$;认证企业能力越强,对应产品价值也会越高;同时劳工标准越高,消费者认可度更高,产品价值更高。考虑时间贴现,设 $t = t(n, y)$,t 为劳工认证准备的初级时间,它是企业无法观察的类型 n 和企业劳工标准 y 的函数,且 $t_n < 0, t_y > 0, t_{ny} < 0$。企业能力越强,前期认证准备时间越少;企业对劳工标准要求越高,对应投入成本也会较高,能力较强的认证企

业,提高劳工标准带来时间边际成本相比较低,符合保持单相交的斯宾塞—莫里斯条件。价格 P 是 y 的增函数,即 $P = P(y)$,$P_y > 0$,总收益函数应该是单位收益乘以产量 Q,一阶导数后 Q 没起到实质性作用,为推理更简便,假定 $Q = 1$。类型 n 的企业从 0 时刻开始准备认证相关工作,到时间 t 通过劳工认证,产品即期价格为 $\mathrm{e}^{-rt}P(y)$,其中 r 为贴现率。

4.6.1.2 连续型劳工标准筛选机制:分离均衡

$$\max\{\mathrm{e}^{-rt}P(y)\} \tag{4.17}$$

上面目标函数满足一阶导数等于 0,二阶导数不为正的条件,结果得:

$$p'(y) - rt_y = 0 \ , y > 0 \tag{4.18}$$
$$p''(y) - rt_{yy} \leqslant 0 \tag{4.19}$$

其中,$p(y) = \ln P(y)$,式 (4.18) 对 n 求导得到:

$$\left[p''(y) - rt_{yy} \right] \frac{\mathrm{d}y^s}{\mathrm{d}n} - rt_{ny} = 0 \ , 因 t_{ny} < 0 \ , 因而 \frac{\mathrm{d}y^s}{\mathrm{d}n} > 0$$

产品市场的竞争使得任何低于 $S(n, y)$ 的价格都是较为不稳定的,所以最后市场的竞争均衡会有:$S(n, y) = P(y)$。因而:

$$\left[p'(y) - s_y(n, y) \right] \frac{\mathrm{d}y^s}{\mathrm{d}n} = s_n,其中 s(n, y) = \ln S(n, y)。$$

由于前面 $\dfrac{\mathrm{d}y^s}{\mathrm{d}n} > 0$,所以会有:

$s_y(n, y^s(n)) - rt_y(n, y^s(n)) \leqslant p_y(y^s(n)) - rt_y(n, y^s(n)) = 0$,其中 y^* 与 y^s 分别为帕累托最优及次优时的均衡劳工标准。

所以会有 $y^*(n) < y^s(n)$,出现过度投资的情况。现实中很多需要劳工认证的企业,尤其想要发送其高劳工标准信号的企业,肯定要比信息对称时额外付出一些成本,这是信息不对称带来的信息摩擦成本。所以相比信息对称时采购商直接可以观察到企业的工作能力及效率的情形,供应商需要过度投资才可以显示其真实的较高劳工标准,以达到劳工认证的筛选作用。

4.6.1.3 筛选效应的减弱:趋于最低劳工标准的混同均衡

这种因额外投资带来的劳工标准"筛选"作用,一开始使得出口产品为较多消费者认可,通过声誉机制对出口产品结构升级及产品国际市场占有提升都有一定促进作用。但现实中,类似的在市场上有一定议价权的维生素 E 生产企业,其劳工标准执行评定本可以在较高等级,却大都在合格水平附近,"筛选"强信号作用暂时没能得到明显体现。用微观经济学来分析,出于成本和收益方面的考量,较高标准供应商会趋向最低标准混同均衡,如图4.7所示。企业劳工标准从帕累托次优的较高的 y_h^i 短暂过渡到 y_h^* ,因为任何高于 y_h^* 的劳工标准都会使得该企业的劳工标准的边际成本大于边际价值,所以渐趋接近 y_h^* 的过程也是采购商收益不下降、供应商收益渐进提高的帕累托改进,直至二者相等时达到在此种类型上的帕累托最优。

需要破解从混同均衡到能够甄别高低能力不同的供应商对应劳工标准的分离均衡,下面举例说明:设 $t(n,y) = \dfrac{\lambda y}{n}, p(y) = s(n,y) = Any^\varphi, 0 < \varphi < 1;$

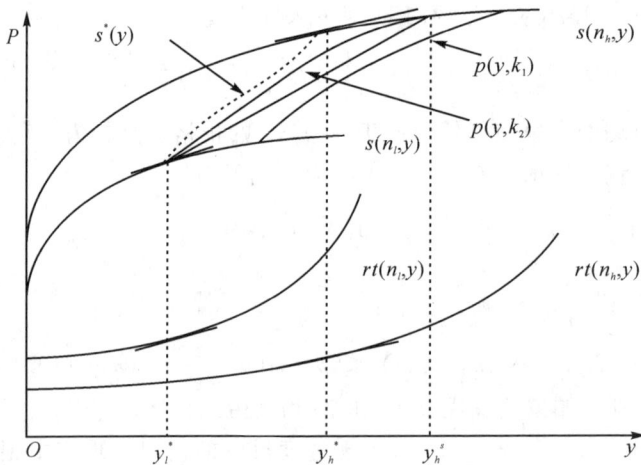

图 4.7　企业劳工标准连续型分离均衡

当要求边际成本等于边际价值时,必然有 $s_y - rt_y = 0$,最后确定一系列最优均衡劳工标准对应均衡价值(价格)组合点的轨迹。

解得: $s^* = (Ar\lambda)^{\frac{1}{2}} y^{*\frac{1+\varphi}{2}}$ 且 $s^{*\prime} > 0, s^{*\prime\prime} < 0$

从图 4.7 可看出,在没有信息传递成本的背景下,劳工标准与私人价值对应呈正向增长,且呈现随 y 变动的凹函数。

与前面式子结合可得, $y(n)^* = \left(\dfrac{A}{r\lambda}\right)^{\frac{1}{\varphi-1}} n^{\frac{2}{1-\varphi}}$,最优的 $y(n)^*$ 随 n 严格增加,对应外生性的劳工标准与内生的企业能力 n 变动趋势较为一致。

如图 4.7 所示,产品对数价值线向上移动到 $s(n_h,y)$,与此对应的成本线向下移至 $rt(n_h,y)$,最后在新的边际价值等于边际成本处产生新的高劳工标准 y_h^*。劳工标准从 y_l^* 提高至 y_h^*,也可以看作能力不同的供应商对应劳工标准的分离均衡。而一系列连续类型企业不同劳工标准对应产品价值点的轨迹就可认为连续性劳工标准的分离均衡,即数理模型推导及对应图 4.7 中的 $s^*(y)$ 曲线,其实是随 k 变化的一系列对数价格曲线束的包络线。

因此,现实及理论论证的劳工标准的筛选效应往往表现为混同均衡和分离均衡交替出现。如何从一段时间的劳工低标准混同均衡到能够甄别不同能力供应商劳工标准分离均衡? 一个重要路径是提高产品价值或提高产品生产效率,这也是劳工标准一个未来预期的效应。提高产品价值往往会因为前期成本可能沉没产生一定风险,这就需要供应商更关注长远收益,风险偏好从风险厌恶转变为风险中性,提高其劳工标准,同时努力争取更多的国际市场占比。把企业社会责任一并纳入企业长远规划,发挥人力资本主观能动性。从长远看,高劳工标准分离均衡也会获得更多消费者青睐及产品品牌竞争力。

4.6.2　认证企业与非认证企业劳工标准筛选比较:生产效率信息传递视角

事实上,劳工认证的筛选作用不仅体现在认证企业间基于成本收益分析时劳工标准或高或低的混同均衡,同样体现在基于不同生产效率信息传递视角的认证与非认证企业间有关劳工标准的执行。劳工标准认证可认为是西方发达国家相关社会性规制的跨国界延伸,微观层面初始可看作是外部订单命令式微观法律移植。笔者在调研时了解到,一些认证企业通过一段时间努力较好执行劳工标准相关要求,对应获得采购商较好订单及价格;但一些认证的供应商也能获得采购商一些稳定订单。认证企业与未认证企业有关劳工标准筛选效应有何不同机制? 如何就信息精准传递视角基于同一框架分析认证企业与非认证企业有关劳工标准内生的筛选机理? 市场机制如何使得具有不同筛选要求的认证企业与非认证企业,在竞争中达到劳工标准内生筛选均衡?

4.6.2.1 认证企业与非认证企业的劳工标准执行现状及特征

笔者在调研时了解到,近 20 年来,参与并通过 SA8000 等劳工认证的企业数量一直较为有限,截止到 2019 年 9 月底,共有 62 个国家和地区,56 个行业,4266 个企业参与认证。由表 4.2 可看出,从 2016 年到 2019 年,意大利的认证企业数一直在稳步增加,越南的认证企业数大幅增加与全球产业链转移有关,包括中国在内大部分国家和地区的企业认证数有所下降。认证企业总体不多,除了劳工认证有较高的门槛和配额要求外,与整个市场中产品的竞争生态有关。有些企业虽没未正式参与认证,但可通过针对性较强的二方验厂活动及长期稳定合作关系,也能获得采购商的订单。

表 4.2　2016 年、2019 年 SA 8000 国家或地区的相关分布比例

认证国家或地区	2016 年认证企业数/家	2019 年认证企业数(家)
意大利	1288	1309
印度	1162	977
中国	692	606
越南	12	118
以色列	42	63
罗马尼亚	88	56
巴基斯坦	148	55
葡萄牙	39	33
中国台湾地区	37	31
比利时	3	24

数据来源:由网站 http://www.wto.org/english/thewto_e/whatis_e/tif_e/org6_e.htm 数据整理得到,下同。

采购商除了采购符合特定劳工标签要求的供应商产品外,也会向合作稳定且劳工条件较好的未认证企业下订单。如图 4.8 所示,假设有两个供应商,一是获得劳工认证的企业,二是没有参与劳工认证的企业,对应边际产品价值分别为 $s(n,y)$ 和 $\hat{s}(n,y)$。为了吸引两个供应商参与生产,需要有 $e^{-n(n,\hat{y})}\hat{s}(n,\hat{y}) = e^{-n(n,y)}p(y)$。由前面的分析可知,在企业劳工标签筛选机制的均衡路径上,有 $s_y(n,y) < rt_y(n,y)$。现引入额外假设,即企业劳工标

准投入 1% 所带来的生产效率的增长率至少与未认证的企业一样高,即 $\hat{s}_y(n,y) \leqslant s_y(n,y)$,结合以上两式,有 $\hat{s}_y(n,y) \leqslant rt_y(n,y)$。对于非劳工认证企业最优劳工标准投入的要求,必然满足 $\hat{s}_y(n,\hat{y}) - rt_y(n,\hat{y}) = 0$,同时类似确保有均衡解的条件成立:$\hat{s}_{yy} < 0$,$t_{yy} > 0$,就会有 $\hat{y}(n) < y(n)$,未认证企业相比认证企业,劳工标准执行度要低。如图 4.8 所示,对应未认证企业的对数价格曲线位于认证企业对数价格线的左边,可以看出:与认证企业相比,非认证企业由于劳工资质等方面投入相对较少,所以采购商给予对应产品较低的价格;如果劳工投入时间与最后的收益正相关,长期来看,未认证企业平均收益会高于认证企业。相比非认证企业,劳工认证的存在及其执行并没显现影响认证企业的长远收益,劳工标准的筛选作用在局部呈现一定效果,从某种程度佐证了未认证企业的长远市场价值。

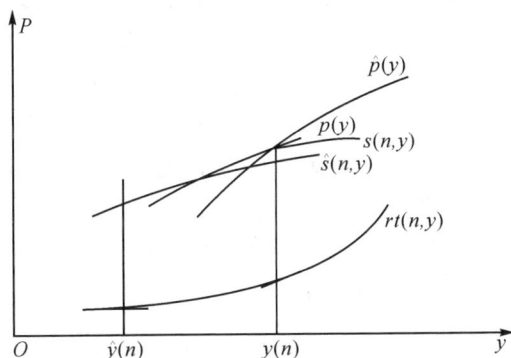

图 4.8　认证企业与非认证企业劳工标准筛选机制比较

4.6.2.2　不同类型企业劳工标准筛选机制统一分析

比较劳工认证企业与非认证企业筛选作用的现状和特征后,还需要从整体甚至动态视角分析认证企业与非认证企业筛选作用的内生机制。事实上,不同类型企业参与劳工认证,市场机制的作用促使采购商与供应商在合作中逐渐认识到供应商的生产能力及劳工标准执行度的关系,形成对供应商生产能力与劳工标准执行度的信念,并根据信息传递的有效程度进行修正,给予不同劳工标准执行度的供应商相应的价格,从而形成一个非完全信息博弈的"贝叶斯纳什均衡",这可认为是信息不对称下供应商与采购商基于劳工标准认证博弈后的筛选均衡。

1. 假设

采购商可以区分出哪些供应商是劳工认证企业,但无法获知认证后企业是否可以通过规则约束和持续改进机制内在转化为企业生产效率的提高。劳工标准执行度 y 可作为信息不对称背景下企业生产效率的临时预测因子,采购商给予认证供应商相应价格 $P(y)$,随着供应商实际产出效率信息的累积,采购商会逐步调整这一价格,以反映其真实的生产效率。可以将类型为 n 的供应商终身收入表示为初始预测边际产品价值 S 的几何加权平均值。将其贴现到供应商一开始认证时,就会有

$$H = e^{-rt(n,y)} P^{1-\sigma} S^\sigma (0 < \sigma < 1)$$

这里,σ 趋于 0,表示此类企业真实反映生产效率信息传递较为缓慢;另一极端是 σ 趋于 1,则表示认证后企业的生产效率与采购商给予的价格较一致。假设供应商对其终身收入的不确定呈现风险厌恶偏好,H 的效用可表示为

$$u = \frac{H^\theta}{\theta} = \frac{1}{\theta} e^{-r\theta t(n,y)} P^{(1-\sigma)\theta} S^{\sigma\theta}, 0 < \theta < 1$$

假设每个供应商都不知道其长期的生产能力,为简单起见,假设信念是无偏的,可以用乘法形式表示为

$$\tilde{S} = S(n,y)\tilde{\epsilon}, E(\tilde{\epsilon}) = 1$$

则类型 n 供应商的期望效用为:

$$U(n,y,P) = Eu = \frac{1}{\theta} e^{-r\theta t(n,y)} P^{(1-\sigma)\theta} S(n,y)^{\sigma\theta} E(\tilde{\epsilon})^{\sigma\theta} = \beta [e^{-rt(n,y)} P^{1-\sigma} S(n,y)^\sigma]^\theta$$

其中,$\beta = \frac{1}{\theta} E(\tilde{\epsilon})^{\sigma\theta}$,每个类型 n 的供应商会选择 $y(n)$ 的劳工标准以最大化预期效用

$$\max U(n,y,P(y)) \tag{4.20}$$

2. 市场均衡的一致性条件

市场的另一边,采购商对供应商生产效率的预测是否得到证实,即 $P[y(n)]$ 是否等于 $S[n,y(n)]$,这与 Riley(1979)研究中所推导的实现信息一致性条件一样。除了上面要求各种连续性和可微可分假设外,还需要满足两点:首先,如果可以直接观察到生产率,则每种类型 n 都会有一个唯一的 y 最大值;其次,对于 n 类型能力较强的认证企业,提高劳工标准 y 带来相对较低的边际成本,相当于信号模型里满足单相交的斯宾塞—莫里斯条件。

设 $S_y(n,y)$ 是 y 的递减函数,$t_y(n,y)$ 是 y 的递增函数,则可以满足第

一个条件。满足第二个条件则需要劳工标准与价格之间的边际替代率 $-\dfrac{U_2}{U_3}$
是初始企业类型 n 的递减函数。

由式(4.20)可得：

$$\frac{-U_2}{U_3} = \frac{rt_y(n,y)P}{(1-\sigma)} - \frac{\sigma P}{(1-\sigma)}\left(\frac{S_y}{S}\right) \tag{4.21}$$

$$\frac{\partial}{\partial n}\left(\frac{-U_2}{U_3}\right) = \frac{rt_{ny}P}{(1-\sigma)} - \frac{\sigma P}{(1-\sigma)}\frac{\partial}{\partial n}\left(\frac{S_y}{S}\right) \tag{4.22}$$

如果能力较强的供应商在准备劳工认证阶段所用的时间较短,那么式
(4.21)右边是负的;如果 $\dfrac{\partial}{\partial n}\left(\dfrac{S_y}{S}\right) \geqslant 0$,则式(4.22)为非正。这就意味着,能
力较强的认证企业劳工标准提高,对应相关产品价值增长百分比不会下降,
这个条件在现实中也较易实现。最后可总结为,在相对温和的约束条件下,
两个条件都能满足,并且存在信息一致性的长期价格函数 $P(y)$,使得那些
更有能力的供应商总是选择更高水平的劳工标准。

3.认证企业与非认证企业劳工标准筛选机制的比较

基于生产效率信息传递视角：

$U = \beta[\mathrm{e}^{-rt(n,y)}P^{1-\sigma}S(n,y)^\sigma]^\theta$,两边取自然对数求导后得

$$(1-\sigma)p'(y) + \sigma s_y(n,y) - rt_y(n,y) = 0 \tag{4.23}$$

同上设： $\ln P(y) = p(y)$; $\ln S(n,y) = s(n,y) = Any^\phi$; $t(n,y) = \dfrac{\lambda y}{n}$

代入式(4.23)得到： $(1-\sigma)p'(y) + \sigma\phi Any^{\phi-1} = \dfrac{r\lambda y}{n}$ \qquad\qquad (4.24)

此外,考虑到信息的一致性,有 $p(y(n)) = s(n,y(n))$

简化后得到

$$(1-\sigma)pp'(y) + \frac{\sigma\phi p^2}{y} = r\lambda Ay^{1+\phi} \tag{4.25}$$

假设企业类型 n 连续性分布于区间 $[0,n_h]$ 上, $y(0)=0,p(y(0))=0$,用
这些边界条件,解常微分方程(4.25)得到

$$p(y)^2 = \frac{2r\lambda A}{(1-\sigma)(1+\phi)+\sigma(2\phi)}y^{1+\phi} \text{ 从而有}$$

$$p(y) = \frac{2r\lambda Ay^{1+\phi}}{[(1-\sigma)(1+\phi)+\sigma(2\phi)]Any^\phi} \tag{4.26}$$

结合 $t=\dfrac{\lambda y}{n}$ 得：

$$p = \left[\frac{2r}{(1-\sigma)(1+\phi) + \sigma(2\phi)} \right] t \qquad (4.27)$$

σ 作为真实反映生产效率的信息传递速度,从 0 增至 1 时,分母从 $1+\phi$ 下降到 2ϕ。因此,对数长期收益函数的陡峭程度增加。当 $\sigma = 0$ 这一极端情况下,工作真正的生产效率取代了时间的终结。在另一极端情况($\sigma = 1$)中,则可以观察到真正的生产效率,较高的 σ 值与筛选不太重要的产品相关。因此,该模型意味着,在筛选要求不太重要的企业中,对数长期价格随认证时间回归的斜率系数对应提高。对于上述简单模型,供应商进入某同类产品的市场,如果市场竞争较为激烈,会降低同一比例部分同类型企业的边际产品价值,即 $s(n, y; \sigma) = A(\sigma) n y^\phi$,各自获得的市场份额及收益会较为有限。所以对应的筛选机制显得较为重要,具有不同程度的劳工标准筛选(不同的 σ 值),其边际产品价值必然与 σ 值系统较为同步。在筛选的平衡中,$A(\sigma)$ 是内生确定的,一系列供应商选择进入或退出劳工认证,最后筛选的均衡往往是供应商在具有不同劳工标准筛选要求之间选择是无差异的。

客观来讲,对于初级产品出口依存度较高的企业,较为看重初始的劳工标准"筛选"作用。一方面,这是入场的必要条件;另一方面,印有劳工标签的外贸订单也会给认证企业带来较为长远的收益。但很多企业拿到认证后并不能保持这种劳工条件,随着一些认证企业恶劣劳工、生产条件一再被曝光,出现一些劳动密集型企业集体"死亡"或倒闭的现象,有一些生产仪器的企业因为市场原因放弃劳工认证。就微观视角来分析,可看作是认证企业与非认证企业,认证企业之间博弈的结果。一方面,拥有劳工标签的供应商产品往往更受国外采购商的青睐,也会较大地冲击非认证企业;另一方面,通过艰苦努力才获得认证的供应商,短时间内劳工标准很难有高质量变化或提升,但经过努力"真实"达到了认证要求,这也可认为是劳工认证企业基于筛选要求内生自净化机制的博弈。

4.7 本章小结

劳工标准借助贸易平台移植到中国,对中国劳工条件甚至劳工法律制度都产生了一定影响,但经分析发现其影响还处于初级阶段。本章基于卖方主导型产品市场,运用信号模型分析涉及移植的微观个体相互博弈对均衡劳工标准的影响。研究表明,在中国像维生素 E 产业这样具有寡头垄断性质的市场，个体理性的收益最大化使得供应商通过市场机制一步步调整均衡价格信号，以达到帕累托最优，导致劳工标准呈现出较低（最低）状态。当同类企业呈现凹函数分布，即低能力企业密集度更高，会产生最低标准混同均衡，较高能力企业也会较为合作地选择低劳工标准信号；反之，当同类企业呈现凸函数分布，即高能力企业占有比例越来越高，最后会产生非最低标准混同均衡，也就是非合作均衡。这种合作与非合作均衡都是基于特定现实各自集体理性思考后的结果，而要达到非合作均衡首先需要微观个体尝试从最低混同均衡转变到分离均衡。同时研究发现，发展中国家处于卖方市场的供应商的风险偏好是中性时，即供应商愿意为提高劳工标准承担更多风险和沉没成本，买卖双方博弈的均衡劳工标准较风险规避型供应商要高，从某种程度也避免供应商借助自己在卖方市场中的实力帕累托改进趋于最低化的混同均衡，产生分离均衡。长远来看，处于分离均衡时的"标新"收益往往要高于处于混同均衡时的低收益，这是发达国家更多企业愿意提高劳动标准的动力之一，也是发展中国家努力提高劳动标准的目标。

有效信息的传递成本是昂贵的，但传递过程中会产生各种综合效应，静态地就某一个时点来看，劳工标准认证作为一个较好的筛选"信号"，一方面反映某类企业在劳工条件、企业社会责任等方面的能力；另一方面，也可作为国外消费者道德责任运动倒逼采购商要求发展中国家企业提供自带的"标签"。而从长远动态来看，采购商首先通过这样的近似保底式标准要求、更稳定的硬件和软件保障及动态持续改进机制，产生长远的生产效应。基于微观视角运用信号模型分析发展中国家企业劳工标准的筛选机制研究，我们发现，信息不对称使得劳工认证企业需要过度投资才能达到劳工标准的筛选效应，但同类型认证企业基于成本收益的考虑倾向于从筛选分离到最低标准混同均衡，以尽可能达到帕累托最优。从生产效率信息传递速度视角统一框架比较认证企业与非认证企业劳工筛选效应时，我们发现，市场机制使得两类企业在竞争中也会达到企业劳工标准内生筛选均衡。现实中调研时发现，很多企业的劳工标准在较低水平徘徊，出现低标准混同均衡，其实并没有否认劳工标准的筛选效应，这是采购商与供应商基于认证产品激励要求抉择后的博弈均衡。劳工标准从混同均衡到分离均衡的变化，也表现在努力克服摩擦成本过程中，需要更好地提高生产效率和降低生产成本。从低标准到较高均衡劳工标准，是很多认证企业着眼于长远要多加考虑之处。

5 信息不对称、买方市场和劳工标准移植

在信息不对称下的产品卖方市场,卖方看似可以自由"调适"劳工标准水平,但委托代理理论的激励约束和参与约束使得买卖双方通过长期合作达到一种默契,一种合作均衡,即趋于"最低标准"。但处于产品买方市场时,即市场主动权由买方来掌握时,信息不对称导致买方无法获知卖方真实情况,所以如果买方不能采取合理的机制设计去规避信息不对称,容易导致处于市场弱势的卖方劳工标准向下竞争,不仅会导致最后的逆向选择,而且还会出现卖方的道德风险。现代机制设计理论主要解决信息成本与激励两大问题。基于信息不对称背景,处于产品买方市场的采购商为了获得更多的垄断收益,如何通过一定机制设计破解信息不对称带来的诸多问题,同时这样的机制设计对劳工标准移植会产生什么样的影响正是这一章所要阐述的。同样,本章将基于前面对法律移植概念的界定,运用数理模型来分析买方市场结构下劳工标准执行的程度,即劳工标准的移植情况。

本章内容安排如下:第一部分,主要针对发展中国家产品买方市场的企业劳工标准认证的特征事实进行分析;第二部分,对本章用到的分析工具——委托代理理论与信息租模型相关文献进行梳理论述;第三部分,基于产品买方市场劳工标准移植进行理论分析,主要是论证高劳工标准存在的原因和劳工标准混同存在的条件,同时考虑供应商道德风险条件下的劳工标准移植的理论分析;最后是结论部分。

5.1 买方市场条件下企业劳工认证的特征事实

就目前认证的现状来看,处于买方市场的企业劳工认证的真正主体还

是发达国家,如前面分析到的意大利等国,尤其是意大利,在附加值较大的行业认证中占有绝对比例。通过前面的认证数据可以看出,原先发达国家认证企业数占优势的制造业慢慢转移到发展中国家,这种类似于弗农(Vernon)的产品周期理论也在认证行业中得到体现,劳工认证也一步步在发达国家和发展中国家进行"接力棒"式更迭传递,究其原因主要有两点:一是国际分工,二是交易中对应劳工认证的绑定。通过前面的数据也能看出,越来越多的发展中国家参与劳工认证,包括亚洲和非洲一些国家。通过前面的数据可以知道,排在前两位的认证行业是纺织业和服装业,而参与此类认证的企业主要来自于印度、中国、巴基斯坦和越南等发展中国家,同时巴西近年来也呈增多趋势。当然这些认证也带来了相当可观的劳工就业,对发展中国家劳工条件的改善起到了一定促进作用。处于买方市场的发展中国家的企业参与劳工认证是常态,所以这种"外部命令式"劳工标准移植对基于买方市场的发展中国家劳工水平产生什么样的影响是个很有研究价值的课题,也是外国消费者掀起"企业社会责任运动"的初衷。高昂的认证费和后期监督检查费使得发展中国家很多企业无法认证,最后只能选择通过另外的"非认证"的价格参与市场竞争。当然即使拿到认证标签通行证的企业也并不完全是三方认证,有的供应商(生产商)采取内部认证的方式,一方面能节约成本,另一方面采购商也能更容易监督、激励生产商。短期来看,发展中国家劳动密集型产品的比较优势决定了企业通过劳工认证后会有更多的出口份额,从而创造更多就业。纺织服装两大行业认证企业就业数量占整个认证企业数近一半,可以看出劳工认证对一国发挥比较优势的重要性。

　　近几年,无论是认证数量还是行业类别,制造业及配套的第三产业相关认证都呈增多趋势,但由表5.1的认证数据可看出,整个劳动密集型行业认证占约70%的比例,排名靠前的是占有绝对比例的服装业、纺织业等劳动密集型行业,占到整个认证数的23%左右,这些行业一般分布在东莞、晋江等地。或者采用贴牌代工,如晋江很多认证企业为阿迪和耐克代工;或者采取自主设计的形式,如东莞、柯桥等地的认证企业都走过代工阶段进入ODM阶段。当然劳动密集型行业的企业认证也存在分布不均的情形,如劳动密集型产品的大户鞋类和玩具行业的企业认证较少,究其原因,一方面,跨国公司一般会对代工商采用内部认证的方式,所以三方认证数据中无法体现;另一方面,中国的鞋类或玩具行业目前还没有形成品牌竞争优势,所以更多地通过低价输送到国外相应消费者手里。就目前来看,鞋类等行业的内部认证有越来越多的趋势,更多基于成本收益的权衡考虑。虽然制造业认证比例也在增多,但主要仍是劳动密集型的制造业,有些服务行业也是为了服务于生产而配套绑定认证。就微观和中观层面来看,处于买方市场的劳动密集型企业的认证,使得发展中国家大部分产品被发达国家采购商牵引,在数量和价格方面都很被动,讨价还价权被采购方牢牢掌控。这类市场的主导性会反作用于认证商对待劳工认证的态度、行为,最后影响劳工认证的水平。

表 5.1　中国相关劳动密集型行业 SA8000 认证企业分布　　（单位：家）

统计时间	服装	纺织	造纸印刷	鞋类	家具	配饰	塑料制品	玩具	造纸	皮革
2012.9	100	42	32	15	12	33	30	2	2	2
2014.6	98	44	40	15	19	42	36	6	8	6

　　就买方市场来看,微观个体表现出什么样的特征会作用于价格等因素,进而影响到整个市场效率。在买方市场中,供给方的生产能力较为充沛,能扩大生产量来满足社会需求,相反需求基本饱和,很难再大幅度提高需求总量,因此需求弹性较小;同时供给方伸缩的余地远远大于需求方,因此供给弹性较大。像一些农产品和生活必需品,供给弹性较大,而需求弹性较小,所以在对外贸易过程中生产者往往因竞争导致价格下跌,卖方的弱势地位较为明显。像前面列举的劳动密集型产业如纺织业、服装业和鞋类业,目前品牌优势不是很明显,附加值较低,供给者一旦展开竞争,必然会导致价格下降,即使认证成本较高,也会有很多相关企业进行认证,为的是在这个标签的考验中和其他无法认证的企业产生“分离均衡”,获得在对外贸易中已经被挤压的“低利润”。下面从微观经济学的需求和供给弹性视角来分析买方市场的内在微观机制,为后面劳工标准内生性分析做好基础性铺垫。

　　在如图 5.1 所示的买方市场中,自上而下的 DD 曲线代表此类产品的需求线,自下而上的 SS 曲线代表此类产品的供给线,均衡点为 E,对应的价格水平为 P。当需求量达到饱和而供给继续扩大时,SS 曲线向右平移到 $S'S'$,均衡价格也从原先的 P 下降到 P'。由于买方市场中需求价格弹性小,图中需求线 $D'D'$ 较为陡峭(见图 5.2),所以与一般情况下需求弹性较大的 DD 比较,价格下降的幅度更大。价格从 P 下降到 P_2,大于 P 与 P' 之间的距离。该模型尝试解释在买方市场,在需求弹性相对小于供给弹性时较低均衡价格的确定。如果从讨价还价角度去分析,处于买方市场的买方具有主动权,所以尽可能利用市场主导地位来降低价格。至于最后的均衡低价格会稳定在什么位置,还需要根据实际的需求与供给要求去分析。总之,需求 — 供给的局部均衡分析方法可以分析基于买方主导型市场的价格波动问题,但要放到委托代理理论的框架里可能需要更多的约束,如参与约束和激励相容约束等。

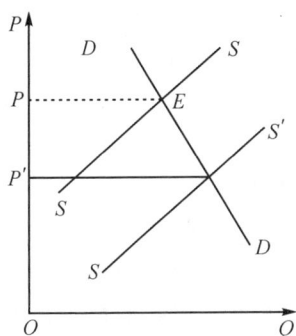

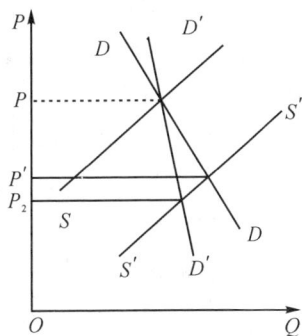

图 5.1　买方市场　　　　图 5.2　不同需求弹性下的价格变化比较

5.2　关于信息租模型的相关研究

兴起于 20 世纪 60 年代的委托代理理论,经历半个世纪的发展,基本形成了两大学派:一为规范学派,以 Mirrless、Spence、Akerlof、Stiglitz、Ross、Holmstrom 等为代表,二是实证学派,以 Alchian、Demgetz、Jensen、Mecking 等为代表。从数理方面,Ross(1973)最早用"状态空间模型化方法"来研究委托代理理论。Mirrlees(1974,1976)统一了分布函数的参数化方法,建立了标准委托代理模型,此模型方法得到了 Holmstrom(1979)的积极响应,也就是著名的"一阶化方法"。Grossman(1983),Rogerson(1985)推导出一阶条件方法有效存在的两个条件:凸性条件(CDFC)和分布函数必须满足单调似然律特征(MLRP),这也和信号模型里的斯宾塞—莫里斯单相交条件是吻合的。学者进一步从静态研究扩展到动态研究。如 Radner(1981)的 Rubbinstein(1979)重复博弈代理模型,Famma(1980)的声誉模型,Holmstrom 和 Ricart(1986)的棘轮效应模型等。Holmstrom(1982)和

McMillan(1991)等则研究了多个代理人情况。委托代理制下，代理人可能得到委托人无法获得的信息，造成双方信息不对称，进而影响交易效率。信息不对称影响到代理契约的设计，为使资源配置尽可能避免扭曲，契约设计必须能够揭示代理人的私人信息。而这要通过给予代理人某种租金的方式来实现。信息租模型解释了如何实现信息租和效率的配置均衡（Laffont，1985）。委托人和代理人出于事前或事后表现出的风险偏好，在委托代理理论中会影响到信息租与效率原有的调配均衡，最后影响双方的收益或效用。Harris 和 Raviv(1979)认为，当代理人为风险中性且和委托人事前签订了契约，最优的激励相容契约可达到帕累托最优。Laffont 和 Rochet(1998)论证了委托人和风险规避的代理人关系，当委托人力求最大化总社会福利且满足中期参与约束时，存在类似较低效率类型的混同均衡。Lewis 和 Sappington(1995)在分析公共事务规制论证了委托人是风险规避型且中期参与约束时资源扭曲低于风险中性时的情形，因而增加其事前效用水平。国内学者则大都停留在对委托代理理论基础模型的进一步修正、完善和应用的层面。侯光明(1998)利用博弈论工具建立了重复博弈的声誉模型，一方面解决了多阶段委托代理关系约束问题，另一方面也证明了隐蔽行为的隐性约束机制的存在。刘兵(2001)为研究企业经营者与采购、生产及销售部门管理者之间激励、协调与约束机制建立了利益分享模型；李丽君(2004)探讨了信息不对称条件下企业主如何激励生产者努力工作，尤其是企业主和生产者都呈现风险中性特征时。段文斌(2004)在委托代理模型中通过纳入风险分担的独立因素对最优激励机制进行了分析，发现最优激励机制不仅是委托人与代理人在剩余索取权和控制权之间进行权衡的适当匹配机制，也是促进风险在委托人和代理人之间有效、合理分担的机制，更是最后企业产权得到最优配置的机制。

发展中国家劳动密集型产品的市场分割较细，品牌竞争力弱，类似纺织业、服装业的采购商具有很强买方实力。在信息完全时，采购商可以通过提供一个完全契约控制供应商的行为，并使其与采购商的目标函数完全一致。当供应商的信息不完备时，采购商将某项任务授权给具有和自己不同目标函数的供应商就会带来很多问题，激励问题就成为影响代理效率的一个核心因素。采购商委托供应商某项任务，并与其签订一个"要么接受，要么丢单"的契约，但信息不完善的制约导致采购商无法有效配置资源。为使资源配置达到帕累托最优，这类契约的设计必须能够揭示供应商的私人信息，而这只能通过给予供应商某种租金的方式来实现。这类对于采购商来说的信息成本和技术性成本,导致不对称信息下的劳工标准有所扭曲。为了诱使供应商"说真话",采购商必须付出的信息租金与资源配置相互冲突,最后形成一个次优契约。

5.3 基于连续型和离散型视角的劳工标准分析

前一章基于连续型角度分析了卖方市场结构下劳工标准移植的典型特征:供应商扭曲资源发出"劳工标准认证"的信号,出现边际成本小于边际价值的情形。那么买方市场结构下的劳工标准会呈现什么特征呢? 能力不同的供应商最后实现的均衡劳工标准及其福利又该如何确定呢? 本章将分别从连续型和离散型角度进行分析。

5.3.1 基本假定

本书主要研究采购商与供应商都实现收益最大化目标前提下的均衡劳工标准的确定,所以建模首先设定采购商即买方市场是垄断的。采购商委托供应商某项任务,放在委托代理框架内分析较合适。

设 S 是供应商生产产品价值,且是劳工标准 y 的函数,即 $S = S(y)$,且 $S_y > 0, S_{yy} < 0$,这也和现实基本相符:劳工标准提高,消费者给予更多认可,产品价值也会提高。劳工标准提高,其边际价值也会变小。设 C 是供应商生产产品的成本,则有 $C = C(y)$,且 $C_y > 0, C_{yy} > 0$。随着劳工标准提高,成本也会提高,且其边际成本也是递增的。严格来讲,总成本应加上一个认证固定成本,考虑到后面变量 y 的变化经过一阶导后固定成本没有起到实质作用,不影响最后分析结果,为了方便计算暂且将其设为 0。价格 P 是 y 的增函数,即 $P = P(y), P_y > 0$,设信息租金 $U(y) = P(y) - C(y)$。供应商分高能力 ($\bar{n}$) 和低能力 ($\underline{n}$),这是私人信息;但其分布概率分别为 ρ 和 $1 - \rho$,这是公用信息。如果从连续型视角去分析,则 S 作为供应商生产产品价值,它是自然能力 n 和劳工标准 y 的函数,即 $S = S(n, y)$,且 $S_n > 0, f(n)$ 是 n 的分布函数,$F(n)$ 是其概率分布函数。成本 C 是 y 和 n 的函数,即 $C = C(n, y)$ 且 $C_n < 0$;其他要求同离散型视角下一样。

5.3.2　投资不足的次优均衡——连续型分析

与前面分析卖方市场结构下劳工标准移植的规律相似,本部分也基于买方市场下的竞争来分析微观个体实现利润最大化目标后的市场均衡,通过运用信号模型发现,信息不对称使得供应商必须支付额外的信息摩擦成本,所以均衡的劳工标准经常出现在边际价值小于边际成本处。为了解基于买方市场结构下劳工标准的变化及相关的绩效,首先还是从连续型视角分析劳工标准移植的典型微观特征,便于后面更好地从离散型视角比较分析劳工标准移植的规律及其微观机制。

设信息租金 $U(n) = P(y) - C(n, y)$,即 $\dot{U}(n) = -C_n$,其中 $\dot{U}(n)$ 为租金 $U(n)$ 对能力 n 的一阶导数。

采购商最优问题为:

$$\max_{U(.),q(.)} \int_{\underline{n}}^{\bar{n}} \left[S(y(n)) - C(y(n)) + \int_{\underline{n}}^{n} C_n \mathrm{d}\tau \right] \mathrm{d}n \tag{5.1}$$

$$\text{s. t. } \dot{U}(n) = -C_n ; U(n) \geqslant 0 \tag{5.2}$$

其中式(5.2)涵盖两层意思:一是 $U(\underline{n}) \geqslant 0$,表示供应商参与约束;二是 $\dot{U}(n) = -C_n$,表示供应商激励相容约束。

通过分布积分,式(5.1)可化为:

$$\int_{\underline{n}}^{\bar{n}} \left[S(y(n)) - C(y(n)) + \frac{1 - F(n)}{f(n)} C_n \right] f(n) \mathrm{d}n \tag{5.3}$$

对式(5.3)求导得到次优产出的一阶条件:

$$S_y - C_y = \frac{F(n) - 1}{f(n)} C_{yn} > 0 \tag{5.4}$$

这里,第4章提及的斯宾塞——莫里斯单相交条件 $C_{yn} < 0$ 依然是需要成立,这样可以推导出式(5.4)右边为正。与在卖方市场劳工标准下边际价值低于边际成本出现投资过度情况不同,买方市场结构下,在次优均衡路径上,劳工标准的边际生产价值高于边际成本,出现投资不足,即其均衡劳工标准小于帕累托最优时标准,原因在于采购商借助买方市场实力调控各类劳工标准水平以获取更多的真实剩余。很明显, $n \to \bar{n}$ 时, $F(n) \to 1$,此时即为最优效率配置,对于其他所有类型,供应商的劳工标准向下扭曲。

这里,还存在一个二阶条件,即 $P'' - C_{yy} < 0$;而 $P'' - C_{yy} = C_{yn} \dfrac{\mathrm{d}n}{\mathrm{d}y}$,而

$C_{yn} < 0$,所以$\dfrac{\mathrm{d}n}{\mathrm{d}y} > 0$。所以最优$n = n(y)$向上倾斜,对于每一个$y$,可以有最优的$n$与之对应。且标准$y$提高,其能力$n$也对应提高。

例如,假设$S = ny^{\alpha}(0 < \alpha < 1)$,$c = \dfrac{y^{\beta}}{n}(\beta \geqslant 1)$ $f(n) = \dfrac{1}{\bar{n} - \underline{n}}$,$n \in$

$(\underline{n}, \bar{n})$,则最优化y与n的关系式为$Kn^{\frac{3}{\beta - \alpha}}$,其中$K = \left(\dfrac{\beta}{\alpha}\bar{n}\right)^{\frac{1}{\alpha - \beta}}(0 < \alpha < 1 \leqslant \beta)$。

如图 5.3 所示,$y(n)$随n的变化呈现递增曲线,在满足相关条件后,会出现买方市场结构下劳工标准的连续型分离均衡。在$\underline{n}$和$\bar{n}$之间,对于每个公司,能力n都会对应一个劳工标准y,且随着n渐趋$\bar{n}$,均衡劳工标准y趋于最优,即劳工标准的边际价值等于边际成本。

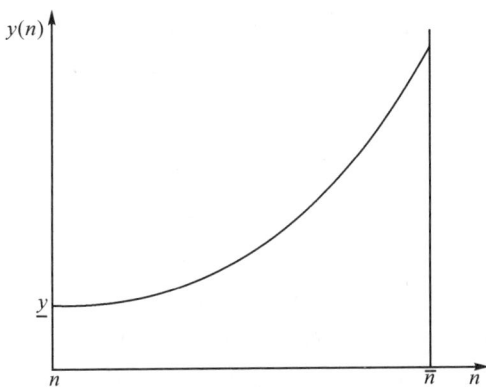

图 5.3　与公司能力对应的连续型均衡劳工标准

5.3.3　期望效率与资源扭曲的次优均衡——离散性分析

本书选择 Laffont 和 Martimort 所用的离散型信息租模型来分析。信息不对称使得高能力代理人可以模仿低能力代理人获得净收益,即信息租。所以即使是拥有买方市场优势的委托人也必须支付一定的信息租以确保低效率代理人存在。这就需要委托人设计一个契约(机制)既激励可行,又可以付出尽可能少的信息租。信息租模型能较好地刻画处于买方市场结构下的采购商(委托人)在租金抽取和效率权衡中如何确定产品均衡产量、质量或标准等。另外通过离散型分析,可很好地解释逆向选择问题,也可避免复杂的计算,更有助于对控制变量进行较为明确的针对性选择。

相关变量设定的意义同上,则采购商规划问题转变为:

$$\max_{\{(\underline{P},\underline{y});(\overline{P},\overline{y})\}} \rho[S(\overline{y})-\overline{P}]+(1-\rho)[S(\underline{y})-\underline{P}] \tag{5.5}$$

$$\text{IC:}\overline{U}=\overline{P}-C(\overline{y},\overline{n})\geqslant \underline{P}-C(\underline{y},\overline{n}) \tag{5.6}$$

$$\underline{U}=\underline{P}-C(\underline{y},n)\geqslant \overline{P}-C(\overline{y},n) \tag{5.7}$$

$$\text{IP:}\overline{U}=\overline{P}-C(\overline{y},\overline{n})\geqslant 0 \tag{5.8}$$

$$\underline{U}=\underline{P}-C(\underline{y},n)\geqslant 0 \tag{5.9}$$

IP 和 IC 分别代表能力不同的供应商的参与约束和激励相容约束。由委托代理理论可知式(5.6)与式(5.9)是紧约束的,再进行整合代入式(5.5)并一阶求导得:

$$S_y(\overline{y}^{SB})=S_y(\overline{y}^*)=C_y(\overline{y}^*,\overline{n}) \tag{5.10}$$

$$S_y(\underline{y}^{SB})=C_y(\underline{y}^{SB},\underline{n})+\frac{\rho}{1-\rho}\Phi_y(\underline{y}^{SB}) \tag{5.11}$$

其中 $\Phi(\underline{y})=C(\underline{y},n)-C(\underline{y},\overline{n})$, $\Phi_y>0,\Phi_{yy}>0$

其中 $\overline{y}^*$ 和 $\overline{y}^{SB}$ 为高能力供应商有效标准和次优标准, $\underline{y}^{SB}$ 为低能力供应商的次优标准。所以高能力供应商的租金为: $\overline{U}=\Phi(\underline{y})$,由上面条件可知,降低低能力供应商标准可以减少高能力供应商的信息租金。但正如式(5.11)所示,低能力供应商次优劳工标准较最优时向下扭曲,也就意味着采购商获得低能力供应商的垄断收益较最优时会下降。

如图 5.4 所示,低能力供应商效用无差异线 $\underline{U}$ 与高能力供应商效用线 $\overline{U}$ 相交于 X_1 点,且与采购商的无差异线 $\underline{V}$ 相切于此点。当此曲线向右移动,表示采购商效用递增。$\overline{V}$ 与高能力供应商无差异线相切于 X_2,此时高能力供应商获得租金,以避免由于信息不对称高能力供应商"说假话",模仿低能力厂商。很明显,(X_1,X_2)是一组有效率的激励相容的契约。但处于买方市场的采购商可以偏向于稍微减少 dy,通过这种方式所带来的期望效率损失为 dy 的二阶项,因为是低能力采购商的最优产出。而此时采购商必须付出的信息租金却减少了,当通过降低低能力供应商的标准所带来的效率损失超过降低信息租金的收益时,采购商减少到 $\underline{y}^{SB}$。同时如图 5.4 右边所示,随着采购商减少信息租的支付,高能力供应商效用无差异线 $\overline{U}(X_1)$ 向右移动(效用减小),而采购商的无差异线 $\overline{V}$ 向右移动(效用增加),两线相切于点 B。为保证低劳工标准供应商的存在,采购商愿意支付高能力供应商一定信息租来保证其"说真话",产生劳工标准的分离均衡,这也是采购商期望效率与资源扭曲配置两难冲突的次优均衡。如图 5.4 所示,采购商无差异线 $\overline{V}$

向右平移过程中,最后的高能力供应商均衡劳工标准可没有变化,次优更多体现在低能力供应商的劳工标准 $\underline{y}^{SB}$ 向下扭曲,最后达到均衡解(A,B)。

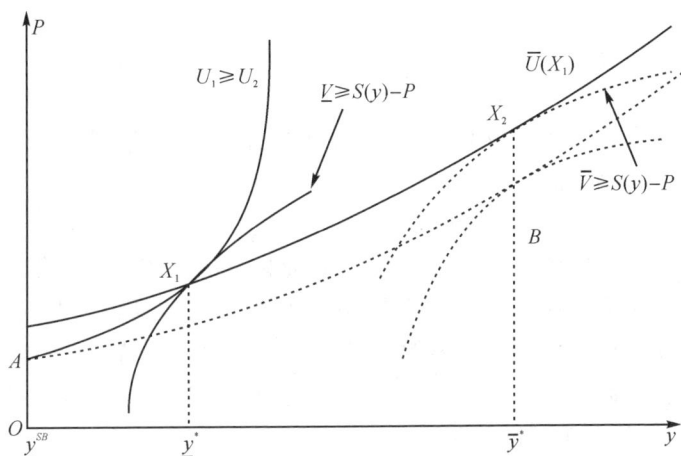

图 5.4　处于买方市场的劳工标准分离均衡

在供应商存在能力高低的情况下,高能力供应商会尽可能通过高标准来获得信息租。同时拥有买方实力的采购商也会通过尽可能偏离最优均衡扭曲资源配置,来减少支付给高标准供应商的信息租。所以比起完全信息下采购商完全获得所有供应商的信息达到帕累托最优的情形,信息不对称使得采购商无法获知高能力供应商真实类型。为保证低标准供应商存在,采购商在租金抽取与效率的权衡中不得不分离出部分信息租给高标准供应商,以避免高标准供应商模仿低标准供应商,这也是信息不对称的代价或成本。此时高能力供应商均衡劳工标准与最优时一致,但低能力供应商均衡标准较最优时要低。

事实上,无论是离散型分析还是连续型分析,都可以看出,在买方垄断市场,买卖双方最后博弈均衡的劳工标准会出现投资不足的次优状态。现实中通过调研发现,类似处于买方市场的纺织业或服装业供应商会通过产品升级如从 OEM 到 ODM,以获取更多附加值。同时额外增加的投入也会使得企业的劳工标准有所提高,如工人工作条件改善、收入提高等。基于买方市场的供应商没有多少讨价还价权,之所以愿意投入更多成本来提高标准,除了能激励工人更好生产、促进生产效率外,获取信息租也是重要原因。

5.4 较低标准混同均衡存在的条件

通过调研发现,一些纺织、服装类企业的劳工标准提高一段时间后,会回落到较低水平,出现同类企业低劳工标准的混同均衡。既然高能力企业可以获得采购商给予的较高信息租,为何其劳工标准又会回落到较低标准"陷阱"? 是主动为之,还是经济规律使然? 本节从供应商分布特征视角来分析产生较低标准混同均衡的原因。

当离散的供应商超过两家时,分析企业标准的分离较之前复杂得多,因为采购商会考虑与更多供应商博弈,切割分配不同信息租以获取最大化剩余。如何切割分配主要依赖离散的供应商本身的分布特征,准确来说是依赖于各类供应商在总体中所占分量或比重。现在假设没有 3 个供应商,较之前多 1 个,采用劳工标准居前两个之间。

假设 3 个供应商的能力分为低能力、中等能力、高能力,即 $\Theta = \{\underline{n}, \hat{n}, \bar{n}\}$,它的概率分布为 $\underline{\rho}, \hat{\rho}, \bar{\rho}$,满足 $\underline{\rho} + \hat{\rho} + \bar{\rho} = 1$,可以将信息租金分别记为:$\underline{U} = \underline{P} - C(\underline{y}, \underline{n}), \hat{U} = \hat{P} - C(\hat{y}, \hat{n})$ 及 $\bar{U} = \bar{P} - C(\bar{y}, \bar{n})$。设 $\Phi(\hat{y}, \bar{n}) = C(\hat{y}, \hat{n}) - C(\hat{y}, \bar{n}), \Phi(\underline{y}, \hat{n}) = C(\underline{y}, \underline{n}) - C(\underline{y}, \hat{n})$,且 $\Phi_y(\hat{y}, \bar{n}) = \Phi_y(\underline{y}, \hat{n}) = \Delta MC = C_y(\underline{y}, \underline{n}) - C_y(\hat{y}, \hat{n})$。对于高能力类型 $\bar{n}$,有 $\bar{U} \geqslant \hat{U} + \Phi(\hat{y}, \bar{n})$;$\bar{U} \geqslant \underline{U} + \Phi(\underline{y}, \bar{n})$;对于中等能力类型 $\hat{n}$,有 $\hat{U} \geqslant \underline{U} + \Phi(\underline{y}, \hat{n})$,同时 $\bar{U} \geqslant 0, \hat{U} \geqslant 0$,$\underline{U} \geqslant 0$。

通过对激励约束的分析,可以通过以下目标函数和约束函数来分析采购商的最优契约:

$$\max_{\{(\underline{U}, \underline{y}); (\hat{U}, \hat{y}); (\bar{U}, \bar{y})\}} \underline{\rho}[S(\underline{y}) - \underline{P}] + \hat{\rho}[S(\hat{y}) - \hat{P}] + \bar{\rho}[S(\bar{y}) - \bar{P}] \quad (5.12)$$

$$s.t. \quad \bar{U} \geqslant \hat{U} + \Phi(\hat{y}, \bar{n}) \quad (5.13)$$

$$\hat{U} \geqslant \underline{U} + \Phi(\underline{y}, \hat{n}) \quad (5.14)$$

$$\underline{U} \geqslant 0 \quad (5.15)$$

显然,在最优时,式(5.13)、(5.14)和(5.15)是紧的,再把等式变形代入式(5.12)求最优,当 $\hat{\rho} > \bar{\rho}$ 时,单调条件严格成立,最优劳工标准为:$\bar{y}^{SB} = \bar{y}*$,$\hat{y}^{SB} < \hat{y}*$,及 $\underline{y}^{SB} < \underline{y}*$,其中:

$$S_y(\bar{y}^{SB}) = C_y(\bar{y}^{SB}, \bar{n}^{SB}) \quad (5.16)$$

$$S_y(\hat{y}^{SB}) = C_y(\hat{y}^{SB}, \hat{n}^{SB}) + \frac{\bar{\rho}}{\hat{\rho}} \Delta MC \quad (5.17)$$

$$S_y(\underline{y}^{SB}) = C_y(\underline{y}^{SB}, \underline{n}^{SB}) + \frac{\bar{\varrho} + \hat{\varrho}}{\varrho} \Delta MC \tag{5.18}$$

其中，$\hat{y}^{SB}$ 和 $\hat{y}^*$ 为中等能力供应商次优劳工标准和最优劳工标准，其他字母同上。当 $\hat{\varrho} \leqslant \underline{\varrho}\hat{\varrho}$ 时，则会出现混同现象，此时仍然有 $\bar{y}^{SB} = \bar{y}*$，但 $\hat{y}^{SB} = \underline{y}^{SB}$ $= y^p < \bar{y}*$，其中：$S_y(y^p) = C_y(y^p, \underline{n}) + \frac{2\bar{\varrho}}{\varrho + \hat{\varrho}} \Delta MC$，其中 y^p 为较低混同劳工标准。

很明显，当 $\hat{\varrho} > \underline{\varrho}\hat{\varrho}$ 时，高能力供应商劳工标准没有扭曲。由于它的信息租金 $\bar{U}$ 同时依赖于其他两个类型的标准，所以采购商为了减少信息租金支付，必须减少 $\hat{y}$ 和 $\underline{y}$，也使得这两个能力供应商次优劳工标准较最优时向下扭曲。同样中等能力供应商可以通过伪装成低能力厂商以获得信息租，而为了减少 $\hat{U}$，又会导致 $\underline{y}$ 再一次向下扭曲。所以低能力供应商得到租金为 $\underline{U} = 0$。但如果单调性条件不满足，当 $\hat{\varrho} \leqslant \underline{\varrho}\hat{\varrho}$ 时，即 $\hat{\varrho}$ 相对较小，中间类型供应商信息租对于采购商来说并不是很重要，而高能力供应商的租金相对较高，为减少这些信息租金支付，采购商借助买方实力较大幅度减少 $\hat{y}$，而较小幅度减少 $\underline{y}$，会出现较低能力混同均衡。

按照单调风险率性质，当类型分布符合单调风险率时[1]，也会有：

$$\frac{P(n < \hat{n})}{P(n = \hat{n})} = \frac{\bar{\varrho}}{\varrho} < \frac{P(n < \bar{n})}{P(n = \bar{n})} = \frac{\bar{\varrho} + \hat{\varrho}}{\varrho} \tag{5.19}$$

这样也确保不同类型供应商的真实成本按此顺序排列，如式（5.16）（5.17）（5.18）右边所示就是其对应真实成本。即使信息不对称，也不会干扰类型顺序：满足采购商的真实剩余最大化后得到一组递增的劳工标准，即劳工标准的分离均衡。反之，当供应商类型分布不满足单调风险性质时，就会产生混同均衡，尤其在较低标准附近出现干扰类型顺序时，采购商会拉低较高的标准产生较低混同均衡，以满足自己真实剩余最大化。以此类推，当存在超过三个以上的供应商时，只要供应商类型分布满足单调风险率性质时，即会出现分离均衡。当更多供应商密集排列后则会产生满足单调风险条件下近似连续分布类型的分离均衡，如图 5.4 所示。

现实中很多发展中国家低标准企业通过努力提高劳工标准，一方面，可

---

[1] 对于 m 个类型，即 $\Theta = \{n_1, \cdots n_m\}$，其分布为 $P(n_i) = \rho_i > 0$，$\forall i$，则单调风险率性质满足 $\frac{P(n < n_i)}{P(n = n_i)} = \frac{\sum_{k=1}^{i-1} \rho_k}{\rho_i}$ 是依 i 的增加而增加。

以证明企业实力,借此获得更多订单;另一方面,供应商也可以借此获得采购商支付的对应信息租。但短期内由于此类企业在买方垄断市场中数量较少,拥有买方市场实力的采购商会有意让此类企业标准往下降,以此尽可能减少向较高标准供应商信息支付的租金。正如调研案例所分析的,努力提高标准的纺织企业因为占有比例相对较小,对采购商来说相对不那么重要,所以较容易被采购商拉低劳工标准。例如,沃尔玛和宜家等采购商以市场为导向向供应商采购商品时,即通过即时的市场需求给出订单,避免更多库存,而供应商在分布概率相对较小的情况下,生产节奏很容易被采购商调控。所以会出现供应商为了及时供货要求工人加班加点,最后相关劳工标准肯定会有所下降。这种情况可以近似认为是公司类型分布在不满足单调性风险假设条件下,采购商充分运用买方实力强制拉低较高能力供应商的劳工标准,达到混同低标准均衡。

5.5 均衡劳工标准比较——基于不同风险偏好的采购商分析

正如前面所说,采购商以市场为导向与供应商签订订单,会通过买方实力来调控供应商的生产节奏。在既定约束下,供应商只能考虑通过加班加点来完成好订单,势必影响整个劳工标准。像苹果与富士康,苹果的即时订单使得富士康要求工人连夜赶工生产,严重影响劳工标准。所以说发展中国家出现备受发达国家消费者指责的"血汗工厂",从某种程度来讲是被采购商压迫的"受害者",当然供应商备受指责的压力也会传导到采购商。现在越来越多的大型采购商尝试选择同时向几个同类型供应商采购,除了考虑关键时候供应商可能会对采购商带来"敲竹杠"风险外,供应商即时备货的压力也会相应变小。这种分散风险的采购方式使得采购商风险偏好从原来的风险中性转到风险规避型,这会对最后均衡劳工标准产生什么样的影响?同时采购商的福利相比有何变化?

设冯·诺依曼—效用函数 $v(\cdot)$ 定义为货币形式交易收益 $(S-P)$ 上,且满足 $v' > 0$,$v'' < 0$(采购商为风险规避型)及 $v(0) = 0$。采购商最优规划问题为:

$$\max_{[(\bar{U},\bar{y});(\underline{U},\underline{y})]} \rho v(S(\bar{y}) - \bar{P}) + (1-\rho)v(S(\underline{y}) - \underline{P}) \qquad (5.20)$$

s.t. 式(5.6)和式(5.9),同样式(5.6)和式(5.9)是紧的,可以解出最

优的劳工标准水平为:

$$S_y(\bar{y}^{SB}) = S_y(\bar{y}^*) = C_y(\bar{y}^*, \bar{n}) \tag{5.21}$$

$$S_y(\underline{y}^{SB}) = C_y(\underline{y}^{SB}, \underline{n}) + \frac{\rho}{1-\rho} \frac{v'(\bar{V}^{SB})}{v'(\underline{V}^{SB})} \Phi_y(\underline{y}^{SB}) \tag{5.22}$$

其中,$\bar{V}^{SB} = S(\bar{y}^*) - C(\bar{y}^*, \bar{n}) - C(\underline{y}^{SB}, \bar{n}) + C(\underline{y}^{SB}, \bar{n})$,$\underline{V}^{SB} = S(\underline{y}^{SB}) - C(\underline{y}^{SB}, \underline{n})$,分别为采购商在两种状态下的支付。

很明显,$S(\bar{y}^*) - C(\bar{y}^*, \bar{n}) > S(\underline{y}^{SB}) - C(\underline{y}^{SB}, \bar{n})$。所以 $\bar{V}^{SB} > \underline{V}^{SB}$,即 $v'(\bar{V}^{SB}) < v'(\underline{V}^{SB})$。可发现式(5.22)左边所带来的劳工标准扭曲要低于 $\frac{\rho}{1-\rho}\Phi_y(\underline{y}^{SB})$,即委托人风险偏好为中性的情形。对于风险规避型委托人,如果将 $\underline{y}$ 增加到风险中性相对应的劳工标准水平以上,会减小两种状态下 $\bar{V}^{SB}$ 和 $\underline{V}^{SB}$ 的差距,这会给委托人更多保险,因而增加他事前的效用水平。特别地,设对于一个不变的绝对风险规避系数的效用函数 $v(x) = \frac{1 - e^{-rx}}{r}$,由式(5.22)可推导出 $S_y(\underline{y}^{SB}) = C_y(\underline{y}^{SB}, \underline{n}) + \frac{\rho}{1-\rho} e^{r(\underline{V}^{SB} - \bar{V}^{SB})} \Phi_y(\underline{y}^{SB})$,当风险规避系数 $r = 0$,就是前面所说的委托人是风险中性型并且供应商具有中期参与约束的情形。当 $r \to +\infty$ 时,最优配置是可以实现的。在极限情形下,风险规避型采购商只会关注低效率状态,因为不能将任何租金留给低效率的供应商,同时也可以毫无代价地将一部分租金留给高效率的代理人。采购商为了尽可能减少风险,防止资源过于扭曲,会把订单分给几个不同的供应商。这样,一方面,低能力企业的劳工标准会有所改善,如不会要求工人;另一方面,对于采购商来说也会提高自己的事前效用水平。现实中,富士康是苹果公司的重量级供应商。当外界舆论一致对富士康的"十二跳"发生强烈质问和谴责时,也倒逼苹果公司对其供应商劳工标准进行检查。即使确认富士康没有很好地遵守相关劳工标准规定,甚至还有使用童工现象,但短时间也无法脱离对超级供应商的依赖。现在苹果公司更多吸纳同类型的供应商如三星等为其代工。相比之前,供应商供货压力变小,最后的劳工标准也会提高,同时供应商对采购商的钳制力也有所降低,增加采购商的效用水平。

5.6　考虑到供应商道德风险的劳工标准移植研究

在前面,讨论了买方市场条件下使用信息租来弥补委托人和代理人之间的信息差距,尽可能避免逆向选择问题。事实上信息不对称除了会产生由于外生类型不同的事前逆选择问题,还会产生另一个问题,既代理人签订契约后,完全可以因为特定收益的要求选择不同的行为是努力或不努力。而这类无法观察到的行为是买方无法控制的,这就涉及事后的道德风险问题。前面我们基于买方和卖方两个市场展开分析时有一假定:暂不考虑代理方签约后的道德风险问题。信息不对称使得基于不同市场结构的代理商可能会产生不同的行为方式,尤其是在买方市场。基于现实的调研发现,在类似纺织、服装行业,一些企业通过认证后,会在后期生产阶段把众多的订单外包给二级供应商,而这类二级供应商绝大部分是条件比较恶劣的"血汗工厂",此类认证商即基于最小化生产成本角度选择"不努力",也就是委托代理理论中的道德风险问题。

5.6.1 基于委托代理框架下的道德风险文献回顾

柯武刚和史漫飞(2000)对委托代理关系中的道德风险有一个明确的定义:"道德风险描述这样一种情境,即自利的个人受某种因素的引诱而违反有关诚实和可靠的一般准则,因为环境允许他们这样做而不受惩罚。"张立海和于琳芝(1998)认为:"在委托代理关系的研究中,道德风险指的是由于信息不对称和监督的不完全,代理人利用自己的信息优势,通过减少自己的要素投入,或者采取机会主义的行为来达到自我效用最大化。"很明显,由于委托人与代理人之间存在信息不对称性,同时代理人的利己性使得在委托代理关系中产生道德风险。经济人的理性决定其普遍存在利己动机,而只有当存在信息的不对称时,这种利己动机才有可能行为化。道德风险可分为隐藏行为的道德风险和隐藏信息的道德风险,而企业层面又有不同层次的道德风险,如所有者的道德风险、有限责任的代理人的道德风险等。Innes(1993)论述了有限责任约束的风险中性型委托人和风险中性型代理人间的最优契约。Jensen 和 Mecking(1976)强调企业内部出现的道德风险可能并不是为了减少努力所要付出的成本,有时是出于自身利益的考虑如临时津贴消费。

现实中,委托人为了调控代理人行为往往必须同时解决逆向选择和道德风险两个问题,所以道德风险与逆向选择经常放在同一层。在这样较为复杂的情形下,最重要的是要知道代理人基于不同成本的考虑会如何相互作用。Laffont(1995)在环境监控方面考虑了逆向选择发生在道德风险之前的混合情况,以避免道德风险使得逆向选择问题更为严重,对应资源扭曲也更严重。Laffont(2001)考虑了有限责任与无限责任时道德风险发生在逆向选择之前的情形:无限责任情况下可以通过风险中性的代理人成为剩余索取者而达到最优效果;有限责任情况则无法实现对应最优效果。

结合调研的案例可以看到,现实中更多备受发达国家消费者指责的发展中国家的"血汗工厂",除了自身要素禀赋特征约束外,与发达国家采购商就产品价格谈判时的弱势地位有一定的关系。前面提到的基于卖方市场的供应商由于其特定的市场地位,在获得高额附加值外,也会尽可能考虑维护市场地位和产品的品牌;除了通过技术升级达到对市场一定垄断外,很少会像处于买方市场的供应商那样更多考虑将订单分包给条件恶劣的二级甚至三级供应商。所以在本节更多是基于买方市场结构来分析供应商的道德风险问题,是在前面已经分析过的逆向选择的基础上考虑供应商道德风险对最后劳工标准的影响。尤其是当供应商呈现风险规避偏好,拥有买方实力的采购商又面临最低标准、最低工资等有限责任约束时,最后买卖双方经过博弈实现的均衡劳工标准的确定;基于比较静态分析,当相关因素发生变化时,对应均衡劳工标准如何变化,同时对最后的绩效产生什么样影响等,都是本节要研究的。

5.6.2 基本假定

本书主要研究逆向选择发生在道德风险前的买卖双方博弈后均衡劳工标准的确定,所以关于前面逆向选择所涉及的相关假设在此节依然成立,并补充涉及道德风险的一些假设。考虑到供应商有价值的努力水平 e,同时供应商努力水平提高会提高他们所出售产品的劳工标准,从而产生更多的剩余,但付出努力 e 意味着供应商产生了一定的负效用 $\psi(e)$,且满足通常的正则条件,即 $\psi(0) = 0, \psi(1) = \psi$。同样采购商给予供应商价格 P,假定其效用函数在货币和努力之间是可分的,即 $U = u(P) - \psi(e)$,假定供应商是风险规避型,所以 $u(\cdot)$ 满足 $u' > 0, u'' < 0$。同时设 $u(\cdot)$ 的反函数为 $g = u^{-1}$,则 $g' > 0, g'' < 0$。考虑供应商道德风险问题,所以这里设 π_1 为努力后获得高效用的概率,π_0 为不努力获得高效用的概率。$\pi(e)$ 是努力水平 e 的函数,其中 $e \in (0,1)$。对应 $u(\overline{P_h}), u(\overline{P_l}), u(\underline{P_h}), u(\underline{P_l})$ 分别是不同能力供应商对应努力时获得的高效用和低效用。

5.6.3　道德风险与努力水平——基于风险规避型供应商的分析

委托人通常会选择支付给代理人一定信息租金来弥补两者间的信息差距,以尽可能避免逆向选择问题。事实上信息不对称除了会产生由于外生类型不同的事前逆选择问题,代理人获得一定的契约后,完全可以因为特定收益的要求选择不同的行为——努力或不努力,这就涉及道德风险问题。由于目标函数的不一致,使得委托人和代理人在应该实施的某种行为上产生冲突。基于现实的调研发现,在类似纺织、服装行业,一些企业通过认证后,会在后期生产阶段把众多的订单外包给二级供应商,而这类二级供应商绝大部分生产是条件比较恶劣的"血汗工厂",此类认证商即是出于最小化生产成本目的选择"不努力"行为。在道德风险情形下,采购商(委托人)面临不确定性由外生到内生,实现的劳工标准往往会成为供应商行为"噪声信号",即随机劳工标准是供应商的努力水平和外界因素的综合。采购商偏好于最小化成本来激励供应商做出努力,当处于弱势地位的供应商呈现风险规避偏好时,买卖双方博弈后会在激励供应商努力和提供保险之间产生次优均衡。

信息不对称使得采购商无法鉴别供应商真实的努力行为,所以供应商往往选择把更多的订单外包给劳工条件较为恶劣的分包商进行生产,这就是涉及供应商道德风险问题。当供应商为风险中性时,尽管其努力无法观察到,道德风险也不会成为问题。因为拥有买方优势的采购商会将产权卖给供应商,赋予风险中性型供应商以剩余利润索取权,所以这种产权合理分配可以用来激励效率,避免因为道德风险带来的资源扭曲问题。但当供应商是风险规避型时,由道德风险带来的努力水平扭曲就会显示出来。发展中国家处于弱势地位的认证供应商,很多呈现出风险规避的偏好,出于节约成本的考虑也会尝试把更多订单外包给其他没有认证的二级分包商,最后对资源配置产生一定的扭曲。

下面,首先运用委托代理理论来分析道德风险与资源配置效率问题,当供应商是风险规避型时,采购商的规划问题可以写成:

$$\max_{\{[\underline{P}, \bar{P}]\}} \pi_1(\bar{S} - \bar{P}) + (1 - \pi_1)(\underline{S} - \underline{P})$$

$$\text{s.t.} \quad \pi_1 \bar{u} + (1 - \pi_1)\underline{u} - \psi \geqslant \pi_0 \bar{u} + (1 - \pi_0)\underline{u} \quad (5.23)$$

$$\pi_1 \bar{u} + (1 - \pi_1)\underline{u} - \psi \geqslant 0 \quad (5.24)$$

依据前面的假设,为了使后面的推理论证足够简便,采购商在各个自然状态下的价值及给予供应商的价格记为:$S(\bar{y}) = \bar{S}$ 和 $S(\underline{y}) = \underline{S}$;$P(\bar{y}) = \bar{P}$ 和 $P(\underline{y}) = \underline{P}$。同时定义 $\bar{u} = u(\bar{P})$ 和 $\underline{u} = u(\underline{P})$。式(5.23)是供应商付出正努力的激励约束,即他通过正努力获得的平均净效用超过他不努力获得的平均净效用。式(5.24)是供应商的参与约束,供应商付出努力获得的平均净收益至少等于他的外在机会效用水平。很明显,按照委托代理理论,对于式(5.23)和式(5.24)都是紧的。因为首先就供应商参与约束来讲,采购商会尽可能减少成本从而满足供应商保底的参与条件;另外为激励风险规避型供应商做出努力,采购商必须支付较多的代理成本,所以在式(5.23)为紧时可以满足供应商激励相容条件,同时也最小化采购商代理成本。

由前面条件可设 $\bar{P} = g(\bar{u})$ 和 $\underline{P} = g(\underline{u})$。综合式(5.23)和式(5.24)等式的情形下得出

$$\bar{P} = g\left(\psi + (1-\pi_1)\frac{\psi}{\Delta\pi}\right)$$

以及

$$\underline{P} = g\left(\psi - \pi_1\frac{\psi}{\Delta\pi}\right)$$

供应商偏好从风险中性到风险规避,其原有的激励相容约束与参与约束要求也相应发生变化。为了满足供应商激励和参与约束,采购商较之原先必须支付更多的成本。如图5.5所示:

$$\psi = \pi_1 u(\bar{P}) + (1-\pi_1)u(\underline{P}) < u(\pi_1\bar{P} + (1-\pi_1)\underline{P}) = u[E(P)],$$

其中 $E(P) = \pi_1\bar{P} + (1-\pi_1)\underline{P}$。

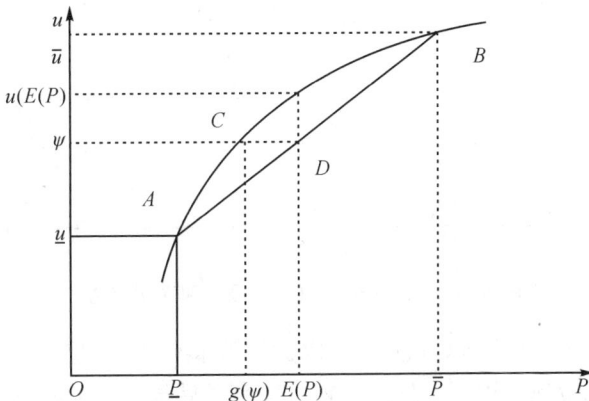

图5.5 风险规避型供应商代理成本分析

信息对称时,采购商可以赋予固定工资 $g(\psi)$ 就可以实现对不同能力供应商的激励。但信息不对称使得采购商不仅要考虑原先供应商的参与约束,更要考虑不同能力供应商的激励相容约束,以避免道德风险。当供应商风险偏好表现为风险规避时,如图 5.5 所示,其效用函数为凹函数,横轴高低不同的价格 $\bar{P}$ 和 $\underline{P}$ 对应的效用分别为 $\bar{u}$ 和 $\underline{u}$。在保持原先对应 $g(\psi)$ 时期望效用为 ψ 所对应的期望价格为 $E(P)$。很明显,$E(P) > g(\psi)$,对采购商来讲支付的成本较风险中性时要高,这也是基于信息不对称背景下激励供应商必须支付的代理成本。采购商通过激励提高代理人的效用,而非价格;而采购商更看重的是期望价格的变化。由于供应商的风险规避偏好使得在既定的 $g(\psi)$ 下无法满足供应商(低能力)的参与约束,所以采购商必须支付额外的货币来完成委托代理过程,使得激励或代理成本增加。

就采购商而言,道德风险下的激励努力的次优成本即是支付给供应商的期望价格

$$C^{SB} = E(P)$$
$$= \pi_1 \bar{P} + (1 - \pi_1)\underline{P}$$
$$= \pi_1 g\left(\psi + (1 - \pi_1)\frac{\psi}{\Delta \pi}\right) + (1 - \pi_1)g\left(\psi - \pi_1 \frac{\psi}{\Delta \pi}\right)$$

由于 $g(.)$ 为凸函数,也使得等式的右边大于实施努力的最优成本 $C^{FB} = g(\psi)$,因而在道德风险下激励高水平的努力比完全信息下更为困难。即在供应商道德风险和风险规避偏好的情形下,由于信息不对称使得激励风险规避型供应商努力的成本相比完全信息时更多,所以采购商在激励努力和给供应商提供保险之间存在两难权衡,最后采购商往往较少激励供应商实施较多的努力,目的是尽可能减少代理成本,如图 5.6 所示。

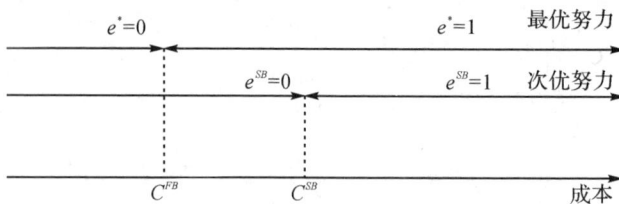

图 5.6 考虑到道德风险的最优和次优努力

图 5.6 所示的区间 $[C^{FB}, C^{SB}]$,次优努力水平是零,低于最优努力水平,道德风险和风险规避因素的作用使得供应商最后努力水平向下扭曲。

　　现实中发现,类似纺织、服装行业这类买方主导型市场,除了前面提到的史晋川和李贤祥(2014)考虑用信息租模型分析如何避免劳工标准的逆向选择问题,还要考虑认证企业背后更多劳工条件极为恶劣的二级甚至三级供应商,这种情况可以放在道德风险的框架内进行分析。供应商为节约成本而采取不易被发现的"不努力"或"少努力"行为,即不按照劳工标准要求进行生产供应。同时,当采购商激励供应商努力的相关成本超过最优激励水平时,就不会在意供应商所生产的产品是否是真正通过"努力"得到的。而相关的验证机构很难也很少通过一定的信息甄别渠道了解认证商是否有更多的二级供应商为其供货,主要对照条文逐个了解企业某个阶段是否达到认证标准的要求,是否违背其要求,如是否使用童工、加班待遇及工作条件如何等。事实上,认证企业将订单分包给下级供应商外,现实中的采购商也没有很好地激励供应商尽可能减少"不努力"行为。甚至出于节省高额的激励及监督成本的考虑,采购商、供应商以及监督方会在外包层面的道德风险问题上达成一种事先没有任何沟通的"默契":确保指定范围内的劳工认证考核能够达标,满足消费者的社会良知偏好以获得更多的"货币选票"即可。通过调研发现,现实中很多认证商通过外包给生产条件恶劣的二级供应商来完成采购商较大的订单。供应商不按劳工标准要求进行生产供应,相比严格按劳工标准生产的高成本,转包的交易成本(如运输成本和游说成本等)几乎可以忽略。信息不对称下采购商为追求剩余最大化总会规避逆选择和道德风险带来的不好影响,所以比起完全信息时供应商总会做出最优努力的情形,此时,供应商最后的努力水平要向下扭曲。

5.6.4　逆向选择、道德风险和劳工标准移植

　　前面已经分析到,考虑到信息不对称,要满足风险规避型供应商参与约束和激励约束,采购商必须支付额外的代理成本,使得追求收益最大化的采购商往往缺乏一定的激励约束,致使发展中国家的认证供应商努力程度较低,把更多的订单外包给其他劳工条件低劣的二、三级供应商完成,这就涉及供应商道德风险问题。现实中,委托人为了调控代理人行为必须同时解决逆向选择和道德风险问题,所以道德风险与逆向选择问题经常被放在同一层面。因而在本节,既要考虑信息不对称下产生的逆向选择问题,也要考虑逆向选择后的道德风险问题,即供应商的努力问题。在此假设采购商需要进一步设法激励不同能力的供应商,使其处在高的努力水平。所以在下

面模型的约束条件中,既要考虑不同能力供应商逆向选择的激励约束,也要考虑其道德风险约束。这里风险规避型供应商关注自己获得效用的大小,而采购商的目标是净收益最大化。买卖双方基于各自最大化目标博弈后确定均衡劳工标准,从而可以了解道德风险发生在逆向选择后对最后均衡劳工标准的影响。考虑到供应商道德风险问题,这里设供应商为高能力($\bar{n}$)和低能力($\underline{n}$)是私人信息,但其分布概率分别为 ρ 和 $1-\rho$,为公开信息。同时 $\pi(e)$ 是努力 e 的函数,其中 $e \in (0,1)$。对应 $u(\overline{P_h}), u(\overline{P_l}), u(\underline{P_h}), u(\underline{P_l})$ 分别是能力不同供应商付出对应努力时获得的高效用和低效用。

根据前面假设可知,高能力供应商逆向选择的激励约束为:

$$\overline{U} = \pi_1 u(\overline{P_h}) + (1-\pi_1)u(\overline{P_l}) - u(C(\bar{y},\bar{n})) - \psi$$
$$\geqslant \max_{e(0,1)}\pi(e)u(\underline{P_h}) + [1-\pi(e)]u(\underline{P_l}) - u(C(\underline{y},\bar{n})) - \psi(e) \quad (5.25)$$

同时对应高能力供应商道德风险约束为:

$$u(\overline{P_h}) - u(\overline{P_l}) \geqslant \frac{\psi}{\Delta\pi} \text{①} \quad (5.26)$$

使得高能力的供应商做出积极努力。

同理,低能力供应商逆向选择的激励约束为:

$$\underline{U} = \pi_1 u(\underline{P_h}) + (1-\pi_1)u(\underline{P_l}) - u(C(\underline{y},\underline{n})) - \psi$$
$$\geqslant \max_{e(0,1)}\pi(e)u(\overline{P_h}) + [1-\pi(e)]u(\overline{P_l}) - u(C(\bar{y},\underline{n}) - \psi(e)) \quad (5.27)$$

且对应的道德风险激励约束为:

$$u(\underline{P_h}) - u(\underline{P_l}) \geqslant \frac{\psi}{\Delta\pi} \quad (5.28)$$

很明显,这里契约发生在中间阶段,供应商的参与约束 $\overline{U} > 0$,$\underline{U} > 0$。

同时最低标准或最低工资等要求使得由单个能力不同的供应商参与条件必须得到满足,也就是满足有限责任约束。对高能力的供应商有:

$$\overline{P_h} - C(\bar{y},\bar{n}) \geqslant 0 \quad (5.29)$$

$$\overline{P_l} - C(\bar{y},\bar{n}) \geqslant 0 \quad (5.30)$$

对低能力的供应商有:

$$\underline{P_h} - C(\underline{y},\underline{n}) \geqslant 0 \quad (5.31)$$

---

① 该式由道德风险的激励约束式 $\pi_1 u(\overline{P_h}) + (1-\pi_1)u(\overline{P_l}) - \psi \geqslant \pi_0 u(\overline{P_h}) + (1-\pi_0)u(\overline{P_l})$ 推理得到,其中 $\Delta\pi = \pi_1 - \pi_0$,式(5.26)推理同上。

$$\underline{P_l} - C(\underline{y}, \underline{n}) \geqslant 0 \qquad (5.32)$$

采购商必须同时满足两类型的供应商相同的效用差额 $u(P_h) - u(P_l)$，

比如 $u(\overline{P_h}) - u(\overline{P_l}) = u(\underline{P_h}) - u(\underline{P_l}) = \dfrac{\psi}{\Delta\pi}$，以使他能以最低成本促使供应

商努力，所以式(5.25)和式(5.27)可化简为：

$$u(\overline{P_l}) + \frac{\pi_0\psi}{\Delta\pi} - u(C(\overline{y}, \overline{n})) \geqslant u(\underline{P_l}) + \frac{\pi_0\psi}{\Delta\pi} - u(C(\underline{y}, \overline{n})) \quad (5.33)$$

$$u(\underline{P_l}) + \frac{\pi_0\psi}{\Delta\pi} - u(C(\underline{y}, \underline{n})) \geqslant u(\overline{P_l}) + \frac{\pi_0\psi}{\Delta\pi} - u(C(\overline{y}, \underline{n})) \quad (5.34)$$

采购商的目标函数可写为：

(P)： $\max\limits_{[(\underline{y}, \underline{P_l}), (\overline{y}, \overline{P_l})]} \rho[\pi_1 S_h(\overline{y}) + (1-\pi_1)S_l(\overline{y}) - \pi_1 \overline{P_h} - (1-\pi_1) \overline{P_l}] +$

$\qquad\qquad (1-\rho)[\pi_1 S_h(\underline{y}) + (1-\pi_1)S_l(\underline{y}) - \pi_1 \underline{P_h} - (1-\pi_1) \underline{P_l}]$

s.t. 式(5.32)和式(5.33)

解此优化问题可以考虑上面两个约束函数是紧的，从而可得：

$$u(\overline{P_l}) - u(C(\underline{y}, \underline{n})) = u(C(\overline{y}, \overline{n})) - u(C(\underline{y}, \overline{n}))$$

再结合式(5.33)可得出：

$$\frac{\partial \overline{P_h}}{\partial \underline{y}} = \frac{u'(C(\underline{y}, \underline{n}))C_y(\underline{y}, \underline{n}) - u'(C(\underline{y}, \overline{n}))C_y(\underline{y}, \overline{n})}{u'(\overline{P_h})}$$

$$\frac{\partial \overline{P_l}}{\partial \underline{y}} = \frac{u'(C(\underline{y}, \underline{n}))C_y(\underline{y}, \underline{n}) - u'(C(\underline{y}, \overline{n}))C_y(\underline{y}, \overline{n})}{u'(\overline{P_l})}$$

$$\frac{\partial \overline{P_h}}{\partial \overline{y}} = \frac{u'(C(\overline{y}, \overline{n}))C_y(\overline{y}, \overline{n})}{u'(\overline{P_h})}$$

$$\frac{\partial \overline{P_l}}{\partial \overline{y}} = \frac{u'(C(\overline{y}, \overline{n}))C_y(\overline{y}, \overline{n})}{u'(\overline{P_l})}$$

把目标函数对 $\overline{y}$ 一阶导得到：

$$\pi_1 S'_h(\overline{y}) + (1-\pi_1)S'_l(\overline{y}) = \pi_1 \frac{\partial \overline{P_h}}{\partial \overline{y}} + (1-\pi_1)\frac{\partial \overline{P_l}}{\partial \overline{y}}$$

$$= \left[\pi_1 \frac{u'(C(\overline{y}, \overline{n}))}{u'(\overline{P_h})} + (1-\pi_1)\frac{u'(C(\overline{y}, \overline{n}))}{u'(\overline{P_l})}\right]C_y(\overline{y}, \overline{n}) > C_y(\overline{y}, \overline{n})$$

$$(5.35)$$

由于前面 $\overline{P_h} > \overline{P_l} > C(\overline{y}, \overline{n})$，且 $u'' < 0$，可得到 $u'(C(\overline{y}, \overline{n})) > u'(\overline{P_l})$

$> u'(\overline{P_h})$。

期望边际收益等于实际边际成本时,即为最优劳工标准。由式(5.35)可知,高能力供应商在基于逆向选择后考虑道德风险后的均衡劳工标准会向下扭曲。

同样,把目标函数对 $\underline{y}$ 一阶导得到:

$$\pi_1 S'_h(\underline{y}) + (1-\pi_1) S'_l(\underline{y}) = \pi_1 \frac{\partial P_h}{\partial \underline{y}} + (1-\pi_1) \frac{\partial P_l}{\partial \underline{y}} + \frac{\rho}{1-\rho}\left[\pi_1 \frac{\partial \overline{P_h}}{\partial \underline{y}}\right.$$

$$+ \left.(1-\pi_1) \frac{\partial \overline{P_l}}{\partial \underline{y}}\right] = \underbrace{\left[\pi_1 \frac{u'(\underline{P_l})}{u'(\underline{P_h})} + (1-\pi_1)\right] C_y(\underline{y}, \underline{n})}_{\text{第一项}} +$$

$$\underbrace{\frac{\rho}{1-\rho}\left[\frac{\pi_1}{u'(\overline{P_h})} + \frac{1-\pi_1}{u'(\overline{P_l})}\right]\left[u'(C(\underline{y}, \underline{n}))C_y(\underline{y}, \underline{n}) - u'(C(\underline{y}, \bar{n}))C_y(\underline{y}, \bar{n})\right]}_{\text{第二项}}$$

$$(5.36)$$

很明显,上式第一项前面的系数大于 1;由于 $\underline{P_l} < \underline{P_h}$,从而 $u'(\underline{P_l}) < u'(\underline{P_h})$,第二项为正。高能力供应商劳工标准的提高,需要采购商给予更多的信息租金来保证供应商较高的效用,反之亦然。同上面类似,由于期望边际收益大于实际边际成本,所以低能力供应商的均衡劳工标准较最优时也会向下扭曲,且这种扭曲分为两项:第一项和式(5.35)高能力供应商时类似,是由于供应商风险偏好变化而产生的扭曲。由于风险偏好从中性转到规避,原有的供应商的激励与参与约束要求发生变化,为了满足供应商的激励和参与约束,采购商较之原先必须支付更多的成本。如图5.5所示,信息对称时,采购商只需提供固定资本就可以激励能力不同供应商做出相应的努力。但信息不对称使得采购商不仅要考虑原先供应商的参与约束,更要考虑能力不同供应商的激励相容约束,以避免其道德风险问题。当供应商风险偏好表现为规避时,如图5.5中所示,其效用函数为凹函数分布,横轴高低不同的价格 $\overline{P}$ 和 $\underline{P}$ 对应的效用分别为 $\bar{u}$ 和 $\underline{u}$。对应 $g(\psi)$ 时,期望效用为 ψ,对应的期望价格为 $E(P)$。很明显 $E(P) > g(\psi)$。对采购商来说,支付的成本较风险中性时要高,这也是基于信息不对称背景下为了激励供应商必须付出的代理成本。采购商通过激励提高代理人的效用,而非价格;而采购商更看重的是期望价格的变化。由于供应商的规避型风险偏好使得在既定的 $g(\psi)$ 下无法满足供应商(低能力)的参与约束,所以必须支付额外的成本来完成委托代理过程。这可以解释前面式(5.35)和式(5.36)右边的第一项劳工标准的向下扭曲:信息不对称和风险规避型供应商的存在使得采购商额外支付的代理成本,相当于固定成本的投资,必然影响资源的有效配置,出现投资不足的现象,进而得到较为扭曲的次优劳工标准。同时也可以看出,随着供应商风险规避系数减小,式(5.35)和式(5.36)右边第一项前面系数趋于 1,供应商规避型风险偏好带来的劳工标准扭曲渐趋消失。而式(5.34)右边第二项是供应商规避而和有限责任共同作用的结果,采购商通过市场实力尽可能降低产品价格,但由于消费者社会责任运动的压力以及劳工认证的品牌作用使得产品价格至少不会低于产品的成本。这样的有限责任约束使得供应商可以获得高于保留效用的额外效用,也就是信息租金。正是因为采购商还要考虑支付给高能力供应商的信息租金,所以基于效率和信息租金进行权衡,产生更为扭曲的均衡劳工标准。同样随着供应商风险规避系数的变小,第二项趋向于供应商风险中性时较为简单的情形。

5.6.5 模型结论及启示

综上所述,基于供应商风险规避视角考虑发生在道德风险之前的逆向选择混同情况较为复杂。信息不对称产生逆向选择和道德风险,如果通过一定机制设计尽可能规避这两种情形,就要考虑委托代理过程中的供应商参与和激励相容约束。同时基于买方市场结构下供应商规避型风险偏好视角进行理论剖析,也和现实中劳工标准移植出现的问题较为契合。现实中发现类似纺织、服装行业这类买方主导型市场,除了前面考虑用简单实用的信息租模型分析如何避免劳工标准的逆选择问题,更要考虑认证企业背后更多的二级甚至三级、劳工条件极为恶劣的供应商现状,这种情况可以放在道德风险的框架内进行分析。供应商为节约成本采取不易被发现的"不努力"或"少努力"行为,即不按照劳工标准要求进行生产供应。考虑到现实中人们对待劳工标准认知状态的要求,如最低工资、最低标准等的出现,这样的有限责任约束会对最后的均衡劳工标准产生什么样的影响?

通过本节分析可以了解到,采购商与供应商基于劳工标准的一定要求形成契约,采购商在契约执行中给予不同能力的风险规避型供应商相应的风险溢金,相比信息完全对称时支付要更多的委托代理成本。损耗的成本供应商也没有获得,是基于特定条件下满足委托代理相关约束时采购商必须支付的。在此情况下,资源较最优配置时的扭曲也决定了均衡劳工标准向下扭曲。现实中劳工标准的三方或二方认证,主要是对供应商是否达到劳工标准相关条件和要求进行监督和检验。在道德风险下,处于买方市场的采购商激励高能力供应商努力比完全信息时要困难,尤其是供应商的风险偏好是规避型时,激励供应商努力和给供应商提供保险存在一个权衡。基于努力水平可以观测到这一现实,采购商其实很少激励供应商实施正的努力。所以现实中供应商应这种"外部命令式"的微观法律移植要求进行劳工标准认证,采购商其实不是很关注供应商所生产的产品是否是真正通过"努力"得到的,而相关的验证机构很难也很少通过一定信息甄别渠道了解认证商是否有更多的二级供应商为其供货,而是更多地对照条文逐个了解企业某一阶段是否达到认证标准的要求,是否违背其要求,如是否使用童工、加班待遇及工作条件如何等。事实上,除了劳工认证没有就如何规避认证企业将订单分包给下级供应商做定性规定外,现实中基于买方市场的采购商也没有很好地激励供应商尽可能减少"不努力"行为。甚至为了节省高额的激励和监督成本,采购商、供应商以及监督方会在外包层面的道德风险问题上达成"默契":确保指定范围内的劳工认证考核能够达标,满足消费者的社会良知偏好以获得其更多的"货币选票"即可。通过调研发现,现实中处于买方市场的很多认证供应商通过外包给生产条件恶劣的二级供应商来完成采购商较大的订单,相比较高的生产机会成本,转包的交易成本(如运输成本和游说成本等)几乎可以忽略。信息不对称下,采购商为追求剩余最大化,会尽力规避逆向选择和道德风险带来的不好影响,所以比起完全信息时最优劳工标准的情形,最后的均衡劳工标准会有一定幅度的扭曲,且随着条件的约束如供应商的风险偏好为规避型以及有限责任等约束会在一定程度加重这种扭曲。

劳工认证从某种程度来讲是给劳工标准向下竞争设了"底线"。处于买方市场的采购商理性允许这一"底线"对应的较低能力供应商的存在,主要原因在于其获得总的净剩余不小于其付给高能力供应商的信息租金。现实中,很多案例表现为后发生的道德风险会对之前的逆向选择产生一定影响。避免道德风险而提高努力程度意味着放弃一定的有限责任(如最低工资或最低标准等)租金给低能力供应商,很明显这导致逆向选择问题更为严重。

5.7 本章小结

理论上说,劳工标准的认证适用于中国任何企业,竞争可能会驱使正规企业接受认证或者仅从认证企业处购买产品。劳工标准借助贸易平台移植中国,对中国劳工条件甚至劳工法律制度都产生一定影响,但现实证明其影响还处于初级阶段。本书基于买方市场结构,从微观视角分析涉及移植的微观个体相互博弈对均衡劳工标准的影响,结论如下:

第一,在中国类似纺织、服装行业这类买方主导型市场中,采购商力求最大化真实剩余来安排各类企业的劳工标准。供应商尽可能提高劳工标准,为的是获取信息租金。当较低能力企业劳工标准提高,且此类企业分布概率较小时,采购商会借助买方市场实力拉低此类标准出现低标准的混同均衡,以此来获得最大剩余价值。所以现实中很多发展中国家因劳工标准较低而备受指责,其实是拥有市场实力的采购商调控使然。当采购商风险偏好是规避型时,如采取把大订单拆分给很多不同认证供应商,最后的绩效较风险中性时要高:一方面,均衡劳工标准提高;另一方面,采购商获得真实剩余增加。

第二,如果考虑供应商将订单外包给众多的"血汗工厂"甚至"监狱工厂"而产生的道德风险,尤其是道德风险发生在逆向选择之后,基于供应商有限责任约束后最后的均衡劳工标准较之前仅为逆向选择时要向下扭曲很多。这里不仅有供应商风险偏好因素对均衡劳工标准的影响,也有有限责任约束打破委托代理理论里参与约束和激励相容约束下的均衡,在一系列的博弈后产生更为扭曲的均衡劳工标准。

所以,从基于买方市场的劳工标准移植的现实及理论机制的分析可以了解到,这样的劳工标准认证只能从形式上略微改变发展中国家劳工标准的标签,短期内很难从根本上改善劳工条件,除了对发展中国家劳动密集型企业做既定的发展规模约束外,采购商、供应商以及监督方之间的"三角式"默契也使得劳工标准的实质性移植还任重道远。不过放眼现在和未来,基于商业性质的劳工标准移植也在一定程度上推动了发展中国家劳工条件的改善,比起之前工人"要钱不要命"的状态,经过认证"洗礼"后的工人的劳工条件意识得到整体性提高,也会倒逼供应商做出一定程度的劳工条件改善和企业社会责任提高。当然如何有效监督采购商和更好激励风险中性型监督方也是关于第三方有效认证这块下一步不得不考虑的问题。

6 生产效应、声誉及政府规制——劳工标准移植的进一步影响

　　基于不同市场结构分析信息不对称背景下企业劳工标准移植特征后，劳工标准还有进一步的正向作用，如卖方市场的筛选机制会产生生产效应，买方市场基于委托代理关系将进一步产生声誉机制。信息不对称使得"Arrow-Debreu"世界需要更多规制才可趋于完美，所以本章在前面更多解决劳工标准信息传递机制问题后，基于生产效应、声誉及政府规制的视角分析我国企业劳工标准移植机制，涉及相关微观个体博弈后企业劳工标准达到相应要求，这也是中国企业劳工标准移植产生初始的"物理反应"。劳工认证在某一阶段通过内在正反馈及持续改进机制影响企业员工积极性，最后带来生产效应，从而产生对接磨合后的"化学反应"，这也是我国在贸易制度上积极与国际对接后释放的制度红利。事实上，有关生产效应的分析，之前就有学者围绕教育进行经济学分析的人力资本理论，该理论产生于20世纪60年代，强调教育能提升个人的人力资本，提高生产能力，从长远来看会获得更好的收益（Schultz，1960；Becker，1962；Mincer，1974）。中外学者也就两者是互补还是替代关系进行了针对性研究。Riley（1976）提出了包含生产功能和信号功能的统一模型：雇主是否雇用取决于教育信号功能，但雇员的工资水平取决于其先天能力和后天教育积累的人力资本的总和，雇员通过一个自选择的过程实现劳动力市场的分离均衡。这意味着承认了教育同时具有生产功能和信号功能。Spence（2002）提出了信号的筛选理论，特别强调教育不能提高个人生产能力，但能在一定程度上消除信息不对称的影响，承认教育具有生产性功能基础上进一步强化其信号功能。教育的信号功能与生产功能孰强孰弱，李锋亮（2008）对此进行了一定研究：在两个理论极端

点的中间选取某个"黄金分割点"作为教育两种效应的收益结合。本章在劳工认证通过一定内在反馈机制影响企业员工积极性这一基础来分析劳工标准的生产效应,同时考量通过"认证"的标签在对外贸易订单中获取的声誉机制,最后进一步分析政府规制对均衡劳工标准及福利的影响。

6.1 生产效应与劳工标准

基于前面的理论分析和现实调研,我们可以了解到,发展中国家风险规避型企业要达到高劳工标准,需要满足一定条件,如供应商生产效率提高及风险偏好的变化等。当发达国家消费者道德责任运动对跨国采购商不设限制的采购行为大加谴责时,必然会进一步把压力传递到已通过认证的供应商身上,很多经过第三认证方检查后需要整改的企业,在经过一定努力后"真实"达到要求,这就是涉及一定时间维度的企业真实劳工标准的甄别。供应商从原先"模糊"式劳工标准混同均衡到最后实现真正的分离均衡,除了考虑劳工标准的信号作用外,一段时间后其生产效应何种程度显现必不可少。

6.1.1 企业劳工标准的生产效应

劳工标准初始体现为类似信号筛选作用,为了克服信息不对称,会带来筛选摩擦成本,较易导致工人努力程度下降,生产效率降低,进而扭曲资源配置。但持续一段时间后,企业高劳工标准又会激发工人积极性,劳工认证又会通过相关规则约束和持续改进机制,逐渐与生产环节相关要素匹配、融合,促进企业生产效率的提高。那么,认证后一段时间内哪些因素会影响企业的生产效率?产生何种程度影响?且有何内在闭环传递机理?这是本部分接下来要解决的问题。

同之前假设一样,类型 n 的企业从 0 时刻开始准备涉及企业责任提高的认证相关工作,到时间 t 通过劳工认证,产品即期价格为 $e^{-rt}P(y(t))$,其中 $y = y(n,t)$。

目标函数为:$\mathrm{Max}\{e^{-rt}P(y(t))\}$ (6.1)

约束条件为:$y = y(n,t)$ (6.2)

式(6.1)对 t 求一阶和二阶导分别得:$-r + \dfrac{P'(y)}{P(y)}\dfrac{\partial y}{\partial t} = 0$ (6.3)

$$\frac{\partial}{\partial y}\left(\frac{P'}{P}\right)\left(\frac{\partial y}{\partial t}\right)^2 + \frac{P'}{P}\frac{\partial^2 y}{\partial t^2} \leqslant 0 \qquad (6.4)$$

就式(6.3)对 n 求一阶导得到:

$$\left[\frac{\partial}{\partial y}\left(\frac{P'}{P}\right)\left(\frac{\partial y}{\partial t}\right)^2 + \frac{P'}{P}\frac{\partial^2 y}{\partial t^2}\right]\frac{\mathrm{d}t^*}{\mathrm{d}n} + \left(\frac{P'}{P}\right)\frac{\partial^2 y}{\partial n\partial t} = 0 \qquad (6.5)$$

由于 $\frac{P'}{P} > 0$,所以只要 $\frac{\partial^2 y}{\partial n\partial t} > 0$。

能力 n 较强的企业能更有效利用额外时间提高企业劳工标准,从而有:$\frac{\mathrm{d}t^*}{\mathrm{d}n} > 0$,因而有:$\frac{\mathrm{d}y^*}{\mathrm{d}n} > 0$,即那些内生能力较强的企业往往更易执行较高的劳工标准,同时也会安排充足的时间进行劳工认证准备工作。市场竞争使得任何低于 $S(n,y)$ 的价格都是较为不稳定,所以最后达到的竞争均衡为:

$$P(y(t)) = S(n, y(t)) \qquad (6.6)$$

式(6.6)对 t 一阶导数再代入式(6.3)得:

$$-r + \frac{S_y}{S}\frac{\partial y}{\partial t} = -\frac{S_n}{S}\frac{\partial y}{\partial t}\frac{\mathrm{d}t^*}{\mathrm{d}n} < 0, \quad n > n_0$$

n_0 可看作是最低劳工标准对应的企业能力。通过 t 的变化可以影响到最大化 $e^{-rt}S$,下面通过实例来分析 t 的变化如何影响产品价格。

设 $y(n,t) = n^\alpha t^\beta$,$S(n,y) = ny^\gamma$,由式(6.6)可得:

$$P = ny^\gamma = y^{1+\alpha\gamma/\alpha}t^{-\beta/\alpha} \qquad (6.7)$$

式(6.7)一阶导得到

$$-r + \frac{P'}{P}\frac{\beta y}{t} = 0 \qquad (6.8)$$

结合式(6.7)和(6.8)得到

$$P^{\alpha/\beta-1}P'(y) = \frac{\gamma}{\beta}y^{(1+\alpha\gamma)/\beta-1}$$

解微分方程得到

$$P^{\alpha/\beta} = k_0 + \frac{r}{\beta}\left(\frac{\alpha}{1+\alpha\gamma}\right)y^{(1+\alpha\gamma)/\beta} \qquad (6.9)$$

式(6.7)和(6.9)结合变形可得到

$$\ln P = \frac{\beta}{\alpha}\ln k_0 - \frac{\beta}{\alpha}\ln\left(1 - \frac{r\alpha}{1+\alpha\gamma}t\right) \approx \frac{\beta}{\alpha}\ln k_0 + \left(\frac{\beta}{1+\alpha\gamma}\right)rt = A + Brt$$

$$(6.10)$$

这里 $k_0 = \dfrac{1}{1+\alpha\gamma}\left(\dfrac{\beta\gamma}{r}\right)^{\alpha\gamma}$；$A = \dfrac{\beta}{\alpha}\ln k_0$；$B = \dfrac{\beta}{1+\alpha\gamma} > 1$

其中：$\dfrac{\mathrm{d}B}{\mathrm{d}\beta} > 0$；$\dfrac{\mathrm{d}B}{\mathrm{d}\alpha} < 0$；$\dfrac{\mathrm{d}B}{\mathrm{d}\gamma} < 0$　　　　　　　　　　　　　　(6.11)

由式(6.10)可看出,劳工认证通过一定时间 t 的累积,回报率超过利率(贴现率),这也体现了企业劳工认证后的正向生产作用。通过甄别筛选后的高能力认证企业经过一段时间的努力,能积极且有效地与生产环节的相关要素进行匹配、磨合,努力达到劳工标准认证后的较高要求。随着企业劳工条件如工作环境、工资待遇的改善及企业社会责任的积极践行,员工生产主观能动性与积极性逐渐提高,又会通过内在正反馈机制正向作用于生产的相关环节,提高生产效率,采购商提供的价格及产品的市场价值也会对应提高。同时式(6.11)比较静态分析可知,α 值越小,企业劳工标准对企业能力敏感度越小,较低能力的企业劳工标准下降幅度不大,经过一段时间的努力,生产过程磨合成本相比不高,生产效应会有一定幅度的提高;同理,γ 越小,企业产品生产价值对劳工标准敏感度越小,企业较低的劳工标准带来的企业产品生产价值下降幅度不大,经过一段时间的磨合和生产,生产效应也会有一定幅度的提高;如果 β 较大,经过一段时间的努力,必会带来大幅度的劳工标准的提高,消费者也会因为劳工标签的筛选作用支付较高的价格,进而劳工标准的生产效应也会通过一定时间的累积较好地体现出来。

6.1.2　筛选或生产效应后的效率评价

当 σ 值逐步提高,劳工标准的筛选作用会相应减弱,那么是否意味着一段时间后劳工标准的生产效应就会自然而然发生呢? 这种效应受何种因素影响? 即期成本和远期期望收益如何权衡? 认证的成本往往因企业而异,很多企业之所以考虑经过一定时间的努力通过认证,一方面是为了获得采购商更多的订单,另一方面是将来认证带来的边际收入可能超过边际成本。如果额外的边际成本与后面供应商生产效率呈现高度负相关,那么会有越来越多的企业尝试通过认证。能力越强的企业,认证机会成本往往越少,所以企业借助认证一步步经过"筛选"过程,后面较有可能获得较高的生产效率,但一开始认证更多会向潜在的采购商"发出"有关可能代表其生产力的信息。所以如何甄别可信、真实的劳工认证,同时一定时间的甄别,如何在考虑时间贴现及信息摩擦的筛选成本与时间累积的生产收益间权衡? 最后绩效如何评价？

由前文可知，目标收益函数为：$e^{-rt}ny^\gamma$，约束条件为：$y = n^\alpha t^\beta$，每个认证企业都有相应的劳工水平和认证时间来最大化自己的收益。

推导可得到，对于这种特殊情形下，每个企业都会选择相同的劳工认证时间 $t^* = (\gamma\beta/r)$。将完全信息时的贴现收益写为 V^*，信息不对称下的贴现收益写为 V^s，则：

$$\frac{V^*(t)}{V^s(t)} = e^{r(t^s - t^*)} \left(\frac{t^s}{t^*}\right)^{-n^*}$$

其中，$V^*(t)$ 是信息完全对称时的收益，而 $V^s(t)$ 是在筛选甄别过程中获得的次优收益。劳工认证会带来收益提升，即开始的生产效应，一段时间后也会有对应的贴现成本，所以最后信息不对称和时间贴现带来的筛选成本，会使得筛选后的均衡收益较之前完全信息时的收益有所减少，减少的那部分收益可认为是认证后的筛选成本。信息不对称下，供应商往往不会完全提供关于真实劳工水平的信息，所以筛选的过程是努力破解信息不对称问题，一步步甄别真实劳工认证水平的过程，也是原先虚高劳工标准与实际生产进程中不断磨合的进程。

在筛选平衡时分布在底部的那些效率没有变差，所以 t^* 可看作是分布在底部近似于完全信息时劳工认证完成前所需要的时间。就上面的分析结果可知，筛选的"成本"对 t^* 比较敏感，是基于分布于底部的不同假设下计算劳工认证筛选的成本。由图 6.1 可看出认证准备时间为 12 个月是最为保守的，如果利率是 6%，完成 4 个月的认证准备后，对应的 $\frac{V^*(t)}{V^s(t)}$ 的比值提高到 1.03。假如 20 万元的贴现后收益，4 个月后筛选成本为 0.6 万元，6 个月后这一比例升至 1.07，对应筛选成本提升至 1.4 万元。这里主要包括时间的贴现成本及认证后与生产环节相关的融合成本等，贴现成本及融合成本低，生产效率自然提高较快。现实中，通过认证的企业，随着自身能力的增强及生产时间的增加，与生产环节的匹配程度逐步提高，进而在某种程度上促进企业劳动生产效率的提高。但其匹配磨合过程中也会受到信息不对称下信息摩擦成本及时间贴现成本归总的负面影响，基于不同条件要求，最后综合作用带来不同的筛选成本。

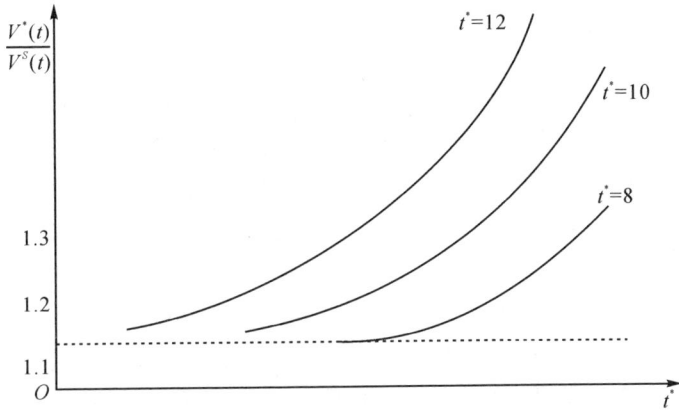

图6.1 生产力的潜在收益与现实收益的比较

6.2 声誉机制与劳工标准

调研中发现,目前由于 SA8000 等认证大都具有稳定的通过比例,使得通过认证的企业相对较少,所以"认证"标签在供货商争取对外贸易订单时会起到一定的作用,劳工标准认证的声誉作用也较为明显。通过认证的企业获得对外贸易订单无论在质上还是在量上都有一定优势,这对认证企业内在劳工条件提升及后期转型升级都有较好促进作用。但调研同时发现,在定时器等行业中,即使大部分订单来自国外,但购买的数量固定或缺乏弹性,在这类经验品企业中,劳工认证的标签作用较弱。相反,在日化玻璃行业中,由于采购商在购买前能够观察到其质量的搜寻品,产品的需求量随质量的下降而降低,劳工认证的标签作用非常明显。劳工认证标签为什么会在不同产品属性的企业中呈现不同作用? 即期来看,具有搜寻品属性的企业的劳工标准执行度可以通过销售量来进行激励和约束。而经验品属性的企业一开始无法获得既定质量信息,同时购买数量的既定也决定供应商可以弱化对劳工标准的激励,使劳工标准渐趋向下竞争。但事实是,定时器等经验品企业的劳工标准一直十分稳定且逐渐提高。所以不同属性的产品对应时间维度应该会有不同的激励机制。长远的声誉机制如何激励经验品供应商保持较高的劳工标准? 即期的内在机制又如何影响搜寻品生产企业的劳工标准? 挤出效应和规模效应如何影响不同产品属性企业的劳工标准?

6.2.1 相关文献

Nelson(1970)按产品的属性将其分为搜寻品(search good)和经验品(experience good),搜寻品是指那些消费者在购买前能够观察到其质量(如牢固程度、大小、颜色等)的产品,如家具、服装等;而经验品是指消费者在购买后才能观察到其质量(如耐用性、服务质量、安全性等)的产品,如电器产品等。就搜寻品而言,生产商无法隐藏产品质量的信息,因为消费者可以通过降低产品需求的方式进行约束;但经验品则不同,消费者第一次购买之前无法观察到产品的质量,生产商和消费者之间有着产品质量信息不对称问题,如果两者之间没有有效信息传递,就会出现市场失灵情况,这时信息传递机制、声誉及重复机制很重要,例如保证、额外保险、产品标准化、品牌信誉和第三方认证等都是企业可以寻求的解决信息不对称问题的办法(Riley,2001)。

第三方认证可以提高企业的内在素质和外在可信度,在其信用度较高的条件下,为消费者的购买行为提供必要的"信号"。因此,第三方认证是一种节约选择成本的制度安排,它作为某产品、过程、服务质量的证明者和鉴证方,为消费者提供了一种行之有效的信号甄别机制。随着中国改革开放的不断深入,第三方认证在我国得到较好的推广和应用,对我国产品国际竞争力的提高起到了一定作用。有类似 ISO 强制性质量认证制度,也有市场自发形成的自愿性制度,如劳工标准认证、森林认证等。中国作为最大的发展中国家,在为世界各地提供较廉价的劳动密集型产品的同时,也遭遇了发达国消费者道德责任运动倒逼采购商要求中国相关产品绑定"劳工标准"。

通过以上梳理的有关产品属性、第三方认证及劳工标准的经济学文献可以看出,三者共同点是努力解决好信息不对称问题。无论是关于外生性还是关于内生性,关于劳工标准的文献已较多,而从微观视角研究微观个体行为博弈后劳工标准的文献近几年亦有所增加,更多涉及市场结构与劳工标准的微观经济学分析,主要是利用 Laffont 和 Tirole(1990)的信息租模型分析采购商与供应商基于信息租金与效率配置的博弈后均衡劳工标准的确定,但他们分析的前提是不考虑产量与劳工标准的关系。考虑到搜寻品、经验品等不同属性的企业劳工认证,必然要考量产品的需求量与劳工标准之间的关联度,且基于静态和动态会呈现不同的动力机制。本书将在前面学者更多考虑买卖双方基于信息不对称背景下行为博弈后均衡劳工标准确定基础上,首先基于外部声誉视角直观分析劳工标准外部性对供应商的收益及均衡劳工标准的影响,然后从搜寻品和经验品两种属性分析其对劳工标准移植的影响,尤其是从静态的搜寻品声誉模型和动态的经验品声誉模型分析产量、努力程度及劳工标准之间的内在逻辑,以更好地了解发展中国家不同属性产品的企业劳工标准呈现的特征和机制。

6.2.2　劳工标准移植进一步研究——基于外部声誉视角

对于发展中国家劳工标准移植来讲,除了前面提及风险中性对待劳工标准认证,承担更多的风险和沉没成本,劳工标准会有一定的提高,这是第一步,也是较为重要的一步,否则一直会落入"低标准"陷阱,始终无法摆脱"血汗工厂"这一标签,在对外贸易中处于较为劣势地位。事实上,劳工标准作用除了内在通过企业员工积极性等的提高增加产品的价值外,还有一个非常重要的正外部性——效率型正外部性,即企业在劳工认证中获得较好的成绩,社会舆论对该企业在承担社会责任及员工待遇等方面评价较高,会在一定程度产生正向的外部性,好的声誉机制也会促使采购商在同等情况下给予更高的价格及更多的订单,这就意味着产品的价值线及成本线都会有一定的移动,最后会产生新的均衡劳工标准及更高的收益,本节将从高劳工标准的外部性视角研究劳工标准移植的正向作用。

由前面的分析可知,决定均衡劳工标准高低的一个很重要因素是企业的能力,但企业的能力是内生的,所以如果在风险偏好为中性的前提下对劳工标准进行认证,劳工标准会有所提高。但是如果劳工标准提高不能在合适的时间里获得较多的收益,根据经济人完全理性的原则,劳工标准可能在低水平范围内徘徊。如何在劳工标准提高基础上实现稳定上升,同时给供应商带来更多的收益? 再回顾现实,很多企业除了基于获得必要的"入场券"原因而认证外,同时也会努力提高工人的工作条件,积极践行企业社会责任。从道德层面来看,道德制高点会约束供应商更在意此方面要求;从经济学视角去分析,一个非常重要的原因就是考虑到劳工标准的外部性。较低的产品劳工标准会影响采购商与供应商的合作及价格的直接谈判权,而采购商较愿意给予高劳工标准的认证商更合适的价格,同时供应商"强信号"的发送也会使得消费者更能认可某企业品牌及对应产品。这样类似声誉机制的正外部性会反哺供应商,使其产品在同等情形下可以获得更高的价值。如图 6.2 所示,劳工标准的正外部性使得产品价值线会提高至 $S(n,y)'$,在原先成本 $C(n,y)$ 不变化情形下,最后均衡劳工标准提高至 y',同时供应商收益也会从 a 提高到 b,这种劳工标准提高产生的正外部性可称作效率型正外部性。由于高劳工标准信号产生的类似声誉机制等正外部性,使得消费者愿意给出更有竞争力的价格。因而供应商在收益提高的同时,其均衡劳工标准也对应提高。

劳工标准的正外部性第二种类型称作规模型正外部性。产品发送出的高劳工标准信号会使消费者更认可该产品品牌及其价值,从而增加对此类产品的需求,自然也会倒逼采购商更多地采购相关企业的此类产品。在合理的时间和程序范围内,供应商会获得更多的价格较高的订单。当生产更多同类型尤其是一些劳动密集型"流水线"产品时,会产生规模效应,即同等情况下成本会更低。如图 6.2 所示,产品成本线因为规模型外部性会向下移动到 $C(n,y)'$,最后新的均衡劳工标准会提高,更为重要的是供应商的收益也会提高至 c。如果两种类型外部性都发生,在新的产品价值线 $S(n,y)'$ 和新产品成本线 $C(n,y)'$ 共同作用下,最后供应商的收益会提高至 d,均衡劳工标准也稳定提高至 y''。

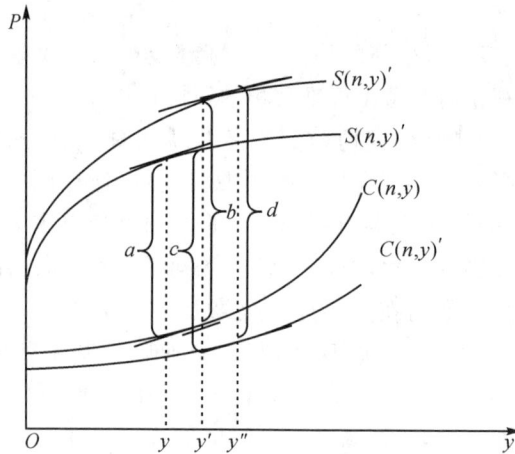

图 6.2 劳工标准的外部性分析

运用前面提及的产品价值和产品成本函数进行数理分析:

因为劳工标准效率型正外部性存在,设 $S' = A(y)S = A(y)ny^a$,当 $A'(y) = 0$ 时,$A(y)$ 可以看作劳工标准的效率系数,即在一定时期内 A 为大于 1 的常数时，由边际价值等于边际成本可解得新的最优均衡劳工标准 $y'^* = \left(\frac{A\alpha n^2}{\beta}\right)^{1/(\beta-\alpha)} > y^*$，其中 y'^* 与 y^* 分别为有劳工标准效率型正外部性时和没有效率型正外部性时的均衡劳工标准。

当 $A'(y) \neq 0$ 时，$A(y)$ 可称作劳工标准的效率函数。$S'_y = C_y$ 成立后得到对应的等式：$A'(y)ny^\alpha + A(y)n\alpha y^{\alpha-1} - \frac{\beta y^{\beta-1}}{n} = 0$，解上面的微分方程得：$A(y) = \frac{y^{\beta-\alpha}}{n^2} + c_1 y^{-\alpha} > 1$（$c_1$ 为一常数），同样满足最后均衡劳工标准大于没有效率型正外部性时情形。

考虑到劳工标准规模型正外部性，设 $C' = B(y)C = B(y)\frac{y^\beta}{n}$，其中 $0 < B(y) < 1$。满足 $S_y = C'_y$ 成立后得到对应的等式：$n\alpha y^{\alpha-1} - B'(y)\frac{y^\beta}{n} - B(y)\frac{\beta y^{\beta-1}}{n} = 0$，当 $B'(y) = 0$，即在一定时期内 $B(y)$ 为大于 0、小于 1 的常数时，$y''^* = \left(\frac{\alpha n^2}{B\beta}\right)^{1/(\beta-\alpha)} > y^*$，即没有效率型正外部性时的情形。

当 $B'(y) \neq 0$ 时，解上面的微分方程得：$B(y) = n^2 y^{\alpha-\beta} + c_2 y^{-\beta} < 1$（$c_2$ 为一常数），同样满足最后均衡劳工标准大于没有规模型正外部性时情形。

由上面数理分析可以看出，当考虑劳工标准认证的外部性时，其效率型和规模型正外部性会对供应商最后均衡劳工标准及收益产生正向影响。从经济学视角分析劳工标准认证信号可以了解到，较好做到相关认证会通过一定的社会机制及微观个体的作用正反馈于供应商。就一定时期而言，这种正外部性两个方面会较稳定，即上面提及的 $A(y)$ 和 $B(y)$ 为常数时的情形。这也较符合现实，消费者高度认可认证企业，也愿意多付出一定货币用以补偿企业的社会支出，且在一定时期额外支付较为稳定；而从长远来看，消费者为了"激励"认证企业，用以补偿企业的社会支出而支付的额外货币通常较为不固定，也就是理论分析中的 $A'(y)$ 和 $B'(y)$ 不为零时的情形。总体而言，无论是既定时期外部性稳定效应，还是长期的随着劳工标准逐渐提高的激励性变动，都会对供应商最后均衡劳工标准及收益带来较多正向影响。

6.2.3 搜寻品企业劳工标准的激励——基于数量和质量关系的视角

越来越多的发展中国家企业纷纷通过劳工认证，获得发达国家采购商的订单。调研时发现，类似日化玻璃品企业这类劳工标准和采购商的订单有较强正向关系的认证企业，劳工标准在一定水平维持，这类可看作具有搜寻品属性的企业，最后买卖双方博弈后劳工标准如何确定？搜寻品相比其他经验品一个重要的特点是，消费者在购买前就能了解到其质量的产品。就劳工标准来看，搜寻品与劳工标准的关系表现在，企业劳工标准执行度与此类产品的销售有最直接的关系，产品的销售量将会随劳工标准执行度的下降而降低，所以本节将探讨采购商如何通过一定的激励机制来促进供应商劳工标准的稳定、提高。

6.2.3.1 基本假定

本节主要研究买卖双方博弈后类似于日化玻璃品的搜寻品企业劳工标准的确定。由于这类产品的需求弹性较大，且采购商在事前就可了解到相关的信息，从而对应产生采购量，采购商委托供应商特定任务，并签订"要么接受，要么丢单"的协议，适合放在委托代理框架内进行分析。为了动态分析信息不对称下搜寻品企业劳工标准随产出及对应努力等变量的变动情况，本书选择从连续性视角展开分析。设 S 是消费者购买此类产品的总剩余函数，即

$$S = S(q, y, n)$$
$$= (A + ky - hn)q - \frac{B}{2}q^2 - \frac{(ky - hn)^2}{2}$$

S 取决于劳工标准水平 y、企业类型 n 和产量水平 q，A、B、h 和 k 都为已知的常数，n 是供应商私人信息，$\bar{n}$ 和 $\underline{n}$ 分别对应表示供应商不同能力，且服从累积分布函数 $F(n)$，其密度函数 $f(n)$ 在 $[\underline{n}, \bar{n}]$ 区间上严格为正。为了获得显式解，在模型中专门利用线性的成本和需求函数，即成本函数 $C = (y - e)q$，e 表示降低成本的努力水平，供应商的租金 $U = t - \phi(e)$，t 表示采购商给予供应商的货币转移支付，同时供应商努力水平 e，造成了负效应 $\phi(e)$。负效应是努力程度的增函数，即 $\phi'(e) > 0$；递增的速度 $\phi''(e) > 0$，且满足 $\phi(0) = 0$。

6.2.3.2 信息不对称下劳工标准和努力水平的次优选择

由上面消费者总剩余函数可知,反需求函数为

$$p = \frac{\partial S}{\partial q} = A + ky - hn - Bq \tag{6.12}$$

这里,价格 p 随产量 q 的增加而下降,且随企业类型 n 的增大而减小。按照供给原理,产量供给增多价格会下降,而企业类型作为内生信息,采购商往往无法获知,正常情况 n 越大,企业能力越强,相关的成本及边际成本都较低。能力强的企业相比能力弱的企业认证更轻松,成本更少。

如果 $k > 1$,产品的数量和对应劳工标准为净互补关系;如果 $k < 1$,则为净替代关系。

所以成本函数又可变为

$$C = \left(\frac{hn}{k} - e\right)q + \left(\frac{p - A + Bq}{k}\right)q \tag{6.13}$$

而采购商的目标函数可写为:

$$U = t - \phi(e) = t - \phi\left(\frac{hn}{k} + \frac{p - A + Bq}{k}\right) \tag{6.14}$$

则社会福利函数可写成:

$$W = \frac{B}{2}q^2 + pq - \frac{1}{2}(p - A + Bq)^2 - \left[\left(\frac{hn}{k} - e\right)q + \left(\frac{p - A + Bq}{k}\right)q + t\right] + U \tag{6.15}$$

在激励相容和个体参与约束条件下,力求社会福利函数最大化,对于任何 n 都会有

$$U(n) \geqslant 0 \tag{6.16}$$

U 表示状态变量,最大化规划为:

$$\max_{\{p(\cdot),q(\cdot),e(\cdot),U(\cdot)\}} \int_{\underline{n}}^{\bar{n}} \left\{\frac{B}{2}q^2 + pq - \frac{1}{2}(p - A + Bq)^2 - \left[\left(\frac{hn}{k} - e\right)q + \left(\frac{p - A + Bq}{k}\right)q + t\right] + U\right\} dF(n)$$

使得

$$\dot{U}(n) = -\phi'(e) \tag{6.17}$$

$$\dot{e} - 1 \leqslant 0 \tag{6.18}$$

$$U(n) \geqslant 0$$

其中式(6.14)的一阶条件与二阶条件得到式(6.17)和式(6.18),构成供应商激励相容的必要和充分条件,式(6.16)是供应商的参与约束条件。如果 A 和 B 足够大,这个规划是凹的,最优解满足一阶条件。

分别对 q、p、e 求汉密尔顿函数的最大化,可得:

$$p - Bq = \frac{hn}{k} - e + \frac{p - A + Bq}{k} \tag{6.19}$$

$$kq - k(p - A + Bq) = q \tag{6.20}$$

$$\phi'(e) = q - \frac{F(n)}{f(n)}\phi''(e) \tag{6.21}$$

完全信息下,具有一定市场实力的采购商知道供应商的效率类型 n,并观察到努力 e,可以用固定价格合约就可以激励不同能力供应商做出努力,所以供应商的租金为 0,且达到努力的边际负效用 $\phi'(e)$ 等于边际成本的节约 q。但信息不对称下,采购商要激励能力不同的风险规避型供应商做出相同努力,相比信息对称时必须支付更多的代理成本,所以采购商本着利益极大、成本最小的原则,在激励供应商努力和提供保险之间存在权衡,最后往往选择较少激励供应商实施较多努力,减小成本支付,从而抽取尽可能多的信息租金,根据式(6.21)可知努力水平在给定的产出水平下相比信息对称时是向下扭曲的。根据式(6.19)、式(6.20),给定努力水平 e,信息不对称下的价格 p、产量 q、劳工标准 y 与信息对称时相同,价格 p 和产量 q 不影响必须让渡给供应商的信息租金水平。

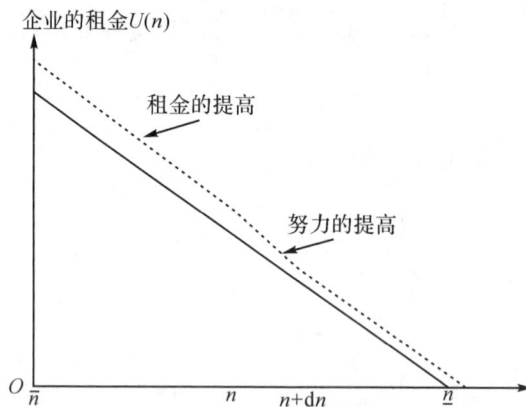

图 6.3　激励与抽租的权衡

如图 6.3 所示,将 $[n, n + \mathrm{d}n]$ 区间内的某类型[数量为 $f(n)\mathrm{d}n$]企业

148

努力水平提高了 $[q-\phi'(e)]\theta e$，社会收益提高至 $[q-\phi'(e)]\theta ef(n)\mathrm{d}n$。同时对应在区间 $[\underline{n},n]$ 内某些企业需要的租金水平也会提高，类型为 n 的企业租金增加 $\phi''(e(n))\theta e\mathrm{d}n$，且对应努力水平会随着企业类型 n 是递减的。

当且仅当产量和劳工标准为净互补关系时，在不完全信息条件下的均衡劳工标准水平会低于完全信息条件下的质量水平。由式（6.19）和式（6.20）求微分综合得

$$k\frac{\mathrm{d}y}{\mathrm{d}e}=\frac{\mathrm{d}p}{\mathrm{d}e}+B\frac{\mathrm{d}q}{\mathrm{d}e}=\left(1-\frac{1}{k}\right)\frac{\mathrm{d}q}{\mathrm{d}e} \tag{6.22}$$

信息不对称带来努力水平下降会导致产出 q 一定下降，设 $\mathrm{d}e$ 为努力水平的一个无穷小量的下降，微分得到式（6.22），当 $k>1$ 时，即产量与劳工标准为净互补关系时，通过 $\frac{\mathrm{d}q}{\mathrm{d}e}$ 同向作用，使得等式左边为正值，即 y 和 e 为同方向变小；当 $k<1$ 时，即认证产品弹性较小时，对应 y 和 e 会反方向变动，从而能保证对应企业劳工标准会维持在一定高度，至少不会像为净互补关系时劳工标准向下扭曲得更多。

笔者在浙江调研时发现，类似日化玻璃品认证企业，这种外部命令式劳工认证使得企业可以通过此种途径获得更多国外知名化妆品公司的订单，且这类企业劳工标准的高低直接影响到对应的外贸订单，此时可认为其产品需求和劳工标准为净互补关系。在不完全信息背景下，具有市场实力的采购商较信息对称时抽取租金的难度增加，必须提供一定租金以保证供应商"说真话""不偷懒"。采购商会尽可能减少租金的支付，从而降低激励方案的强度，对应供应商努力程度也会下降，又会使得边际成本上升，产出下降。如果产量与劳工标准为净互补关系时，劳工标准维持在较低标准是合适的。而对于钟表定时器等行业的认证企业，消费市场几乎锁定在国外发达国家市场，并且需求量在一定时间是稳定的，即产品需求缺乏弹性。调研时发现这类企业的劳工标准执行度较高。由于这类产品有一定附加值且市场需求较稳定，劳工认证成为这类企业参与国际市场竞争的必要条件。另外此类产品国外市场需求缺乏弹性也使得采购商因信息不对称导致对供应商信息租攫取进度和数量变小，供应商的激励强度有一定保证，努力程度不会下降，也就是经验品的产量与劳工标准呈净替代关系，劳工标准不仅较高，产量也能有稳定保证。

6.2.4 经验品企业劳工标准的激励——基于声誉视角

从前面的分析可以了解到,信息不对称使得采购商获得信息租金难度提高,当产量与劳工标准呈现净互补关系时,劳工标准与努力程度都会一定程度下降;但如果二者是净替代关系时,劳工标准与努力程度不仅不会同方向下降,而且可能会此消彼长,至少认证企业劳工标准不会轻易下降。笔者在现实调研中了解到,经验品企业的劳工标准维持高要求有其内在特定机理,生产商能保持较高的劳工标准高激励行为,主要更多考虑未来的情况,出于牺牲或损害即期可能的收益与获得未来交易的收益的权衡考虑,或者是未来交易机会的倒逼,而非当前的交易机会。如果从时间维度去考虑总收益,可以考虑将当期的质量与未来的销售联系起来的机制,所以生产商的声誉机制或者采购商对应的惩罚机制显得尤为重要。经济学中标准的声誉机制研究是 Kreps 等(1982)创建的 KMRW 声誉模型,对有限重复博弈中的声誉效应(即合作现象)给予了较好解释。近年来,国外声誉理论研究在声誉的保持、交易、消费的运行机制上继续充实完善的同时,有关产品价格和属性、不同市场特征下声誉机制有新的研究领域,如 Laffont 和 Tirole (1991)围绕经验品的声誉激励展开分析,着力从动态角度分析信息租金和效率的均衡配置。劳工标准可认为是为产品达到某类劳工要求后发送的"信号",如果生产商前期提供劳工标准较低的产品,后面采购商以不再与之发生交易作为对应的惩罚。生产商不得不从长远收益出发重新考虑,供应商和生产商需要多次博弈来平衡信息租金与效率配置。

(一)基本假定

卖方更关心未来的买卖,根据经济学理论,买方需要给予其未来尽可能创造一定信息租金。假设长期可抽象成两期,即 $\tau = 1, 2$,第一期,供应商为采购商生产一单位产品,成本为:$c_1 = y + n_1 - e_1$。s 可看作企业劳工标准,e_1 是供应商降低第一期成本所需的努力水平;y 不仅可以形式化为货币成本,同时也可以解释为非货币成本;变量 n_1、e_1 及 y 对供应商来讲都可作为其私人信息。$\overline{n_1}$ 和 $\underline{n_1}$ 分别对应供应商高低不同能力,在区间 $[\underline{n_1}, \overline{n_1}]$ 上,供应商概率分布函数 $F(n_1)$,对应密度函数 $f(n_1)$ 符合单调风险率特征,即 ≥ 0,努力 e_1 的负效用 $\phi(e_1)$(其中 $\phi' > 0$,$\phi'' > 0$)。符合劳工标准要求

并产生 S_1 的总社会剩余概率 $\pi(y) \in [0,1]$，如不符合要求，则产生总剩余为 0，概率为 $1-\pi(y)$。同时假设 $\pi' > 0$，$\pi'' < 0$（避免在 $y=0$ 时出现角点解），两期之间，采购商与供应商贴现因子 $\delta > 0$。考虑到前后两阶段逻辑一致性，假定，当供应商在第一期提供产品没有达到要求劳工标准时，第二期供给的产品也不符合劳工标准的要求，也就是两期劳工标准的要求由第一期努力水平决定，这也较符合一般的认知：供应商提供产品的劳工标准要求在一定时间具有持久性。第一期劳工标准越高，第二期企业劳工标准预期就较符合要求；如果第一期供应商劳工标准没达到要求，第二期就建议不要生产，或者直接拒绝采购订单。如此情况，第二期社会福利和供应商租金都为 0，令 $\overline{U_2} > 0$ 和 $\overline{W_2} > 0$，分别表示第二期对应供应商租金和预期社会福利。$U_1(n_1)$ 为供应商第一期的租金，则供应商跨期总租金 $U(n_1) = U_1(n) + \delta \overline{U_2} \pi(y_1)$。通过选择 $[y(n_1 - dn_1), e_1(n_1 - dn_1) + dn_1]$ 的水平，n_1 类型供应商能够与 $(n_1 - dn_1)$ 类型供应商具有相同高劳工标准产品的成本和概率。最后努力的激励相容约束变为：

$$\dot{U}(n_1) = -\phi'(e_1(n_1)) \tag{6.23}$$

（二）劳工标准的声誉机制——贴现因子与激励强度的同步

同时假设供应商劳工标准提高 1 个单位，为保证成本不变，供应商的努力需要提高 1 个单位，确保获得的租金不受影响。对劳工标准执行度激励相容约束条件为：

$$\delta \pi'(y(n_1)) \overline{U_2} - \phi'(e_1(n_1)) = 0 \tag{6.24}$$

假设，个体理性约束决定供应商必须至少获得保留效用，对于所有类型的供应商，有 $U_1(n_1) + \delta \overline{U_2} \pi(y(n_1)) \geqslant 0$，当个体理性约束在 $n_1 = \underline{n_1}$ 处是紧的，当且仅当 $U_1(n_1) + \delta \overline{U_2} \pi(y(n_1)) = 0$，这就意味着，类型 n_1 的企业更看重第二期的预期租金（收益），可以考虑第一期租金为负的情况。

预期的社会福利函数为：

$$\int_{\underline{n_1}}^{\overline{n_1}} \{\pi(y)(S_1 + \delta \overline{W_2}) - [n_1 - e_1 + y + \phi(e_1)] - [U(n_1) - \delta \pi y(n_1) \overline{U_2}]\} f(n_1) dn_1 \tag{6.25}$$

上面三个构成对应约束条件。用 μ 和 $\gamma f(n_1)$ 分别表示激励相容约束的乘子。汉密尔顿函数变为：

$$H = [\pi(y)(S_1 + \delta \overline{W_2}) - (n_1 - e_1 + y + \phi(e_1)) - U + \delta \overline{U_2} \pi(y)] f -$$

$$\mu\phi'(e_1) + \gamma f(\delta\pi'(y)\overline{U}_2 - \phi'(e_1)) \tag{6.26}$$

于是有：$\dot{\mu} = \dfrac{\mathrm{d}\mu}{\mathrm{d}n_1} = -\dfrac{\partial H}{\partial U} = f$，因为 n_1 是一自由边界，且 $F(\underline{n}_1) = 0$，就得到下式：

$\mu(n_1) = F(n_1)$，关于控制变量 e_1 和 s 分别对 H 求导，得：

$$\phi'(e_1) = 1 - \frac{F(n_1)}{f(n_1)}\phi''(e_1) - \gamma\phi''(e_1) \tag{6.27}$$

$$\pi'(y)(S_1 + \delta\overline{W}_2 + \delta\overline{U}_2) + \gamma\delta\pi''(y)\overline{U}_2 = 0 \tag{6.28}$$

由式(4.16)可以看出，相比之前推导出的等式，右边多一项 $\gamma\phi''(e_1)$，代表激励合约的强度，考虑到两期的收益，激励供应商做出努力，使得采购商改变了激励合约的强度。激励的强度是高出还是低于原先要求是可以验证的（主要依赖于 γ 是大于 0 还是小于 0 的情况）。一者，生产商不会将劳工标准提高带来的社会福利的外部性给予内部化。这种外部性需要对劳工标准高投资给予补贴，对应需要降低激励的强度。二者，信息不对称已经带来采购商与供应商的博弈信息租的切割和努力程度的扭曲。而企业受到补贴的激励就会在高劳工标准要求上进行高度投资。如果 S_1 较小，或者贴现率 δ 很大，就意味着第二期的收益比第一期更重要，第二种效应就会占主导作用；如果信息不对称程度较轻，也就是 F/f 较小，n_1 接近于 $\overline{n}_1$，劳工标准可清晰验证时，第一种效应占主要作用，外部性需要内部化程度较低，激励程度不至于下降很多。

对式(6.27)、式(6.28)、式(6.24)进行微分，分别得到

$$\left[\phi'' + \left(\frac{F}{f} + \gamma\right)\phi'''\right]\mathrm{d}e_1 = -\phi''\mathrm{d}\gamma \tag{6.29}$$

$$\left[\pi''(S_1 + \delta\overline{W}_2 + \delta\overline{U}_2) + \delta\overline{U}_2\pi'''\right]\mathrm{d}y + \left[\pi'\left(1 + \delta\frac{\partial\overline{W}_2}{\partial S_1}\right)\right]\mathrm{d}y_1 + \left[\gamma\pi''\overline{U}_2 + \pi'\overline{W}_2 + \overline{U}_2\pi'\right]\mathrm{d}\delta + \delta\pi''\overline{U}_2\mathrm{d}\gamma = 0 \tag{6.30}$$

$$\phi''\mathrm{d}e_1 = (\pi'\overline{U}_2)\mathrm{d}\delta + (\delta\overline{U}_2\pi'')\mathrm{d}y \tag{6.31}$$

式(6.29)、式(6.30)、式(6.31)进行替代，同时考虑到 $\phi''' \geqslant 0$，$\pi''' \leqslant 0$，可以得到

$$\frac{\partial e_1}{\partial S_1} = -\pi'\left(1 + \delta\frac{\partial\overline{W}_2}{\partial S_1}\right) < 0 \tag{6.32}$$

$$\frac{\partial e_1}{\partial\delta} = -\pi''\pi'\overline{U}_2 S_1 - \delta\gamma\overline{U}_2^2\pi'''\pi' + \delta\overline{U}_2^2(\pi'')^2\gamma > 0 \tag{6.33}$$

如果贴现因子 δ 较大,意味着未来更重要,所以当经验品劳工标准认证作为进入国外市场的必要条件时,其对应的执行度显得非常重要,即使国外对应市场也有一稳定的需求度,对供应商实施较低的激励强度,供应商也会较认真完成,这也是一种挤出效应。在挤出效应中,努力和认真执行劳工标准是有一定替代性的。提高企业劳工标准需要降低成本作为平衡要求,这是声誉机制的正式化,也是关注长远收益的企业高强度的激励方案要求。

现实调研时发现,类似于玩具生产商等劳动密集型企业的生产条件及效率会较低,但为了拿到采购商的订单,会较认真地完成认证及后续的要求。这类供应商还有一个非常重要的目标,即获得采购商的高额补贴。国外消费者道德责任运动通过货币选票倒逼大型采购商要求供应商参与劳工认证,采购商本身与供应商有长期的合作关系,所以出于长远声誉考虑,玩具供应商会较好地执行较高的劳工标准,因为相关认证和检验费是采购商在供应商满足一定条件(如三方验证通过及后续保证通过)后所支出的,也算则是一定高额补贴。用函数来表示:

$$a - b(n - e_1 + y) + \delta\pi(y)\overline{U}_2 - \phi(e_1) \qquad (6.34)$$

用显示偏好理论来解释。用式(6.34)最优的 $y(e_1)$ 来代替企业效用函数中的努力水平。从成本补偿规则的线性可了解到:供应商可以从采购商提出的要求中,选择激励方案的规定费用 a 和斜率 b,再选择 e_1 和 y,以最大化上式,低效率企业选择低强度激励方案和高劳工标准,因为对应上式数值(补贴)较大。

6.3 政府规制与劳工标准

市场和政府是调配资源的两大主体,外部性和信息不对称可能带来市场失灵,所以无论是竞争中性政府还是有为政府,都有必要予以适当干预。除宏观经济政策总的调控外,在中观层面,政府尝试通过一定规制政策来补充调节市场机制的失灵。而处于全面转轨阶段的中国市场,有关环境、药品、食品、劳工等领域的矛盾问题更凸显经济与社会性规制的必要性和迫切性。事实上地方政府竞争是实现中国经济快速增长的关键,而其若要促进经济增长必须满足三个条件:制度软约束、中央政府集权和外向型经济发展模式。从制度供给角度,西方社会性管制借助全球化向全球扩展;而从制度需求角度看,这种社会性管制是否和移植国当地制度产生冲突?劳工规制一开始和中国劳工法律某些规则不协调时,政府采取了"一刀切"否定政策,但考虑到跨国微观个体贸易交往及供应商的集团利益,自愿性近乎妥协式规制政策成为政府规制博弈的均衡。

6.3.1 相关文献

中国的改革开放本身与全球化有着内在逻辑的一致性。经济全球化使得发达国家的经济和社会性规制加速由国内延伸至国际,许多是政府层面的强制性规制,如食品、环境、药品等领域的规制,借助跨国公司在发展中国家推行劳工认证制度,以非强制规制的形式实现全球化,体现为法律非完备性背景下的法律替代执行机制。中国改革开放 40 年来,有关劳动生产环节、劳工标准与劳动法也经过了多次的调适和变化。发展的不平衡也决定在短时间内相关标准也有对应不同步性,政府与企业博弈均衡中选择自愿性劳工规制。学者把政府规制分为经济性规制和社会性规制,经济性规制通常针对自然垄断和信息高度不对称行业,拟解决无效率资源配置问题。而社会性规制更多针对生产、交易过程中健康、安全、环保等社会行为问题进行规制,努力解决不公平问题。随着经济发展水平的不断提高,对环保、健康等社会性规制问题的关注度越来越高,而此方面研究主要分为以下几个方面。

第一是基础理论的研究。主要代表文献有 Pigou(1920)针对外部性引起市场失灵,认为政府干预可改进福利。Coase(1960)认为政府规制不是外部性内部化的唯一途径,产权边界的不确定才是导致外部性失灵的原因,可以通过谈判等方式解决外部性问题。Uekusa(1990)认为外部性、信息不对称等一系列市场失灵是社会性规制理论基础。

第二是社会性规制绩效评价。Stigler(1972)认为规制的成本是可以测度的,一是服从成本,二是实施成本,前者由垄断者承担,后者由公众承担,规制的收益可以通过消费者剩余和生产者剩余变化来表示。Uekusa(1992)从管制失灵角度分析了管制成本。Holdon(2000)从风险透视与不确定性角度分析了政府社会性规制的目的在于减少风险,同时引入生命价值理论,为社会性规制提供一个量化指标。

第三是社会性管制具体领域分析。如环境规制、安全规制、健康规制三大领域,Sulber(1989),Vickers(1995),Vissusi 和 Vernon(2000)分别就三大规制的原因、进程及对应政策进行了分析。而国内学者王俊豪(2001),程启智(2002),程富良(2002)对信息不对称、外部性的政府规制政策进行了系统理论分析,同时对社会性规制所涉领域进行了"环境、劳工安全等方面规制"的界定,并且对我国社会性管制现状、问题及趋势进行了定性和定量分析(程启智,2005)。樊慧玲(2014)从企业社会责任与政府社会性规制耦合视角分析了非政府组织作为政府、企业与社会多方治理主体间信息沟通渠道的推进作用。郭薇(2016)从技术创新与社会性规制两性互动角度分析了社会性规制的内在自我均衡,建议可持续设定规制目标、创新规制制度及完善规制体系。薛澜等(2016)基于简政放权背景分析了社会性规制内容、目标、工具三点均衡,并用药品准入实例分析了社会性规制均衡的重要性。李军超(2015),孙敏(2016)分析了第三方认证的社会性规制,在公私合作治理、合规性、新型规制需要、规制成本转移等方面的优势,对应分析政府核心职能私有化、问责制及认证机构独立及能力等方面存在的忧患,这也给激励及规制理论提供了更多更好的应用空间。

　　以上论述总体是概括性介绍,即使涉及制度经济学学理分析,但主要还是静态描述。如果说社会性规制以保障劳动者和消费者安全、健康、环保等为目的提供各种活动规定标准、限制特定的制度安排,这里面必然涉及政府、企业、个人之间各自利益极大化博弈。转型阶段,中国地方经济分权的锦标赛也决定了地方政府只能主动或被动实施社会性规制,既有别于追求效率的经济性规制,也有别于其他国家层面的各地公平的社会性规制。随着劳工健康、环保等问题受到越来越多的关注,越来越多的学者也开始思考特定领域内的规制问题,劳工领域的规制是聚焦重点。劳工标准不仅涉及健康、安全等指标,也包括环境保护方面的要求。在效率和公平两个要求下,地方政府、资方、劳方,甚至第三检验方如何进行行为博弈,最后绩效如何,Laffont 和 Tirole(1999)有此方面经济学学理分析,激励理论和规制理论就是从微观视角尝试分析信息不对称下政府规制的必要性,规制后租金的分割及效率评价,而中国自愿性劳工标准被认为是国外社会性规制要求的跨国延伸,也是基于第三方认证的社会性新制度安排。要研究中国企业劳工标准执行度,无法回避地方政府的作用,下面笔者尝试基于政府规制视角分析政府商、供应商、验证方等行为博弈后均衡劳工标准的确定及效率评价。第一部分基于三者行为博弈分析影响劳工标准的主要因素,如验证方与供应商串谋与否等;第二部分从非串谋与串谋两方面分析其对不同能力企业均衡劳工标准的影响及政府规制后的效率评价。

6.3.2 三者行为博弈对劳工标准影响因素的分析

在中国改革开放不断深入的背景下,国内具有比较或竞争优势的产品通过贸易出口,国外消费者获得较大的满足和效用,同时发达国家相关的生产标准也通过贸易绑定进入中国,如劳工标准、环境标准以及 ISO 国际标准等。很多标准在中国的移植过程是渐进式的,这里不仅有政府的作用,也有国外采购商与中国供应商的作用。最后往往通过微观个体的劳工认证等形式移植到中国。劳工标准最后执行度高低至少涉及三方力量的博弈,政治集权、经济分权必然使得地方政府会更多考虑地方企业的利益,当然自愿性劳工标准的执行度往往由第三验证方监督。正常来说,受委托的第三方会努力监督好认证企业的劳工标准执行情况,但在信息不对称背景下也会有第三方考虑不作为,甚至可能考虑和生产企业串谋发生寻租行为。在企业劳工标准执行情况的监管中,三方如何博弈?会产生什么样的混合纳什均衡?有哪些因素直接影响三方博弈的均衡解,进而影响到最后的绩效?下面将就这些问题展开分析。

6.3.2.1 基本假设

本模型假设三方主体——地方政府、验证方及生产商都是理性的,暂不考虑各主体之间的差异性,均以各自收益最大化为目标选择相关策略。

(1)设 C_g 为政府直接监管生产企业时,生产商生产符合劳工标准要求产品投入的成本,C_s 为委托验证方监督时对应的成本。如果 $C_g = C_s$,表明验证方验证职责到位,没有寻租行为;如果 $C_g > C_s$ 表明验证方与生产企业存在权力寻租行为,对应验证方获得生产商行贿的额外收益为 R_s,政府的损失是 $C_g - C_s$,为常数。

(2)地方政府的行动集合 $g = (g_1, g_2) = $(检查验证方,不检查验证方);生产商行动集合 $s = (s_1, s_2) = $(寻租,不寻租);第三方行动集合 $i = (i_1, i_2) = $(接受寻租,拒绝寻租)。

(3)地方政府发现生产商与验证方存在寻租行为的检查成本为 K_g,对生产商与验证方经济惩罚分别为 F_e、F_s。

(4)生产商发生寻租的概率为 q_1,对应不寻租的概率为 $1 - q_1$;地方政府对寻租检查的概率为 q_2,不检查的概率为 $1 - q_2$。

为了更好了解对生产企业的监管情况,所以需要研究政府、生产商及验证方的博弈,来了解涉及监管效率高低的重要影响因素。

当验证方与生产商有寻租行为,且地方政府不检查时,政府、生产商及验证方获得的支付分别为 $-(C_g-C_s),C_g-C_s-R_s,R_s$;当验证方与生产商有寻租行为,政府检查并发现寻租行为时,三者对应支付分别为 $F_s+F_e-(C_g-C_s)-K_g,C_g-C_s-R_s-F_e,R_s-F_s$;当验证方与生产商不进行寻租活动,政府也不检查时,三者对应支付分别为 $0,0,0$;政府检查时,三者对应支付分别为 $-K_g,0,0$,具体如图6.4所示。

验证方与生产商

		寻租 q_1	不寻租 $1-q_1$
政 府	检查 q_2	$F_s+F_e-(C_g-C_s)-K_g$ $C_g-C_s-R_s-F_e$ R_s-F_s	$-K_g$ 0 0
	不检查 $1-q_2$	$-(C_g-C_s)$ $C_g-C_s-R_s$ R_s	0 0 0

图 6.4 三方支付矩阵

6.3.2.2 模型求解

(1)根据上面构建对应的博弈支付矩阵,分析相关混合策略纳什均衡。在验证方参与寻租概率给定背景下,地方政府检查的期望收益为

$$E_1=q_1[F_s+F_e-(C_g-C_s)-K_g]+(1-q_1)(-K_g)$$

对应的,政府不检查的期望收益为:

$$E_2=q_1[-(C_g-C_s)]+(1-q_1)\times 0$$

当政府进行检查与不检查的收益相等时,就实现混合纳什均衡,得 q_1^* $=\dfrac{K_g}{F_e+F_s}$。如果验证方与生产商选择 $q_1>q_1^*$ 的概率进行寻租,此时政府应该检查,避免产品出现相关标准或质量的不合格;反之,选择 $q_1<q_1^*$ 的概率时,政府可以选择不检查。

(2)在政府检查的背景下,验证方正常检测及参与寻租活动的预期收益分别 $0,q_2(R_s-F_s)+(1-q_2)R_s$,同上可得到博弈混合纳什均衡概率 $q_2^*=\dfrac{R_s}{F_s}$。当政府检查的概率 $q_2>q_2^*$ 时,验证方会选择正常履行检测行为;当对应

157

的概率 $q_2 < q_2^*$ 时,验证方会选择接受生产商的寻租行为。

（3）同样,在政府检查的背景下,生产商选择寻租和不寻租的预期收益分别为: $q_2(C_g - C_s - R_s - F_e) + (1 - q_2)(C_g - C_s - R_s)$,0,同上可求得 $q_2^* = \dfrac{C_g - C_s - R_s}{F_e}$ 。如果政府检查的概率 $q_2 > q_2^*$ 时,生产商最好的策略是正常生产;反之,当 $q_2 < q_2^*$ 时,生产商往往通过寻租方式来达到自身利益极大化。

综合而言,三方博弈后的混合纳什均衡为 $q_1^* = \dfrac{K_g}{F_e + F_s}$, $q_2^* = \dfrac{R_s}{F_s}$,即验证方与生产商以 $\dfrac{K_g}{F_e + F_s}$ 的概率进行寻租,地方政府以 $\dfrac{R_s}{F_s}$ 的概率进行检察;或 $q_1^* = \dfrac{K_g}{F_e + F_s}$, $q_2^* = \dfrac{C_g - C_s - R_s}{F_e}$,即验证方与生产商以 $\dfrac{K_g}{F_e + F_s}$ 的概率进行寻租活动,而地方政府以 $\dfrac{C_g - C_s - R_s}{F_e}$ 的概率检查对应行为。

通过以上政府、检验方、生产商三方行为博弈分析得出的两个混合纳什均衡解,可以了解到一些因素会降低地方政府检查的概率:一是降低政府检查的成本 K_g ,但从规制视角看,劳工认证作为自愿性社会性规制,本身就是地方政府、生产商及国外采购商博弈后的选择,所以正常而言,政府也努力成为重要监督方,充当"守夜人"角色,政府检查成本也不好显性量化。二是加大对验证方和生产商寻租活动的惩罚成本 F_s 和 F_e ,在达到震慑企业和认证作用的同时,相关寻租概率也会减小,也能有效降低地方政府检查的概率。但检验方如果是生产商长期合作的伙伴,配合较为默契,是否串谋往往无从知晓。三是减少验证方寻租的额外收益 R_s 。这是可以显性知道生产商与验证方是否进行串谋的最直接前提。

6.3.3 政府规制对企业劳工标准影响及效率评估

本节讨论的三方分别是规制方的地方政府、验证方以及生产商。生产商拥有技术参数等私人信息,并可以选择一个无法观测到成本的努力水平,这也使得生产商可以拥有信息租金。与地方政府不同的是,验证方有时间、资源和技能来获取相关企业劳工认证等技术水平信息,地方政府则依赖于验证方提供的信息。验证方可以对政府隐藏信息以满足相关个体预期收益极大化,如验证方可能会考虑接受供应商寻租等。

(一)非串谋情形

假定验证方和相关生产商等利益集团之间的私人合约是可以执行的，可以考虑使用委托代理理论来分析问题。生产商、验证方及政府都为风险中性型，首先看生产商：

生产商成本可以记为：

$$C = y + n - e \tag{6.35}$$

n 可看作是生产商的类型，是企业内生的，从离散角度分析，"低"能力可写作 $\underline{n}$，概率为 ρ；"高"能力可写作 $\bar{n}$，概率为 $1 - \rho$。y 可看作企业劳工标准，e 为企业努力水平。设 t 记为采购商对生产企业货币转移支付，则生产商的效用或租金为

$$U = t - \phi(e) \geqslant 0 \tag{6.36}$$

验证方：设 R^* 为验证方的保留收入，利益集团对验证方有无影响的很重要的表现就是 R 与 R^* 的大小比较，如果前者大于后者，认为有特殊利益关联，存在一定的串谋寻租关系。

政府：信息不对称下，政府如何激励拥有信息优势的生产商及规制机构，同时尽可能达到社会福利最大化。

令 $(\underline{e}, \underline{y}, \underline{t})$ 和 $(\bar{e}, \bar{y}, \bar{t})$ 分别表示当企业相对政府有信息优势时，对应 $\underline{n}$ 低效率企业和 $\bar{n}$ 高效率企业的努力水平、劳工标准及转移支付。相比完全信息的情况，信息不对称下有关规制方面的问题主要是如何防止高效率企业模仿低效率企业，所以需要加上激励相容约束

$$\bar{t} - \phi(\bar{e}) \geqslant \underline{t} - \phi(\underline{e} - \Delta n) \tag{6.37}$$

$$\underline{t} - \phi(\underline{e}) \geqslant \bar{t} - \phi(\bar{e} - \Delta n) \tag{6.38}$$

参与条件为

$$\bar{t} - \phi(\bar{e}) \geqslant 0 \tag{6.39}$$

$$\underline{t} - \phi(\underline{e}) \geqslant 0 \tag{6.40}$$

通过实施努力 $\underline{e} - \Delta n$ 并得到转移支付 $\underline{t}$，高效率企业可以按照成本 $\underline{y} + n - e$ 进行生产。

低效率企业得不到任何租金，即 $\underline{t} = \phi(\underline{e})$。信息不对称下高效率企业租金为

$$\bar{U} = \bar{t} - \phi(\bar{e}) = \underline{t} - \phi(\underline{e} - \Delta n) = \phi(\underline{e}) - \phi(\underline{e} - \Delta n) = \Phi(\underline{e}) \tag{6.41}$$

其中，$\Phi(e) = \phi(e) - \phi(e - \Delta n)$，这里 $\Phi'(\cdot) > 0$，$\Phi''(\cdot) > 0$，同时

当 $\underline{e}$ 增加时,低效率企业需要提供更多激励,高效率企业租金也会增加。

最大化社会福利函数为:

$$\max_{\{\underline{s},\underline{e},\bar{s},\bar{e}\}} \left\{ \rho \left[S(\bar{n},\bar{y}) - R^* - (\bar{y}+\bar{n}-\bar{e}) - \phi(\bar{e}) + \bar{U} \right] + (1-\rho)\left[S(\underline{n},\underline{y}) - R^* - (\underline{y}+\underline{n}-\underline{e}) - \phi(\underline{e}) \right] \right\}$$

(6.42)

容易得到,$\bar{y}=\bar{y}^*$,$\bar{e}=\bar{e}^*$,$\underline{y}=\underline{y}^*$,没有出现 $(\bar{y},\bar{e})$ 的向下扭曲,根据激励约束式(6.41),$\underline{e}$ 对应有向下扭曲

$$\phi'(\underline{e}) = 1 - \frac{\rho}{1-\rho}\Phi'(\underline{e})$$

(6.43)

从而有 $\underline{e} < \underline{e}^*$。

所以低效率生产商因为具有信息优势,而采购商及政府制定规划方案时,更多考虑高效率生产商是否"说真话",这也必然要求相关方支付一定信息租,以确保高效率生产商不说谎话。但信息不对称带来的代理成本往往较高,采购商本着成本极小化原则不会很关心低效率生产商的努力程度,即使验证方与生产商没有一定串谋行为,低激励也会导致对应生产商尤其是低效率生产商努力程度低于最优要求,对应劳工标准执行度也会相应降低。

令 $W^{AI}(e)$ 表示当低效率生产商努力水平外生固定在 e 上时,信息不对称下预期的福利,则有

$$W^{AI}(e) = W^{FI}(e) - \rho\Phi(e)$$

(6.44)

当 $W^{FI}(\cdot)$ 是严格凹时,对应 $W^{AI}(\cdot)$ 也是严格凹的。

不对称信息下预期的社会福利函数改写为

$$W^{AI} = \max_e [W^{FI}(e) - \rho\Phi(e)] = W^{FI}(\underline{e}) - \rho\Phi(\underline{e})$$

(6.45)

供应商(或采购商)向验证方提供固定收入 $\underline{y}^*$ 得到相关信息,完全信息和不完全信息下预期社会福利可以写为低效率企业努力 e 水平下的严格凹函数:$W^{FI}(e)$ 和 $W^{AI}(e) = W^{FI}(e) - \rho\Phi(e)$,这里 $\Phi(e)$ 是高效率企业在不对称信息下的租金,是严格递增函数。因此关于 e 的最优化意味着,为了抽取高效率企业的部分租金,在信息不对称背景下,必须向低效率企业提供强度较低的激励方案($\underline{e} < \underline{e}^*$)。相应的市场价格比完全信息时要高。

(二)串谋及利益集团的情形

当相关部门给予验证方超过一定的收益,就会出现与之前不一样的情形,即串谋的情况。信息不对称下,当验证方与生产商可能产生的串谋及政

府的检查彼此博弈,会对最后的努力及劳工标准产生何种影响,本节将就此展开分析。

当验证方在激励的诱惑下就外界信息对政府进行隐瞒时,就会发生串谋行为。当保留信息对生产商有好处时,较易发生串谋。如果生产商体现的是 $\underline{n}$ 信号时,无论是信息对称还是不对称,生产商都得不到采购商给予的信息租金;如果生产商体现的是 $\bar{n}$ 信号,生产商、采购商及验证方之间就会有利害关系,因为如果验证方考虑说真话,就将其租金从 $\Phi(e)$(低效率生产商在信息不对称时对应努力水平 e)降到 0,为了尽可能避免生产商贿赂验证方,所以需要补偿对应验证方因不说"真话"而损失的收入必须大于对应的收益:$\underline{R}_1 - R_0 \geqslant \Phi(e)$,其中 $\underline{R}_1$、R_0 分别为 $r = \underline{\beta}$、$r = \phi$ 时验证方的收入。

由于提供给验证方的收入是有社会成本的,因而有:$\underline{R}_1 = \bar{R}_1$,$R_0 = R^*$。又可以将上式改写为:$\bar{R}_1 - R^* \geqslant \Phi(e)$,在最优政策中,上面等号是成立的:$\bar{R}_1 = R^* + \Phi(e)$。

只取决于 e 和 $\underline{R}_1$ 的上式表明,信息不对称时,采购商应该向低效率供应商提供较低强度的激励,但同时使其他变量保持不变。这就意味着,高能力供应商在完全信息和不完全信息下的资源配置及低能力供应商在信息对称下的资源配置还是社会最优。在不对称背景下,低能力供应商的劳工标准会有所扭曲,而且对应福利也会下降。

采购商选择通过激励 e 的努力来最大化预期社会福利:

$$EW = \max_e \left[\sigma W^{FI} + (1-\sigma)W^{AI}(e) - \lambda\Phi(e) \right]$$

对上式的目标函数进行一阶求导得到如下一些结论:为了防止串谋,采购商应该降低自己的利益。采购商向供应商提供的激励强度必须低于没有合谋时的强度,$e < \underline{e}$,$\bar{R}_1 > \underline{R}_1 = R_0$。所以在此类情况下对生产者的保护只会降低激励,高效率供应商得到的租金相比没有串谋时要少,$\Phi(e) < \Phi(\underline{e})$,对于低效率供应商,价格相比没有串谋时要高,供应商得到的转移支付则比没有串谋时低,对应也降低了社会福利 EW。

西方发达国家的企业社会责任运动也倒逼采购商采购发展中国家中更关注劳工保护的供应商生产的产品,避免劳工标准向下竞争。假定这类社会责任运动的群体组织起来,可以不购买不符合条件的产品,也可以接受价格相对高一点的同类产品,相当于向采购商转移支付 $\tilde{\tilde{R}}$,此时采购商的价格变成为 $R + \tilde{\tilde{R}}$,同样为了避免生产商贿赂验证方,需要满足类似上面联盟激励约束,即 $R_1 - R_0 \geqslant \Phi(e)$,最优政策意味着 $R_0 = R^*$ 。验证方隐藏信息会造成信息不对称,并降低产量及影响较低效率企业的激励程度,令 $S(e) = \tilde{S}(e) - D(e)$,其中 $S(e)$ 、$\tilde{S}(e)$ 和 $D(e)$ 分别表示努力 e 带来的总剩余、消费该产品的总消费者剩余及一部分社会公众——"道德责任运动"群体或者"当地居民"——承担递增凸的低劳工标准的损害。继而有第二个联盟激励约束: $R_1 - R_0 \geqslant D(\tilde{e}) - D(e)$,当对应最优时会有: $R_1 = R^* + \Phi(e)$; $\underline{R}_1 = R^* + D(\tilde{e}) - D(e)$ 。

可以看出,为了降低代理成本,e 在最优配置中受到扭曲,分别用 $W^{FI}(\tilde{e})$ 和 $W^{AI}(e)$ 表示低效率供应商和高效率供应商的配置没有扭曲时,完全信息下和不完全信息下的预期福利。运用上面两式可以得出社会总福利:$EW = \max_e \{\sigma W^{FI}(\tilde{e}) + (1-\sigma)W^{AI}(e) - \lambda \Phi(e) - \sigma\lambda [D(\tilde{e}) - D(e)]\}$ 。

假定上式要最大化的项是严格凹,由上式可看出,企业社会责任运动对规制是有一定影响的,其运动力量越强大,企业得到的租金就越多。这里,企业与道德责任运动者是"客观上的同谋",因为如果使用规制是低效率的,两者都有利可图。企业希望政府得不到信息,这样企业就可以得到租金。道德责任运动者也希望政府得不到准确信息,从而降低产量和由此带来劳工标准过于向下竞争的恶劣情形。两者利益的重合很大程度上取决于如下假设:生产是必要的;如果可以选择关闭企业,道德责任运动力量的增强就有可能影响企业利益的获得。

6.4 本章小结

劳工标准从混同均衡到分离均衡的变化,表现在认证企业努力克服摩擦成本过程中,需要更好地提高生产效率和降低生产成本。认证企业要基于长远风险中性对待劳工认证,劳工标准实实在在地从混同均衡提高到分离均衡,也会助推企业提高生产效率。劳工认证会在一定的时间内通过内在相关规则约束及持续改进的正反馈机制影响企业员工生产积极性,产生生产效应。考虑到劳工认证时间贴现和生产磨合等筛选成本及进一步生产效率提高带来的收益,通过一段时间的累积,如果企业劳工标准生产效应能对应发挥作用,甚至能抵消之前额外支付的摩擦成本,筛选成本就有下行的趋势,继而收益会提高。劳工标准的筛选和生产作用的综合效应,也取决于即期成本和远期期望收益权衡背景下筛选和生产相互作用的一个合意、均衡黄金分割点。

中国经济正从高速发展向高质量发展转型，在市场经济发展初期调和、平衡两国外贸关系的类似劳工认证的微观法律移植，也逐渐向中观和宏观领域演化、升级。全球价值链的进一步发展，尤其是基于制造业价值链向全球创新链的深度演进，会对与之相应的类似环保标准、劳工标准制度保障提出更高要求。中国由贸易大国向强国迈进中，贸易制度更要高质量发展，有必要更好对接国际高劳工标准高要求，所以需要通过正反馈机制的劳工标准筛选和生产效应获得更多的国外消费者货币选票及采购商订单，更有效助推中国制造企业转型升级，从而努力嵌入全球价值链中高端，获得更多更长远的比较优势和竞争优势。

消费者对美好生活的需求日益增长，基于外部声誉视角直观分析时发现，劳工标准认证效率型和规模型正外部性会对供应商最后均衡劳工标准及收益产生正向影响。考虑到更精细的不同产品属性对企业劳工标准、激励的影响，就必然要分析认证企业产品的需求量与劳工认证的动态关联性。类似搜寻属性的产品，在不完全信息背景下，具有市场实力的采购商较信息对称时抽取租金的难度增加，采购商会尽可能地减少支付的租金，从而降低激励的强度，对应的，供应商努力程度会下降。随着边际成本上升，产出对应也会下降。如果产量与劳工标准为净互补关系，会产生较低均衡劳工标准。类似经验品属性的产品，生产弹性较小，在销售激励有限的情形下，生产商能有高激励行为，更多考虑未来声誉机制。当经验品企业的劳工标准认证成为进入国外市场的必要条件时，其对应的"标签"作用显得非常重要。供应商在实施降低激励的同时，也会认真执行较高劳工标准。这是一种挤出效应：努力和认真执行劳工标准是有一定替代性的。好的声誉机制促进未来销售，增加未来信息租金。所以中国不同产品属性的企业劳工认证，既要考虑即期的搜寻激励，也要考虑长远的声誉激励。努力提高企业劳工标准质量，以更好借助"劳工标签"努力嵌入全球价值链中高端，以获得更多更长远的竞争优势。

前面仅从信息和声誉视角分析劳工标准机理，默认政府不参与这类微观个体自愿性认证活动，或者认为规制机构与生产商没有串谋行为：当信息不对称带来的代理成本较高时，采购商基于成本极小化目标往往不是很关心低能力生产商的努力程度，即使规制机构与生产商没有串谋行为，低激励也会导致生产商，尤其是低能力生产商努力程度低于最优要求，对应劳工标准执行度也会相应降低。随着劳工认证从有没有到数量质量提升型转变，劳工认证的作用也逐渐从传统的外在物理反应，逐渐转化为影响生产进程及效率的化学反应。对企业而言，认证的直接作用是获得国外采购商订单及信息租金，但近几年出现很多企业退出认证，劳工标准执行度也备受争议，所以考虑"市场的手"也不能总体上解决市场失灵问题，资源有效配置的另一个主体政府需要努力解决此方面问题，而政府的参与不仅起到统筹协调作用，同时通过规制监督生产商与验证机构之间常有的串谋行为。研究发现，生产商与验证机构串谋不仅导致低能力企业劳工标准更恶劣地向下扭曲，价格相比没有合谋时要高，但得到的转移支付则比没有合谋时低，相应也降低了社会福利。同时也会降低高能力企业信息租金及劳工标准执行度，而政府的规制某种程度遏制了串谋行为，保护了高能力企业的利益。采购商向供应商提供的激励方案的强度也必然低于没有合谋时相应激励方案的强度。所以在这种情况下，对低能力企业的不合理保护只会降低激励，导致高能力供应商得到的租金比没有合谋时少。极端情形是生产商退出没有自由裁量权的规制机构，这也被视为低强度激励方案的一种极端情形。

下

篇

由于中国企业劳工认证尚未普及(二方认证较多,但内部信息透明度较低),同时基于调研信息及样本数量约束,本篇选择几个典型案例以更好验证前面分析得出的结论:一是对接的差距及内在根源验证,二是探索企业规避信息不对称情况下劳工标准提高的机制实现条件与路径对策。

首先,本篇分别对某大型国企改制的上市制药公司、某纺织服装企业(从 OEM 到 ODM)、某印染公司、某定时器公司相关方面进行调研式概述,主要是围绕企业的发展现状及认证现状进行定量分析,用以验证基于卖方主导型市场和买方主导型市场劳工标准移植分析得出的结论。

其次,归纳分析我国企业劳工标准移植的路径选择,就企业、监督方及政府三个主体,尝试从五个方面提出完善机制的对策建议。

最后,基于前面的理论和实证分析,提炼出全文的主要研究结论,以及进一步研究展望。

7　典型案例分析

　　前面分别基于产品卖方主导型市场和买方主导型市场的劳工标准移植的不同特征进行了分析。信息不对称使得"Arrow-Debreu"世界需要更多规制才可趋于完美。基于不同市场结构的微观个体由于其对应讨价还价能力的不同,尝试最大限度地去降低由信息不对称带来的摩擦成本,从而尽可能归源于原先理想的"Arrow-Debreu"世界。信号模型与信息租模型的使用就是更好的佐证。在前面理论分析之后,本章尝试对现实的案例进行实证分析,以更好地验证前面理论分析得出的结论。

　　本篇内容安排如下:第一部分,主要针对调研的某大型国企改制的上市制药公司进行分析,作为基于卖方市场的一个案例,从企业发展的状况以及企业认证的情况去验证第 4 章的几个结论;第二部分,主要针对某业绩较好的纺织服装公司进行分析,作为基于买方市场的一个案例,同样是从企业发展的状况以及企业认证的情况去验证第 5 章的几个结论;第三部分,主要针对调研的某印染企业和定时器公司进行分析,作为劳工标准进一步作用的两个案例,结合企业发展状况及企业认证情况去验证第 6 章的几个结论。

7.1　基于卖方市场的实证研究:以某大型制药公司为例

　　从宏观层面来看,劳工标准的要求是国家之间基于贸易平台博弈的战略性贸易政策。从微观层面来看,劳工认证是基于微观个体商业博弈而要求的相关认证。通过这种认证一方面可以尽可能维持生产条件的底线,另一方面更重要的是采购商能拿到更多发达国家消费者的"货币选票"。一般认为,在中国,这种外部命令式劳工标准移植处于较低水平,主要是因为卖方较弱的讨价还价能力，但事实上中国有些供应商具有很强的市场实力。这种较强的市场实力很多源于此类产品世界范围内的特定分工或垄断。笔者通过对浙江几个认证企业的调研发现，维生素市场有寡头垄断特征，买方竞相购买，价格主动权一直为卖方牢牢把握，属于典型的卖方主导型市场。本节通过实际案例论述基于卖方主导型市场的劳工标准移植的现状，主要分三部分进行追述：一是处于产品卖方市场的企业发展现状；二是这类企业劳工标准认证的现状；三是对认证的现状与前面理论分析得出结论进行衔接总结。

7.1.1 企业发展现状

位于浙江省东部的某制药厂创建于 1954 年，现为浙江的医药核心生产基地。该厂占地 50 万平方米，建筑面积 25 万平方米，现有员工 3569 人，具有 50 多年的专业制药经验，企业拥有一流的符合 GMP 要求的化学制药、微生物制药和制剂生产设施，兼生产天然药物、食品添加剂和饲料添加剂。目前已通过中国 CEEMS、英国 UKAS 的 ISO14001（环境管理体系）认证，系中国维生素类、抗生素类和氟喹诺酮类药物的重要生产基地。[①] 该厂主导产品主要有合成维生素 E、天然维生素 E、维生素 A、生物素、乳酸左氧氟沙星注射液、辅酶 Q10、盐酸万古霉素、替考拉宁等。曾多年被评为浙江省最具社会责任感企业等荣誉称号，被《浙江日报》评选为最具社会责任感企业，在企业社会责任、员工工作条件及待遇等方面一直在业界有较高的口碑和认可度。该企业于 2009 年 5 月通过美国 DQS-ULAP 公司审核，成为浙江省较早获 SA8000 认证企业之一，使得相关产品的出口量激增。该厂主打品牌是来益牌维生素 E，是全国最大的天然维生素 E 生产商，在 OTC 国药准字号销售位居首位。其有效成分纯度大于 96%，完全符合中、英、美各国药典对天然维生素 E 的要求。凭借其高市场占有、高品牌形象，该厂确立了在国内天然维生素行业的领导地位，是中国最大、世界第三的维生素 E 生产商。

2013 年，该厂对外出口产品主要为药品和食品，药品占总量的 65%，食品占 35% 左右，尤其是维生素 E 和天然维生素 E 都是中国最大的生产商，全球排名分别为第二和第三大；年产量分别达到 12000 吨和 200 吨。β-胡萝卜

---

① 资料来源：http://www.guba.com.cn/news,600216,55656681,html。

素和斑蝥黄素产量居全国第一、全球第三;生物素产量占全球产量的 40% 以上,是全球最大的生产商;辅酶 Q10 产量占全球产量的 20%;盐酸万古霉素产量占全球产量的 40% 以上。在国内还有其他四五个寡头药厂等,所以此类产品处于卖方市场。借助低成本(如 β-胡萝卜素)和研发(如天然维生素 E)的优势,该厂的产品更多地出口到国外。由图 7.1 可看出,2013 年,其国内市场的销售份额占 38%,而销往欧美等国的份额在 60% 左右,其中欧洲占37%,北美占 17%,南美占 4%。由于其产品的特定优势和高市场份额,使得国外的合作商也较为稳定,其中,不乏国际知名跨国公司如联合利华等。

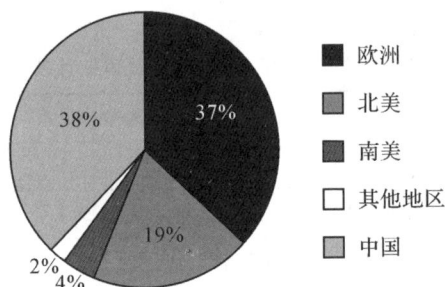

图 7.1　2013 年某大型制药厂产品销售地区分布

7.1.2　企业认证现状

企业认证可分为三方认证和点对点的二方内部认证,后者涉及采购商和对应供应商内部的验证,透明度不高;前者需通过较为公正的第三方认证机构考核确认,透明度较高,其程序如下:首先是验厂前会议,主要介绍此次验厂的目的、程序以及所需时间及注意事项。其次是验厂过程,主要是查看数据、走访工厂所有区域及员工访谈和管理者访谈。最后是总结会议,主要是总结此次验厂中所发现的问题并向工厂确认改善所需时间及方案。

由表 7.1 可知,SA8000 认证验厂前会列出一个计划单,每个计划都对应一个记录,记录调查的情况与 SA8000 条款要求(表 7.1 第 5 列)的比较。劳工认证要求企业定期对员工进行与 SA8000 相关的培训,一方面,可帮助他们了解相关知识,以便更好地维护自己的权利;另一方面,当认证师进行访谈时也会有针对性的反馈,相关员工的随机抽查从某种程度也能保证信息的可靠性。笔者通过调研了解到,某些地方某些认证企业确实存在在检验前对员工进行近乎"台词"式教育的情况,但该企业负责人也坦率承认,即使提前安排员工对指定问题进行教条式回答,也不是长久之计。该企业在这块有足够的实力能保证员工根据平常真实的情况来回答也能合乎标准的要求。同时认证师出于职业敏感性也会通过一定渠道了解一些真实信息。笔者曾有幸访谈表7.1提到的认证师 Karvin Zhang,他曾经参与过某一中日合资企业的认证验厂,和员工交流时了解到该企业存在使用童工的问题,直接宣布认证不通过,责令进行整改,视后期整改的效果重新考量。他也坦率地说,这样一个从国企改制的制药公司,上市又较早,且很多产品在世界范围内都有较强的市场实力,完成 SA8000 认证的相关要求是较为轻松的。

表 7.1　2014 年 SA8000 监督审核计划

日期	时间	内容	员工人数	条款	审核人
7月28日	11:00—11:30	首次会议	n/a	n/a	Karvin Zhang
	11:30—12:00	合成一厂:现场参观		3	Karvin Zhang
	13:00—13:40	合成一厂:工人访谈(组)	5	3	Karvin Zhang
	13:40—14:20	合成一厂:工人访谈(组)	4	3 9.5b,c,9.11	Karvin Zhang
	14:20—14:40	合成一厂:工人访谈(个人)	1	3 9.5b,c,9.11	Karvin Zhang
	14:40—16:00	管理系统:管理评审,内部审计和处理疑虑和采取纠正行动		9.1,9.4,9.5,9.6,9.8,9.9,9.11,9.12	Karvin Zhang
	16:00—16:20	制剂厂:现场参观		3	Karvin Zhang
	16:20—17:00	制剂厂:工人访谈(组)—中班	5	7,8 9.5b,c,9.11	Karvin Zhang
	17:00—17:40	制剂厂:工人访谈(组)—中班	4	7,8 9.5b,c,9.11	Karvin Zhang
	17:40—18:00	制剂厂:工人访谈(个人)—中班	1	7,8 9.5b,c,9.11	Karvin Zhang

日期	时间	内容	员工人数	条款	审核人
7月29日	07:30—08:10	合成二厂:工人访谈(组)—夜班	4	3	Karvin Zhang
	08:10—08:30	合成二厂:工人访谈(个人)—夜班	1	3 9.5b,c,9.11	Karvin Zhang
	08:30—10:00	安全检查:包括消防演习		3	Karvin Zhang
	13:00—15:30	安全检查:包括消防演习		3	Karvin Zhang
	15:30—16:30	工会		7,8	Karvin Zhang
7月30日	7:30— 8:20	生物药物厂:工人访谈(组)—夜班	5	7.8, 9.5b,c,9.11	Karvin Zhang
	8:20— 9:00	生物药物厂:工人访谈(组)—日班	4	7.8, 9.5b,c,9.11	Karvin Zhang
	9:10— 9:30	生物药物厂:工人访谈(组)—日班	1	7,8 9.5b,c,9.11	Karvin Zhang
	9:30— 11:00	人力资源		7,8	Karvin Zhang
	11:00—12:00	职业健康	3		Karvin Zhang
	13:00—13:30	职业健康	3		Karvin Zhang
	13:30—15:00	审核报告编写			Karvin Zhang
	15:00—15:30	末次会议			Karvin Zhang

　　表7.2和表7.3列出了2013年和2014年的SA8000体系外审计观察项,从安全、就业歧视、工作时间、薪酬和工作环境等都做了一定的记录和反馈,重点是安全、薪酬和工作环境方面。表7.2列举的14条中就有9条涉及安全问题,作为制药厂,本身就涉及一定的污染,而要彻底处理好环境问题需要较高的成本,员工在工作环境方面还是有相当焦虑的,从另一个侧面也反映出企业在安全这块投入还不够。在薪酬这块,企业的激励和惩罚机制没有做到位,该加薪的没有加,罚款的去向和用途也不明,冬夏工作时间安排不够人性化,影响工作效率。这是原先或现在属于大型国企的企业共同面对的问题,产权不清晰,缺乏一定的激励约束机制。同时也可以看出,员

工对待工作的态度较认证前转变较大,工人不仅会考虑生存和工作,同时也会考虑生存的质量和工作的环境。某些描述看似有些吹毛求疵,但基于事实的回答也能反映出员工对自己劳工权利的合理定位及较强的保护意识。这可能是发展中国家企业"外部命令式"劳工认证后的一大成效或贡献。随着更多员工对工作条件的要求提高,通过第三方认证的监督和要求,也会促使相关认证企业努力提高劳工标准。

表 7.2   2014 年 SA8000 体系外审计观察项

序　号	观察项描述
1	每两年加薪一次,今年员工应有加薪的机会,访谈中员工反映强烈,且多数接受访谈的员工没有获得公司层面的解释
2	应加强与公司员工利益相关的信息的透明度,可以考虑在电子媒体滚动播放的模式
3	员工反映食堂饭菜品种少,饭菜标准很多年没变,提前餐和周末餐相对工作日较难吃
4	上夜班的员工反映汤不热
5	食堂反馈渠道不畅通
6	缺少逃生路线图
7	应设置一定数量的灭火器
8	食堂安全出口处不应设置玻璃门
9	集合点标示应为空旷地带
10	逃生路线图应在每个场所张贴,包括办公区域和食堂
11	未针对夜班进行火灾演习,指挥部地点设定不够合理
12	消防栓处的水压应定期测试
13	烫伤的应急处理程序尚待完善
14	应对损坏的可燃气体报警器的区域进行记录,并记录可燃气体报警器的投入日期,必要时分析可燃气体报警器的寿命

表 7.3　2013 年 SA8000 体系外审计观察项

序　号	观察项描述
1	访谈中发现员工为公司奉献的意识不高,如何提高员工为公司的奉献与公司的成长结合起来并获得双赢,公司可以考虑采取一些方法
2	冬天上白班的员工希望午休的时间缩短为 1 小时,避开上下班高峰时间
3	技术好的人的工资和技术差的人的工资没有区别,打击了好员工的积极性
4	食堂的饭菜种类越来越少,变化少,感觉越来越难吃了
5	105 车间灭火和逃散演习后的评审应完善
6	员工建议食堂入口处搭上雨棚,或设置下雨天能放置雨伞的设施,防止食堂地面因湿滑导致员工摔倒
7	对安全绩效不好的扣款的用途要给予公开
8	104 国道 10 岗的自行车车棚太小,部分员工自行车只能停在马路边,易被偷走
9	上下楼梯不扶栏杆可能导致人摔倒的危险源没有识别,也没有显著标示

　　二方认证作为公司与公司的点对点的内部认证,便于采购方较为直接地了解供应商的信息,是针对代理成本与监督成本权衡后的选择。如表 7-4 所示,该厂的监控弱点分为几个等级,其中 B 和 C 占有较大的比例,工作环境、工作时间和安全等方面的考核成绩较为靠后,可以看出该企业在劳工认证上面的成绩有很多不尽如人意的地方。即使处于卖方垄断市场,该制药厂也没有表现出骄人的认证成绩,基本都在较低水平上徘徊,二方认证的成绩评定大都在 C(及格)档次。国外类似认证企业,最后认证成绩与其业绩较匹配,更注重劳工条件以及企业社会责任。为什么发展中国家一些处于卖方市场的企业最后确定的劳工标准与企业生产业绩及能力不很匹配,中间必然有其经济学原理可以探究。

表 7.4 二方认证的相关信息

监控弱点（级别）	责任部门	责任人	发现问题点	对质量管理体系的影响
B	人事部	吴×× 徐××	抽查员工 04112134 的档案时发现，没有该员工的入职时间和主管审批记录，《员工招聘程序》[JK-SR-004(C)]有此要求	导致体系运行记录不完善
C	人事部	吴×× 徐××	公司为工人提供了干净卫生的饮用水，且饮用水经过检测，但提供的检测报告附表的最后两页未能提供，未能显示检测结果	缺少记录，无法确认检测结果符合要求
B	人事部	吴×× 徐××	制定了《员工招聘程序》[JK-SR-002(C)]、《奖罚程序》[JK-004(C)]，但未见对退休标准的设定，建议加上	不能完善地考虑到各种情况
C	人事部/生产部	谌×× 吴×× 徐××	审核 7 月份的考勤记录时发现，工人加班时间最长的达 79 小时，违反"加班时间不得超过 36 小时"的规定	未能按当地劳动局要求执行，违反体系要求
B	人事部	吴×× 徐××	公司只保存了相关法律法规的电子文件，但没有列出法律法规的文件清单；未做书面文档的保管和及时更新	完善法律法规的文件管理，方便查询以及宣传给员工
B	安委会	刘××	刘××已取得国家颁发的初级安全主任证书，但公司安委会没有书面授权其担任公司的安全主任	无任命记录，不符合体系要求
B	生产部/安委会	谌×× 刘××	1. 各车间均出现部分消防栓、灭火器前被货物或杂物堵塞的现象，操作员未按要求佩戴劳动保护工具，如耳塞、眼镜 2. 机台上有部分挡板，但未盖上，有些机台无挡板 3. 有些电线外露 4. 有部分临时插板悬挂在墙上	消防隐患，危及员工安全
D	管理代表/人事部	朱×× 吴×× 徐××	没有定期进行内审及管理评审，不能提供相关记录	影响体系运行，内部监督不完善

监控弱点 （级别）	责任 部门	责任人	发现问题点	对质量管理体 系的影响
B	管理 代表/ 人事部	朱×× 吴×× 徐××	查《社会责任手册》（JG-SM001），显示管理者代表为：吴××、陈××，但陈××已离职，新增朱××，文件没有及时更新	文件更新不及时
B	人事部	吴×× 徐××	审核员工代表莫××时发现：员工代表没有接受 SA8000 标准及法律法规要求等方面的培训	对体系了解不够，会影响作为员工代表的相关工作

7.1.3 总结

　　一般而言，处于卖方主导型市场的供应商产品的供给弹性较小，而需求弹性较大，对市场有一定的垄断度，讨价还价能力也较强。相比发达国家，发展中国家处于这种市场结构的企业相对较少。通过对某一上市制药公司的调研发现，该认证公司生产的产品如维生素 E 等在国际市场具有一定的垄断度，而且它是一个由国企改制的上市公司，所以无论是公司规模还是实力，与同行相比都有相当大的优势。按常理，这样较有实力的上市公司应该有较高的劳工标准水平，因为劳工标准的高低通常和该公司的收益有一定的正关联。但现实调研显示，从 2009 年 5 月通过劳工认证后，每半年实行的一次检测中，成绩基本都在 C（A 是优，B 是良，C 是及格，D 是不及格）。目前大部分发展中国家企业大多是为了获得发达国家采购商的订单而"被动"申请认证，处于卖方主导型市场的认证企业本可达到 B 或 A 的认证成绩，但本着收益最大化（成本最小化）目标将劳工标准调到较低水平。能力较高的供应商因提高劳工标准所带来的收益与由此带来的成本相差不大，在没有损害采购商利益的情况下，对应劳工标准会趋向于最低要求，也是我们前面理论阐释的一步步帕累托改进。

　　同时笔者也了解到，这些处于卖方主导型市场的认证公司组成了 CSR 非正式网络联盟，同类型的相关企业会彼此分享一些信息。据相关负责人介绍，其他同类企业劳工认证的成绩基本都在 C（及格），这也基本和前面我们理论分析的结论相吻合。在中国，类似维生素 E 生产企业这样的卖方市场认证企业近似呈现凹函数分布，即能力低的公司密集度相比更高，也使得最后同类型企业劳工标准水平会"约定"统一于最低标准,产生合作均衡。反之,发达国家则是高能力认证公司密集度相对更高,最后劳工标准可能会偏离最低标准,产生非合作均衡。

就个体认证公司而言,负责人也坦率地告诉笔者,目前一直较被动地"接受"劳工认证,而不是像发达国家跨国公司那样,主动把劳工认证、提高企业员工福利和企业社会责任等内生于企业的整体规划中,最后均衡劳工标准肯定会提高。如果尝试从数理经济学去分析,就是当供应商风险偏好为中性时,最后会产生劳工标准的分离均衡,而不是拘泥于小范围的混同均衡。

7.2 基于买方市场的实证研究:以某纺织服装企业为例

发展中国家劳动密集型产品,市场分割较细,品牌竞争力低,类似纺织、服装行业的采购商具有很强的买方势力。由前面表格数据统计可知,截至2014 年 6 月底,在中国,劳动密集型企业认证约占全部认证企业数的 70%,排名靠前的占有绝对比例的是纺织、服装等劳动密集型行业,合计占到整个认证数的 23%左右。这些行业一般分布在东莞、晋江等地。它们或者采用贴牌代工的方式,如晋江很多认证企业为阿迪和耐克代工;或者采取自主设计的形式,如东莞、柯桥等地的认证企业都跨过代工阶段进入 ODM 阶段。2013 年,中国纺织品服装出口额为 2840.72 亿美元,出口额仅增长 2.5%,进口额下降 2%[①],主要原因在于来料加工下降对加工贸易的冲击,同时也标志着我国加工贸易行业结构的转变:逐步从委托来料加工转变到以自营进料加工为主的方式。就微观和中观层面来看,处于买方主导型市场的劳动密集型企业的认证,使得其对应的大部分产品被发达国家采购商所牵引,无论是数量和价格方面都很被动,采购商主导作用会通过市场机制反作用于认证供应商对待劳工认证的态度及行为,最后影响劳工认证水平。本节通过实际案例形式论述基于产品买方主导型市场劳工标准移植的现状,主要分三块进行追述:一是处于产品买方市场的企业发展现状;二是这类企业劳工标准认证的现状;三是对认证的现状与前面理论分析得出的结论进行衔接总结。

---

① 数据来源网址:http://www.51report.comfree3037300.html。

7.2.1 企业发展现状

成立于1966年的浙江某制衣公司,经过50多年的发展,已成为集染色、印花、服装生产、房地产开发等功能于一体的大型综合性企业。公司占地104亩,职工2000余人,总资产8亿元,现有工业缝纫机2500台及相配套的一系列设备,服装生产加工能力在年2000万件套以上。年实现自营出口6500万美元,销售额达10亿元,利税6000万元,其中服装出口3000多万美元,居绍兴柯桥区之首,主要出口到欧美地区,是全国纺织行业出口百强企业,全国服装行业销售、利润双百强企业。企业通过ISO 9001、ISO 14001的质量和环保认证,2004年4月通过法国BV认证机构的SA 8000认证,是国内最早一批通过SA8000认证的纺织服装企业之一。该企业借助中国加入WTO的契机,努力打开国际市场,"产、供、销"服务网络逐渐完备,现已和国内外多个客户建立较好的合作关系。产品已出口到多个国家和地区,遍及南美、欧美、中东、非洲、东南亚,产品出口比率占总产量的75%左右。

2013年,纺织服装民营企业出口达到1773.4亿美元,占地区出口总额的62.4%。同时民营出口企业数量增加1500家。总体来讲,纺织、服装产品在国外市场密集度较高,所以处于卖方较弱势、买方主导市场。和柯桥轻纺城其他纺织服装企业类似,该企业生产的服装主要以出口为主,且以贴牌加工方式居多,鉴于贴牌加工的产品讨价还价能力弱,许多企业的利润较微薄。遇到类似次贷危机这样的冲击,国外市场萧条,加上国内劳动力等生产成本不断上升,对这类方式的服装出口压力会更大。现在该公司采用两种形式来应对外来冲击,一是升级产品结构,从传统的贴牌加工(OEM)转变为自主设计生产(ODM),目的是获得更多的产品附加值。二是部分转为内销。与全国代理商合作进行内销,依托10多家网点资源进行网络销售,打进国内市场。2011年4月,该企业投资400万元在淘宝商城上开专营店。一位男装生产企业经营者透露,比起之前贴牌微薄利润甚至无利可图的销售模式,网络销售获得的纯利润要高出10%左右。

7.2.2 企业认证现状

审核发现监控弱点分三个等级,详情如下。

严重不符合项(D),即"执行的项目明显不符合SA8000标准要求,未执行或不符合程序或手册中的明定事项,多个不符合项集中在某一个环节或要素"。

一般不符合项(C),即"因执行不彻底或偶发之疏忽所造成的不符合项目"。

观察项(B),即"因执行不彻底或偶发之疏忽所造成的不符合项目",但对体系运行影响轻微,或提出的建议。

由表7.5内部检测列举的10项不符合项目,主要分布在健康和安全、工作时间、管理评审、核实渠道等项目。大部分在 B 或 C 档次,所以可一定程度认为该企业在一些方面离 SA8000 认证标准的要求有一定差距。由表7.6外审及对应结果可看出,不符合要求的也都集中在健康和安全、工作时间、薪酬、计划与实施等项目。

表 7.5　浙江某纺织服装企业 SA8000 认证内部审核报告

序　号	问题发现	监控弱点(级别)
1	饮用水检测的部分项目结果丢失	B
2	个别员工入职记录不完善	C
3	7月份工人加班时间有超时现象	C
4	体系文件中未涉及退休的内容	B
5	车间有多处安全隐患	B
6	公司安全主任没有授权书	B
7	法律法规只有电子文件,无书面文件及目录	B
8	员工代表没有接受 SA8000 的培训	B
9	副管理代表离职,文件没及时更新	B
10	没有体系的内审及管理评审记录	D

在健康和安全这块,调研时发现该企业很多机器年久失修,生产环境和作业环境存在较多的安全隐患,员工的人身安全得不到保障。所以企业常年都有生产造成的事故和劳资纠纷。据相关部门统计,2004 年至 2013 年期间,生产事故和劳资纠纷造成的损失占企业总销售额的 3.7%,此方面问题较严重。如表 7.6 中所示的剪刀、刀片和针槽等生产工具,是否合规使用将直接影响到职工的安全和健康。

表 7.6　浙江某纺织服装企业 SA8000 认证审核报告

评审项目	项目要求	Y/N	改进措施	责任人及完成时间
童工	公司目前无童工	Y		
强迫和强制劳动	公司无任何形式的强迫和强制性劳动行为	Y		
健康和安全	公司建立了职业健康和安全管理制度(剪刀、刀片和针槽)	N	剪刀应固定在机器设备上,确保落地时距离地面 15cm;刀片外要有包装;针槽里的断针要及时清除	
结社自由及集体谈判权利	不限制工人结社、工人代表活动等	Y		
歧视	公司目前无任何形式的歧视行为,包括:聘用、报酬、培训机会等	Y		
惩戒性措施	目前无体罚、精神或肉体胁迫以及语言侮辱行为	Y		
工作时间	办公室及管理人员每周平均加班 8 小时,最多为 10 小时	N	普通员工加班时长应有所缩短	
薪酬	工资每月及时发放,从无拖欠	N	加班费用考虑尽可能按国家规定要求支付	
政策	已经按 2014 年 SA8000 标准制定新政策,并向员工进行有效传达	Y		
管理代表	已经确定 SA8000 管理者代表,员工选举了工人代表	Y		
管理评审	已按新标准要求进行管理评审	Y		
计划与实施	制订了培训计划,所有员工接受新标准培训,但部分培训项目尚未完成	N	尽快按培训计划完成所有培训,然后进行效果考核	

续　表

评审项目	现状	Y/N	改进措施	责任人及完成时间
对供应商的监控	已经让所有供应商签新承诺书	N	尽快按供应商评估计划完成评估	
处理意见及采取纠正行动	已经建立程序,设立意见箱,目前无意见提出	Y		
对外沟通及相关方参与	已经建立沟通程序,已制订沟通计划	N	尽快制订沟通计划	
核实渠道	公司愿意随时接受客户、认证公司的审核	Y		
记录	SA8000 有关的记录保持目前符合要求	Y		

工作时间与薪酬这块,一直是 SA8000 基于劳动密集型行业较有争议和较难处理之处。SA8000 标准明确规定了工作时间一周不得超过 48 小时,且一周至少要休息一天,并且需在工人自愿且支付额外补贴的前提下适度加班,当时的规定是一周加班总时长要少于 12 小时(最新版的 SA8000 标准对加班时长有所放宽),这与该企业的实际情况大相径庭。就目前中国的纺织、服装业现状来看,规模较大的企业相对较少,规模小的企业间竞争激烈,且科技含量较低,超时加班现象较严重,该企业就是其中之一。通过调研也了解到,获得大订单时,就是工人加班最频繁时,采购商对交货时间的限制也要求全公司的职工加班加点,有些员工一周工作时间甚至超过 100 小时。纺织企业很多员工是文化水平不高的年轻女工,为了生存,即使不是出于自愿也没有合理的加班津贴,也得加班加点把订单按质按量完成好。SA8000 标准对工人最低工资的要求是不低于行业及法律规定的最低标准,按此要求基本能满足员工及其家人生存的需要。调研时发现,该企业给予员工的工资不高,基本只能满足员工个人的生存需要。在人员结构方面,2001 年以前,该企业只与 100 名熟练工签订了劳动合同,其他都是未签订劳动合同的临时工,其对应福利及其他待遇在同等情况下得不到保障,所以员工流动性也较大。同时员工福利制度不健全,也导致员工对企业的忠诚度低,生产的主观能动性差,间接导致利润率较低。

供应商监督这块,也是纺织、服装类企业考评中的一个公认的"灰色区域"。很多相关企业把订单外包给其他二级供应商,而相关供应商的信息无法给予 SA8000 认证的监督方;监督方按照程序进行检验,一些问题会通过最后的总结会议提出,然后责令在一定时间内整改,下次检查时,首先就之前的问题修复进行查验。就笔者调研的信息反馈,该企业在这块做得相当一般。该企业负责人甚至直言,类似的企业都有二级供应商,有些二级供应商还主动要求订单,而这些二级供应商往往因为规模或资金的约束无法申请 SA8000 认证,只能选择这种代工的方式来获取更小部分的利润。同时,微薄的利润也倒逼二级供应商不会给予企业员工较高的劳工条件和待遇。更有甚者,一些"监狱工厂"也会获得一些订单,据笔者了解到的信息,该认证企业绝大多数订单都给了这些"监狱工厂",比起严格按照 SA8000 要求所需生产成本,外包给二级厂商的运输成本或交易成本要小得多。而且这些"监狱工厂"主要的生产加工者是"重刑犯",在另一领域的激励和惩罚机制也会倒逼这类"生产者"严格按照要求进行生产。风险中性的监督方在没有特别激励约束的情况下,很少会去关注第二、三级供应商的认证情况,这也给生厂商提供了打"擦边球"的空间。他们不敢招聘童工,甚至不敢拖欠工人工资,但是基于节约成本的要求,会尝试把订单外包给其他劳工条件较为恶劣的供应商。

纺织、服装业特定的行业性质决定其附加值较为微薄,使得生产商十分注意节约成本,导致劳工标准不会有较大的提高。就笔者调研的企业来看,目前该企业正处于从 OEM 到 ODM 的过渡阶段,附加值的提高也会反哺工人的劳工条件如工资及工作环境等。工人积极性提高可提高生产效率,同时企业社会责任提高也是一个"广告"信号,使得更多的采购商和消费者认可该企业及其产品。可以说,无论是产品的质量还是市场欢迎度都有一定程度的提高。但处于买方市场的纺织服装认证企业有时必须面对强势采购商的临时加急订单,最后会综合影响到企业劳工标准水平。该企业负责人告诉笔者,企业基于劳工认证契机,努力提高劳工条件和企业社会责任意识,但这样的努力经常被采购商的临时加急订单所打破。很多时候必须让员工赶时、赶工,非常时期,晚上和双休日都会利用上,这时如果按照国家对加班时间及薪酬相关规定,企业是无法支撑下去的。所以最后工人也会在调查时提及加班及加班费的问题,劳工认证成绩自然受到影响。

7.2.3 总结

基于买方主导型市场的供应商由于讨价还价能力较弱、市场分割较细、品牌竞争力低，一般来讲产品的供给弹性较大，而需求弹性较小，采购商有很强的买方实力，发展中国家处于这样市场结构的企业相比发达国家更多。通过一个业绩较好的纺织服装公司的调研发现，和中国大部分纺织服装公司一样，该企业由于在国际市场没有形成有竞争力的品牌，所以一开始的出口是以量取胜。该企业是绍兴地区最早认证的企业，所以和没有认证的同行相比自然会有一定的优势。2008年金融危机给纺织企业带来转型升级的信号，该企业从OEM转到ODM，以获得较多的产品附加值。通过该企业认证检测的成绩单能看出，一开始也基本都是维持在C（及格），时而也有B，后来又回落到C。用企业相关负责人的话来讲，他们也想提高成绩，但强势采购商的临时订单，常常打破他们的正常生产秩序导致员工疲于加班。由于认证相关知识在员工间普及，员工对待工作待遇、工作条件以及加班补助等方面的认识有所提高，最后也必然影响到劳工认证的成绩。这和我们前面基于买方市场的理论分析结果基本吻合。

同时笔者也了解到，随着该企业的品牌在国内甚至国外的影响力增强，即使处于产品买方市场，也会有更多采购商以加工贸易或成品贸易的形式与其合作。同时对应采购商也会选择向多家供应商采购，这也使得服装生产商的压力变小，所以通过后来检测成绩有时达到B可看出：一方面，通过企业产品结构升级，附加值提高也会对应"反哺"最上游的生产商，最后的劳工标准肯定会相应提高；另一方面，采购商分包于几个供应商，也使得工厂劳工条件不至于"直线下降"，劳工标准也会提高，这也基本和前面理论分析的结论相吻合。另外笔者通过和企业负责人交流了解到，中国大部分劳动密集型企业如纺织、服装以及鞋类等企业都会有分包商，即二级甚至三级供应商，这也是由市场需求供给规律决定的。一些无法达到认证要求的供应商选择做"地下"的代工者，而有认证资格的供应商也愿意与之有较为稳定的合作，一是这种行为不会轻易被认证师发现；二是又能更多地降低生产成本。这就是涉及前面理论分析中的基于道德风险发生在逆向选择之后的劳工标准移植问题。事实上，信息不对称使得认证师监督成本较高，给供应商外包订单提供了条件。当然，现实中的二级供应商不时被曝光使用童工，以及一些极度恶劣的"地下工厂"的存在也证实，这种情况下劳工标准较单独考虑逆向选择时劳工标准向下时扭曲得更厉害，这也较吻合于前面的推理结论。

7.3 劳工标准进一步作用:以某印染和定时器公司为例

企业劳工认证初始可认作一种需要过度投资才能得到具有筛选机制的信号,而筛选机制的本质是利用"显示原理",设计一个"说真话"的直接机制,使得供应商"如实显示私人信息",形成一个非完全信息博弈的贝叶斯纳什均衡,通过这种直接机制从而达到能让供应商自我甄别筛选其他供应商能力的目标。劳工认证在一定的时间会通过内在相关规则约束及持续改进的正反馈机制产生生产效应,从而产生对接磨合后的"化学反应"。供应商在实施降低激励的同时,也就会较认真地执行较高劳工标准,好的声誉机制促进未来销售,增加未来信息租金。基于生产效应、声誉及政府规制的视角进一步分析我国企业劳工标准移植机制,涉及相关微观个体博弈后企业劳工标准达到较高要求。笔者通过调研浙江某印染企业及定时器公司案例来论述劳工标准的进一步影响,主要分三部分进行追述:一是相关企业的发展现状;二是这些企业劳工标准认证的现状;三是对认证现状与前面理论分析得出的结论进行衔接总结。

7.3.1 企业发展现状

7.3.1.1 某印染公司发展现状

浙江某纺织印染有限公司是袍江工业区招商引进的一家港商独资企业,并于 2002 年落户成立,下有棉纺厂、织造厂及棉麻印染厂,总占地面积 450 余亩,总投资 1.3 亿美元,注册资金 5100 万美元,现有员工 1800 余人。公司主要生产中高档全棉及混棉功能性染色面料,产品 95% 销往欧、美、日等发达国家和地区,如图 7.2 所示。根据市场发展规律及市场需求,公司引进了采用国际领先染色技术,并辅以全自动染料、助剂、配、混料系统,自动化程度最高的德国产棉麻印染流水线,意大利产喷气织机以及瑞士立达等公司产的纤维纱线设备。产品完全符合 AATCC、ASTM、BS 等国际标准以及 OEKO—TEX Standard100、EEC 等环保标准,并通过了 ISO9001 质量体系认证、ISO14001 环境体系认证。公司先后获得 34 项实用新型专利及 2 项发明专利。公司还引入了精细化管理及现代化的信息管理理念,并引进了先进的 ERP、CRM、WMS 控制系统。

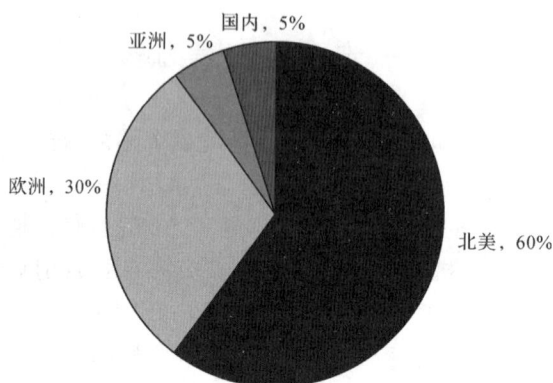

图 7.2 某印染企业销售地区分布

公司在保持一定增长速度、规模不断扩大的同时,也十分注重生产技术及研发能力的提升,并于 2017 年新增投资 6000 万美元。目前公司已建立 65 余人的独立研发团队,持续不断地研发功能性、环保型的高性能产品,并引进天然纤维、功能性纤维面料等高档面料的后整理技术,改善织物外观和性能,从而达到提升创新能力和加强国际竞争能力的目的,主要产品质量达到国际先进水平,研究与实验发展经费占主营业务收入比重达到 3% 以上,新产品产值占总产值 30% 以上,新产品开发每年达到 8 个以上,新工艺开发每年达到 3~5 个。不断增强企业核心竞争力,以振兴纺织印染产业为己任,始终坚持绿色环保的可持续发展理念,成为国际领先的创新型健康环保纺织品企业。公司拥有上百家客户,多为国际中高端品牌客户。其中最大的客户为美国的 CINTAS,采购量占总产量的 19%,其次为 LEVI'S,占 8%,Haggar 占 5%,JCREW 占 5.11%,ANN TAYLOR、RALPH LAUREN 各占 4%。

7.3.1.2 某定时器公司发展现状

杭州某定时器实业有限公司是一家专业生产计时器的厂家,创建于 1997 年 7 月,总建筑面积 3.1 万平方米。现公司在职员工 260 余人,其中高级技术管理人员 25 人。企业实行 ERP 制度,对采购、生产、成本、库存、分销、运输、财务、人力资源进行规划,从而达到最佳资源配置,并不断改善生产工艺,取得最佳效益。该企业在计时器领域中是一家规模和实力一流的专业企业。公司产品涵盖机械式厨房计时器(kitchen timer)、液晶数字计时器(digital timer)及其他电子产品、塑料制品、五金冲压件等,品种齐全、价格合理。计时器的生产工艺,从零部件加工、装配,塑胶及金属外壳的制造、抛光、丝印、移印、喷油加工,到整机装配、包装,全部由企业自己完成。该企业第一次通过 SA8000 审核是 2016 年 3 月 9 日。在 SA8000 审核之前还通过了 BSCI 和 sedex 审核。SA8000 审核以后,基本上没有参与其他审核。现在 SA8000 每年跟踪审核两次,分别在 5 月底和 11 月底进行,大多数采购商认可 SA8000 在审核证书。该公司在 2010 年前几乎所有产品都是出口的,即绝大部分订单来自国外采购商,且购买的数量固定,缺乏弹性,是典型的经验品企业。

2010 年以后,该企业逐渐和国内的几个大型厨具销售商(苏泊尔、爱仕达等)合作开发国内市场,最近两年又和一些文具厂商(晨光文具、杭州和创等)开发了一些学生用的产品。公司拥有大批国内外商业伙伴和客户,产品主要远销到欧洲、美国、日本三大市场。公司主打产品是适应各种不同场合要求的定时器,2010 年以前全部对外出口,此类产品的需求和一国经济发展水平及对应消费偏好和习惯有关。像日本、德国一些发达国家,消费者对时间的精确度要求非常高,而此类产品本身价格也不贵,对技术有一定要求,所以市场不会出现惨烈的竞争情形,因而该公司的产品具有稳定的国外客户源,国际市场占有率较稳定。随着国内经济发展水平提高及消费者对时间精准需求的加强,加上该企业也通过技术升级研发出钟摆无声的定时器,期待首先在国内教育市场有好的实验和应用。由图 7.3 可看出,相比 2010 年,2015 年国内市场份额增至 5%,而到 2018 年内销增至 15%,主要出口市场依然是欧洲、日本和美国,分别为 50%、10%、25%,出口产品种类主要是厨房用品和文教用品,分别占 60% 和 40%。

市场

2010年以前

2015年以前

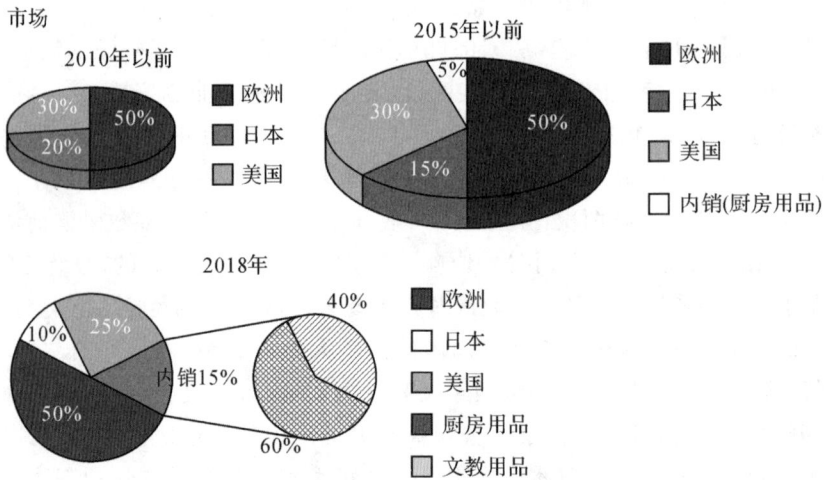

图 7.3　某定时器企业销售区域及产品分布

7.3.2　企业认证的现状

由于客户对社会责任方面要求较高,且不同客户有各自的社会责任标准,因此,每年有不同客户会委托第三方认证机构对公司进行社会责任及环境、化学品审核,同时也有客户会针对第三方出具的审核报告到现场核实,或客户自己的社会责任部门到公司进行审核。其程序如下:首先是验厂前会议,主要介绍此次验厂的目的、程序以及所需时间及注意事项。其次是验厂过程,主要是查看文件资料、走工厂所有区域及员工访谈和管理访谈。最后是总结会议,总结此次验厂中所发现的问题并向工厂确认改善所需时间及方案。具体记录详见表 7.7。

表 7.7 2018—2019 年某企业验厂及整改记录

审核时间	第三方	项目	审核内容	整改项
2018.3.8	SGS	WRAP 突击验厂	社会责任	1. 加班超时，连续上班 2. 部分化学品未放置于防泄露容器 3. 部分电箱未上锁 4. 安全出口应急灯缺失 5. 灭火器锈蚀或失压或超十年 6. 临时用电未设置漏电接地保护装置 7. 部分员工未正确佩戴劳保用品 8. 安全出口被堵 9. 电机转动轴没有保护罩 10. 离岗体检未做 11. 缝纫机缺少挡针板及皮带保护罩 12. 化学品桶没有标识
2018.6.25—6.26	ELEVATE	LEVIS 客户验厂	社会责任	
2018.6.26—6.27	SGS	WRAP 跟进审核	社会责任	
2018.7.26—7.28	万泰	ISO 审核	社会责任	
2018.8.7—8.8	Control Union	有机棉审核	生产管理、社会责任	
2018.8.14	ELEVATE	Costco 客户审核	社会责任	
2018.10.22—10.23	SGS	WRAP 年度审核	社会责任	
2018.11.13	ELEVATE	Costco 跟进审核	社会责任	
2019.1.2	ELEVATE	JCPENNY 客户验厂	社会责任	
2019.3.14—3.15	ICG	Haggar 客户验厂	社会责任	
2019.4.18	UL	Patagonia 客户验厂	社会责任	
2019.5.14—5.15	ELEVATE	HIGG INDEX FEM 审核	环境	
2019.5.17	ELEVATE	HIGG INDEX FEM 化学品审核	化学品	
2019.5.27—5.28	ELEVATE	PVH 客户验厂	社会责任	
2019.6.26—6.27	NEW ASIA	LEVIS 客户验厂	社会责任	
2019.6.28	VF 社会责任部门	VF 客户方	社会责任	
2019.8.1—8.2	万泰	ISO9001/14001	质量/环境	
2019.8.21	JCPENNY 社会责任部门	JCPENNY 客户方	社会责任	
2019.9.27	ESPRIT 社会责任部门	ESPRIT 客户方	社会责任、环境	
2019.12.3	ELEVATE	COSTCO 客户验厂	社会责任	

由表7.7可知,每年公司要接受近十次验厂,已熟知客户标准整改项,基本分为以下几个等级:

(1)导致验厂不通过的零容忍项:使用童工、强迫劳工、骚扰工人、建筑结构问题。

(2)需要立即整改的严重违规项:政策、流程、标准不透明,提供的资料虚假,存在歧视或惩罚性行为(如入职体检有怀孕测试项等),扣留工人原始个人文件,工资低于当地法律规定的最低工资,过去12个月内没有做过消防演习,紧急出口被上锁,没有有效的消防验收证。

(3)第三等级的严重违规项目:包括家庭劳工,歧视(招聘、薪酬、晋升、惩处、解聘、退休方面关于性别、种族、宗教、年龄、民族等歧视),强迫劳工(如非法扣款、限制辞职、强制加班等),骚扰和虐待(如打击报复),强迫辞职,罚款,违法的惩处措施等。

(4)一般整改项目:通过客户验厂,公司在法律法规合规性、消防、职业健康与安全、化学品管理、培训、环境保护等方面已基本符合要求,不会出现严重违规项目。

除因劳动力紧缺导致连续工作及加班的情况一直存在,公司通过验厂降低管理控制的风险,增加遵守当地法律法规的自主性与纪律性,避免法律诉讼,从而提高整体管理水平。并为员工提供符合道德标准的工作环境,吸引更多优秀人才,降低人员流失。更重要的是,通过验厂,公司可以得到国际大品牌客户的认可。

社会责任对工时标准的要求:作为劳动密集型企业,公司70%的员工为外省员工,他们背井离乡外出打工,目的是找一份收入高的工作。而作为企业,在招工难的大环境下,必须用高报酬吸引求职者,而提供高报酬的前提是实行两班两运转,即12小时/天·人,两班倒,六天工作制的运转方式,这样每位员工每天有4小时的加班(工资按1.5倍计算)及一天12小时的休息日加班(工资按2倍计算),工资每月可达到5000元以上。然而工时已严重超出劳动法规定的每日不得超过1小时,每月不得超过36小时。

社会责任对日常管理的要求:企业通过多次验厂,使得管理更加规范,提高了员工在消防安全方面的意识,并通过定期培训(不同方面的培训,如管理制度、劳保用品的佩戴、化学品管理、消防安全、职业健康安全、固废管理)提高现场的管理规范。在验厂中的员工访谈环节,员工能够如实回答审核员提出的问题,每次的访谈环节也都进行得很顺利。

另外,公司在应对社会责任方面投入也较大,仅消防设施方面,全厂有 1314 个灭火器,应急照明灯 642 个,安全出口指示灯 506 个,消火栓 411 个,每月各车间有专人对消防设施进行检查并记录,发现损坏的消防设施也会及时更换,通过统计,这些消防器材的更换频率较高。不过,定期的检查也存在遗漏或检查不到位现象,审核员现场审核时仍发现存在消防方面的问题。

笔者调研此企业了解到,随着国内很多外资企业撤资到劳动成本更低的东南亚国家,加上中美贸易摩擦的影响,应采购商的要求须完成 WRAP 劳工认证,这类认证分为两类,钻石级两年一次考核,普通级一年一次考核。本来可以努力达到标准争取两年一次考核的,但该企业选择了一年一次检验,而且每次检验也有一定等级排序。这也可以看作自选择的混同均衡,是在达到考核要求后分离均衡后又拉平到混同均衡,因为钻石级劳工标准分离均衡对企业要求较高,检验成本非常高,这也是综合考虑成本收益后的决定,也符合信息机制下的劳工标准要求,即使外贸下行,但本企业仍然订单稳定,甚至逆势向上,企业更担心员工流失问题。这除了产品具有稳定客户源外,更重要的满足采购商需求的劳工标签信号,这也是前期努力额外投资完成对应要求。但过犹不及,完成信号发送后,又没有更高投资劳工标准,最后又陷入在劳工标准及格线左右徘徊的混同均衡。解决此困境有两个路径:一是国外采购商倒逼生产企业执行更高的劳工标准要求,二是企业基于风险中性偏好看待劳工认证,最后劳工标准分离又会通过较好的声誉,获取采购商更多高质量订单及更长远的收益。

表 7.8　2019 年 SA8000 监督审核计划

日期	时间	审核员	区域／部门／过程／职能	主要受审人	审核时间（标注到达时间和离开时间及每一审核活动的路径和活动）
9月2日	09:00	全体	到达审核现场		
	09:00	全体	首次会议		
	09:20	全体	快速巡厂		
	09:40	全体	确认访谈所需记录		

续 表

日 期	时 间	审核员	区域／部门／过程／职能	主要受审人	审核时间（标注到达时间和离开时间及每一审核活动的路径和活动）
9月2日	10：00	全体	**高层管理者管代访谈** □与组织管理层讨论关于系统总体意识 □评审调查问卷和/或客户信息数据表信息准确性 — 管理制度的建立 — 方针及方针传达 — 职责 — 规划的执行和监督（内部审计） — 利益方的沟通、反馈和反馈处理 — 本地政府部门 — 客户 — 供应商 — 工人 — 其他,如当地居民 — 法律和标准的收集 — 纠正措施 — 管理评审会议 — 认证声明（如有必要） — 第一阶段审核与上次审核发现点 — 已预知的未来半年内可能发生的明显变化		
	10：30	A	**SPT管理者代表及社会绩效团队访谈** — 政策、程序和记录 — 社会责任绩效团队 — 风险识别和评估 — 监督（包括SPT团队日常监督、内部审核、定期会议） — 内部参与和沟通 — 投诉管理和解决 — 外部审核和利益 相关方参与 — 纠正和预防措施		
	11：00	A	**社会绩效小组成员访谈** **工人代表访谈**		

日期	时间	审核员	区域／部门／过程／职能	主要受审人	审核时间（标注到达时间和离开时间及每一审核活动的路径和活动）
	11:30	B	**员工秘密面谈(团体或个人)(0.5小时)**		
	12:00	全体	**午餐**		
	12:30	全体	**附表审查及审核组会议**		
9月2日	13:00	A	**工作场所/办公室/周边基础设施的现场健康安全巡查,包括现场的工人访谈与生产记录抽查** □工厂健康与安全的规则和规定 — 提供一个安全和健康的工作环境 — 消防安全设备/疏散地图 — 紧急出口 — 职业安全 — 材料安全数据表(如适用) — 使用个人防护设备 — 急救箱监测 — 工人的安全意识 — 健康和安全的监控和改进系统 — 防火措施 — 合适时,现场观察消防演习 □提供个人防护设备与紧急救护 □健康和安全培训 □形成文件式程序,以控制会对员工的健康和安全带来风险的因素 — 健康和安全事故的书面记录 □免费提供健康安全的基础设施 □员工远离严重危险的权利 — 正式的、定期的职业健康安全风险评估记录 — 纠正和预防措施的记录		

续　表

日期	时间	审核员	区域／部门／过程／职能	主要受审人	审核时间（标注到达时间和离开时间及每一审核活动的路径和活动）
9月2日	16：00	A	**一般工作人员访谈（包括职员、基层管理人员、急救员、消防员及应急响应成员）** □工人秘密访谈（团体或个人）（2小时） — SA8000标准的所有相关元素 □人力资源部 □强迫劳动 — 工厂的规则和规定 — 辞职安排 — 监狱劳工、押金、身体证明 — 工资、福利、财产文件 — 雇佣费用或成本 — 自愿加班 — 终止聘用合约 — 支持贩卖人口 □自由结社及集体谈判权利 — 职工代表选举记录 — 工人的反馈记录/工人代表大会 — 保证不受歧视、骚扰、胁迫或报复 — 工作场所内与其所成员保持接触 □惩戒措施 — 工厂的规则和规定 — 培训和能力建设 — 给予所有员工尊严与尊重 □培训和能力建设 — 根据风险评估的结果,对所有员工实施SA8000标准的培训计划 — 定期衡量培训的有效性和记录培训内容和频率		
	17：00	A	审核小组会议、行程审查、当日小结与简报		
	17：30	A	第一天结束 离开现场		

SA8000 验证师验厂前会提供一份检查日程安排及计划单,如表 7.8 所示,记录的劳工标准执行调查结果与劳工条款对应比较,有消防、安全、健康等方面的要求。验证师会在给定员工名单里随机抽取人员进行访谈,了解对应的工时、工资及工作环境等情况。调研中认证企业的相关负责人也向我们坦白一些事实:在加班时间、工资等方面,因为更多非本地工人额外要求,所以很难满足中国劳动法和劳工标准有关要求,所以员工有可能在接受验证师询问时出于自身利益角度考虑,没有完全真实反映情况。但公司相关负责人强调,加班工时不一定能按照 SA8000 要求执行,但加班工资会严格按照要求发放。事实上,有关固定工时及加班要求,很多偏劳动密集型企业都有类似的无奈和变通。总体而言,钟表定时器认证企业,产品消费几乎锁定在国外发达国家市场,并且需求量在一定时间内稳定,即缺乏需求弹性的产品,调研时发现该企业的劳工标准执行度较高。SA8000 最近几次监督审核也只提了 1 个轻微的不符合项,即员工口罩没有正常佩戴好。这也和我们前面分析的经验品属性产品劳工标准执行度较高的声誉机制分析结论较吻合。对于这类有一定附加值且市场需求较稳定的产品,参与认证是其进入国际市场的必要条件。另外,此类产品国外市场需求缺乏弹性,也使得采购商在信息不对称下,对供应商信息租攫取变少,在销售激励有限的情形下,生产商能有高激励行为,更多的是考虑未来声誉机制。供应商的激励强度有一定保证,努力程度就不会下降,劳工标准不仅较高,产量也有稳定保证。

综上,中国不同产品属性的企业劳工认证,既要考虑即期的搜寻激励,也要考虑长远的声誉激励。努力提高企业劳工标准质量,以更好地借助"劳工标签"努力嵌入全球价值链中高端,以获得更多更长远的竞争优势。

7.3.3 总结

笔者调研时了解到,该企业选择认证是出于争取国际订单的目的,事实表明,三方认证后订单增幅比较明显。但与许多其他认证不同的是,即使有 SA8000 劳工认证,二方验厂依然不少,二者替代性不强。类似这样的企业获得"通行证"后,如遇相关产品行情下行,企业存在主观上弱化劳工标签作用的动机。该企业相关负责人也坦承,他们在接受中期检查后,最后实实在在的执行水平在 65% 左右。这不仅可以通过二方认证几个重要指标考核等级能看出,所以最后能通过考核,也不能排除验证方与认证方之间存在串谋行为。这是推测,但笔者在宁波几个不同类型企业调研时,发现这种串谋确实存在。首先要肯定的是当两者针对一些擦边劳工执行要求进行"串谋"时,至少双方不会受损。但笔者在某些刚拿到认证资格的企业调研时,他们对一些第三验证方的"索贿"行为深恶痛绝,人情社会加上商业行为决定有些事情只能在灰色地带平衡着。这类企业除了自身需要加强相关内功外,也需要政府实时加强对第三方的监督,必要时采取法律措施,这就是本节所要考虑的基于政府规制背景下,当认证方与验证方串谋与否对最后均衡劳工标准及绩效的影响。事实上,第三方认证下的劳工规制是微观个体的渐进、自愿式要求,但市场有时会失灵,需要政府"看得见的手"进行微调规制,甚至在劳工认证遇到相关问题时,进行统筹安排,既能达到规制要求,同时工人福利也能得到实实在在的提高。

7.4 本章小结

结构—行为—绩效是哈佛学派里关于产业组织理论的一个很重要的观点。基于不同市场结构,相关微观个体出于各自收益目标最大化要求会表现出不同行为,这样的行为又会对最后的结果产生一定影响。本章的案例分析是对前面理论分析结果的验证。在卖方市场和买方市场两种情形中,同样的微观个体也会表现出不同的行为,进而影响到最后的绩效。基于卖方市场的维生素E供应商通过一步步趋于最低劳工标准来实现收益的极大化,即使有相关企业参与竞争,基于"标新"额外耗费的成本与收益的权衡,最后也会近似"默契"地保持"及格"的认证成绩。基于买方市场的纺织服装采购商会尝试一些不同方式来使自己净剩余最大化,如临时提供订单等;而处于弱势地位的纺织服装供应商也通过一步步的产品升级来获得微薄的利润,同时为了尽可能节约成本选择"分包"订单。这在卖方市场较少有,原因在于卖方有价格主动权,在保持一定产量的同时,更在意维持声誉,即声誉机制约束和激励在不同市场结构会有不同的反应和对策。

跨国公司已布局好全球市场链条,中国企业在按部就班遵守跨国公司游戏规则的同时,也在积极参与全球性生产协作和分工。更多的案例提出警示,以牺牲工人利益和逃避社会责任为代价的"血汗工厂",最终会被市场抛弃。目前发展中国家企业除了依循跨国采购商的外部强制规定之外别无他选。当然基于这种外部命令式微观法律移植,包括中国在内的发展中国家的企业更需要通过要素禀赋和产业结构的调整,尝试将买方市场变为卖方市场。基于微观视角,不仅要考虑由信息不对称带来逆向选择问题,更要通过一定的监督制度解决好道德风险问题,这样基于不同市场结构研究劳工标准移植内在不同的微观机制才有其特定经济学理论和现实意义。

8 路径分析、研究结论及研究展望

    发达国家经验告诉我们,企业家不会靠自身觉醒主动承担社会责任,消费者的社会物质基础及相关社会运动是其促进企业承担社会责任非常重要的推动力量。目前来看,包括中国在内的发展中国家都缺乏上述环境,所以绝大多数企业很难做到通过企业自律机制来强化相关责任。因此政府需要出面积极引导,同时积极参与到相关企业劳工标准认证中。国外发达国家对于附加值较高的产品认证较劳动密集型产品认证要多,这背后有一个重要因素,就是政府的支撑。例如,意大利 4 个省的地方政府鼓励企业开展认证,并对中小企业提供资助。对于发展中国家的中小企业,由于前期认证成本较高,所以很多中小企业由于能力限制无法通过认证而错失进入发达国家相关产品市场的机会,对其后续产品结构升级形成较大的桎梏。由于国外劳工认证的相关条约和国内劳工法制某些方面无法兼容,使得中国劳工认证过程较为迂回曲折,从原先的完全排斥,到现在放开企业自愿认证,这一方面体现了国内认知的改变,另一方面也显示出经济全球化背景的约束和要求。所以本着外贸促进经济增长的规则,需要适应国外发达国家的要求,从被动到主动接受这种"微观法律移植",对此,政府要健全企业承担社会责任的约束机制,构建企业承担社会责任的环境。从微观层面针对性辅助支持更多个体参与认证,也会使得劳工认证主动嵌入产品结构升级中,从长远来看会带动产业结构的升级,获得更多国际市场份额。同时,政府应尝试配合相关检验机构严格把控各个检验环节,平时不定期监督,通过"胡萝卜加大棒"方式激励约束厂商更理性、客观对待劳工标准认证。越南把SA8000 等国际标准纳入 2020 年纺织行业发展战略,政府通过资助或提供税收优惠等方式推动纺织工业的发展和纺织品出口。所以,面临同类产品相关国家的竞争,政府更要切实制定一定的规划,避免本国企业在全球竞争中处于劣势。

　　本章是本书的结论部分,在总结前文研究结论基础上,对发展中国家基于不同市场结构的劳工认证企业,如何更好发挥劳工标准标签的优势提出路径选择与政策建议,并指出本研究存在的不足及未来进一步值得研究的方向和展望。

8.1　路径分析

　　本书侧重于微观领域,所以主要对企业层面行为进行研究。与其他 ISO 等强制性国际标准相比,自愿性劳工认证标准是企业理性选择的结果。虽然这种近乎外部命令式的绑定和移植,使得供应商为了获得一张"入场券"必须支付一定的"认证"成本。但在经济全球化背景下,信息不对称使得国与国之间相关规则和标准越来越趋同化。所以面对发达国家针对发展中国家企业劳工条件的认证要求,发展中国家企业更要以此为契机,尽可能多地参与进去,同时尽可能地达到认证要求。尤其是发展中国家相对较少的卖方市场主导型企业,不能因为短视而消耗自己的品牌和竞争优势,一步步把市场主动权让给竞争者。在累积原始资本的同时,更要实实在在改善工人的工作条件,把企业社会责任和个体利益尽可能摆在同等位置。

　　对比发达国家和发展中国家同类供应商劳工标准差异可以看出,劳工标准的提高面临较多风险和沉淀成本,长远来看,要保持风险中性,才能获得更高信号收益。基于买方市场的发展中国家稳定提高劳工标准有两个主要途径:一是让较高标准的企业数量增多,二是和采购商协商分散采购,这样就不易被采购商重新拉进"低标准"陷阱,对整个行业转型升级都是很好的促进。要从内在标准上下功夫,同时产品技术要及时升级,如纺织服装企业从 OEM 到 ODM 一直到 OBM,努力提高产品的附加值,摆脱买方市场弱势地位。严禁生产商"明验证","暗分包"给二级供应商("血汗工厂")的机会主义行为。以微观的信息发送带动产品结构全面提升,促进国家宏观外向型经济的发展。

　　基于前面从信息传递、声誉机制及政府规制视角的我国企业劳工标准移植理论机制的分析所得出的结论,综合浙江几个典型案例的实证研究,归纳分析我国企业劳工标准与国际对接的路径选择,对包括中国在内的发展中国家处于不同市场结构的认证企业,如何更好地通过劳工认证带动产品产量和质量的提高,从企业、监督方及政府三方立场出发,尝试从五个方面提出完善机制的对策建议。

第一,我国企业应该更多考虑改变风险偏好,即从较为短视的风险规避型转为更为长远的风险中性的视角执行劳工标准。不同风险偏好的企业对待劳工标准的态度会有所不同,或为订单倒逼导向型,或为长远规划型。随着外贸环境尤其是中美贸易摩擦的波及,同样的对美出口企业,最后会选择截然不同的两种路径来对待劳工认证。有些企业因为订单大幅萎缩,选择中止"劳工认证"。而有些企业却因为产品需求刚性不仅不下降,还逆势向上攀升,自然会继续选择"劳工认证"。所以认证企业要以劳工标准移植为契机,借鉴国际上先进的知识与管理理念,通过 SA8000 认证及其持续监督审核,提高管理人员的社会责任知识,提高全员环保生产、安全生产、消防等意识,从而潜移默化地造就一个良性生态发展环境。在累积原始资本的同时,更多地把工人的劳工条件和企业社会责任意识主动植根于企业整体规划中。更多地发挥人力资本的作用,提高工人积极性和社会认可度,对产品质量和企业竞争力的提升都会产生正效应。

第二,我国企业应该更多考虑劳工标准的外部性作用,即更积极地参与认证和更好地践行企业社会责任,充分发挥劳工标准的声誉机制来反哺供应商,从而达到企业劳工标准及福利的共同提高。企业是经济发展组织,更是社会共同体组织,无论大小都需要立标杆。客户需要的是高质量产品,而产品质量需要高效的管理制度做保障。要把产品做专做精,更要把社会责任意识放在首位,企业才能良性循环,实现可持续发展。对此,一是要通过五大体系运行提高管理综合能力,即质量体系、安全体系、社会责任体系、人力体系、6S 检查体系;二是要开发新产品调整产业结构,坚持经营发展格局,即立足国际 OEM 基础,创新提高 ODM 效益,培育品牌 OBM 价值。产品质量、工艺水平与管理保障三方面工作做得好,就易获得大客户的高度信任,就会吸引更多现实和潜在客户。生产有保障,工人劳动效率就会明显增加,同等情况下产值、销售额都会有一定幅度的增长。通过劳工标准的效率型或规模型外部性作用,促使产品的品牌为更多消费者和采购商接受,对长远的竞争和市场的发展有良性促进作用。总而言之,分离均衡的高劳工标准无论是作为信号还是作为反哺认证企业的声誉都会从正反两方面给认证企业带来更多、更长远的收益。

第三，监督方要认真做好认证方劳工标准执行情况的定期检查，发挥其信号作用。及时跟踪劳工标准认证的新规则、新要求，尤其是新认证企业的审核认定，一定要从认证企业门槛要求和发展规划等方面严格考量、严审，避免企业通过认证后劳工标准向下竞争。本着商业契约精神和最大限度地符合当地法规要求，定期对认证企业进行验审，既提高国际公信力，也较好助推"软法"与地方法规对接融合。认证机构需要对检验人员进行一定的监督，附有连带责任要求，提高检验人员的检验风险。通过建立奖惩机制，建立长效诚信监控机制，既增强检验人员检验能力，又减少"设租""寻租"现象，增强认证机构专业性和公正性，保证劳工认证的信号传递及声誉机制的有效落实。认证机构要建立完善的信息公开制度，尤其要考虑使用包括中文在内的多国语言发布认证企业颁发、核销及审核等信息，让更多潜在采购商和认证商获得精准信息，积极参与认证和采购。

第四，我国政府要进一步完善劳工法规，缩短与国际核心劳工标准的差距。有关管理部门需进一步加大相关法律、法规的宣传、执法力度。借助城镇化加速的契机，应该更多考虑完善户籍管理、劳动合同、集体谈判、社会保障等制度，伴随经济社会结构调整，推动企业劳工标准逐渐向国际劳工标准倡导方向靠近。积极吸收国际劳工标准有关就业制度的优秀经验，加大对工资标准的监督和检查力度，注重我国工时标准的弹性化，企业需要针对激烈的竞争灵活选择适宜的用工方式，提高经营效率，以更好地服务实体经济。完善工会带动下的集体协商制度，尤其是发挥工会组织在依法维护劳动者休假权方面作用，使工会真正参与到劳动合同和企业规章的制定当中，为劳动者提供保障。当然汲取模式要视中国自身历史和文化、社会经济环境而定，采取合适中国国情的具体措施。

第五，强调政府在劳资关系中的作用，市场经济条件下，政府更需要承担责任，制定公正合理的劳工政策和法律规范，建立和完善劳动争议调解机制，并通过劳动保障监察制度确保调整结果得到贯彻实施。在追求效率的同时，也需关心公平，努力保障处于相对弱势地位的劳动者权益，这是劳工政策的重心。发挥政府主导作用，完善政府、资方、第三认证方及劳工对话平台。政府和地方工会组织要尽快制定有效措施，引导各类企业成立工会组织，支持工会依法履行职责。政府可以通过一系列的减免、倾斜政策帮助中小企业减轻负担，提高劳动者就业能力，增加就业机会，企业也将更加积极主动地去履行社会责任。政府要加强对第三验证方的监督和规制，尽可能减少、避免验证方与生产商串谋,必要时可以采取法律措施。加大对SA8000认证的宣传、培训力度,唤起社会各界的重视、支持和配合。努力主动制定一套 SA8000 的推行体制,把企业按照类别进行分类,根据行业和企业的规模和性质推行下去。对国际劳工标准可以考虑、灵活、混合、并行的方式分阶段践行,尤其是一些执行中的滞后性问题,可以考虑及时对国际劳工标准适用中国相关法律、政策或措施进行必要调整。

8.2　研究结论

经济全球化使得各国之间的经济发展和法律发展不平衡现象较为明显,国际劳工标准对国家劳工法律制度的嵌入和移植是全球一体化在制度方面的重要体现,其移植主体和形式必定不是单一的,而是多样的。国际劳工标准与中国劳动立法的融合模式选择纳入还是混合并行,是个十分紧迫的问题。前者相对比较简单,但某些条款脱离现实,将有损经济和社会发展。中国法治建设和司法制度改革仍在探索完善中,国际劳工标准与中国劳动立法的融合模式显然受到既定发展阶段约束。跨国界商事主体一直都是法律移植的主要推动力量,基于微观行为的劳工标准移植已成为非常重要的法律移植形式,这是整体性劳工法律移植无法企及的,后者受到既定制度的强制约束,同时移植过程中也会遇到"熊彼特"式创新或毁灭的运行成本过高的情形。采购商与供应商既是劳工标准移植的微观主体,也是各自利益极大化目标的博弈方。在国家实施既定的政策引导企业执行劳工标准的前提下,可以考虑通过微观企业层面的跨国界商业交易,绑定、移植劳工标准,在小政府、大社会的治理背景中发挥其重要功能。本研究基于微观视角分析了我国企业劳工标准与国际对接的路径及策略,拟探索不同市场结构条件提高我国企业劳工标准移植效果的动力机制,以更好地激发企业执行劳工标准的主动性,使企业劳工标准在较高层面得以执行,并最终内化为企业的自主行为。基于中国一些劳工认证企业调研事实背景,以新制度经济学、博弈论与信息经济学相关理论以及数值模拟为分析工具,以 S-C-P 为分析范式,对处于不同市场结构条件下发展中国家劳工标准移植微观机制进行了深入分析,得出以下基本研究结论。

第一,运用信号模型分析处于卖方市场的发展中国家企业劳工标准移植的规律。研究发现,在中国类似维生素 E 产业这样具有寡头垄断性质的市场,个体理性的收益最大化使得供应商通过市场机制一步步调整均衡价格信号,以达到帕累托最优,导致劳工标准呈现出较低(最低)状态。当同类企业呈现凹函数分布,即低能力企业密集度更高,会产生最低标准混同均衡,较高能力企业也会较为默契地选择低劳工标准信号;反之,当同类企业呈现凸函数分布,即高能力企业占有比例越来越高,最后会产生非最低标准混同均衡,也就是非合作均衡。这种合作与非合作均衡都是特定现实中各主体基于理性思考后的结果,而要达到非合作均衡首先需要微观个体尝试从最低混同均衡转变到分离均衡。同时研究发现,当发展中国家处于卖方市场的供应商的风险偏好是中性时,即供应商愿意为提高劳工标准承担更多风险和沉没成本,最后买卖双方博弈的均衡劳工标准较风险偏好为规避型时要高,也避免供应商借助己方的市场势力帕累托改进趋于最低点的混同均衡,产生分离均衡。长远来看,基于分离均衡带来的"标新"收益往往要高于处于混同均衡时的低收益,这也是发达国家更多企业提高劳工标准时动力之一,也是发展中国家努力的目标。劳工信号传递过程是耗能量的过程,但也是显示供应商是否有此方面能力的重要信号。现实中调研时发现,很多企业劳工标准在较低水平徘徊,出现低标准混同均衡。出现此情形并没有否认劳工标准的筛选效应,这是采购商与供应商基于认证产品激励要求抉择后的博弈均衡。

第二,运用信息租模型分析处于买方市场的发展中国家企业劳工标准移植的规律。研究发现,在中国类似纺织、服装这类买方主导型市场,采购商力求最大化真实剩余来调配排列各类企业的劳工标准。供应商尽可能提高劳工标准以获取信息租金。当较低能力企业劳工标准提高,且此类企业分布概率较小时,采购商会借助买方市场实力拉低此类标准出现低标准的混同均衡,以此来达到自己剩余最大化。所以现实中很多发展中国家一直因劳工标准较低而备受指责,其实是背后拥有市场实力的采购商调控使然。当采购商风险偏好是规避型时,如采取把订单分配到更多不同认证供应商时,最后的绩效较风险中性时要高:一方面,均衡劳工标准提高;另一方面,采购商获得的真实剩余也会增加。考虑到供应商将订单外包给众多的"血汗工厂"甚至"监狱工厂"而产生的道德风险问题,尤其是当供应商风险偏好为规避型时,信息不对称使得采购商必须支付更多的代理成本来激励供应商参与约束和激励约束,因而供应商的努力程度较最优时有较大的扭曲。同时考虑到道德风险发生在逆向选择之后的情形,基于供应商有限责任约束的均衡劳工标准较之前仅是逆向选择时向下扭曲更多。这里不仅有供应商风险规避偏好对均衡劳工标准的影响,同时有限责任约束打破原有的参与约束和激励相容约束下的均衡,最后在一系列的博弈中产生更为扭曲的均衡劳工标准。

第三,从长远动态来看,采购商首先通过这样的近似保底式标准要求,以更稳定的硬件和软件保障及动态持续改进机制,产生长远的生产效应,且生产效应又会通过规模和效率途径正反馈企业劳工标准。如果生产效率信息传递速度较小,就不得不考虑既定时间内甄别成本的问题。一方面,企业不太可能为向供应商证明自己的能力而支付昂贵的费用,同时认证能力不强的企业也会考虑采用“模糊化”的状态来通过采购商甚至第三方的检验,所以劳工认证后期的生产效应有时没有通过时间的累积较好地反映和体现。而后通过一段时间传递,如果生产效应能对应发挥作用,甚至能平复之前额外支付的摩擦成本,那么筛选成本就有下行的趋势,继而提高收益。产生生产效应后也会有对应的贴现成本及认证后与生产环节相关的融合成本等。贴现及融合成本低,生产效率自然提高较快。通过认证的企业,随着自身能力及生产时间的增加,与生产环节的匹配程度逐步提高,进而在某种程度上促进企业劳动生产效率提高。筛选的过程,也是在努力突破信息不对称,一步步甄别真实劳工认证水平的过程,还是原先虚高劳工标准与实际生产情况相磨合的进程,使得筛选后的均衡收益较完全信息时的收益有一定差距。

第四,基于外部声誉视角直观分析时发现,劳工标准认证效率型和规模型正外部性会对供应商最后均衡劳工标准及收益产生正向影响。类似搜寻品属性的企业产品需求与劳工标准呈现净互补性,信息不对称会带来激励程度的下降,劳工标准向下扭曲;而经验品属性决定对应企业劳工标准执行中会产生挤出效应,所以通过长期的声誉机制维持较低合约激励,最后均衡劳工标准会有一定提高,同时低效率企业选择低强度激励维持较合适的劳工标准,可获得采购商的合意补贴。类似日化玻璃品认证企业,其劳工标准的高低直接影响到对应的外贸订单,所以这类搜寻属性的产品可认为是产量和劳工标准为净互补关系时,在不完全信息背景下,具有市场实力的采购商较信息对称时抽取租金的难度增加,采购商也尽可能减少租金的支付,从而降低激励方案的强度,与此对应,供应商努力程度也会下降。随着边际成本上升,产出的对应也会下降。如果产量与劳工标准为净互补关系时,产生较低均衡劳工标准。类似定时器经验品属性的认证企业产品弹性较小,在销售激励有限的情形下,生产商能有高激励行为,更多考虑未来声誉机制。所以当经验品劳工标准认证作为进入国外市场的必要条件时,其对应的"标签"作用显得非常重要。供应商在实施降低激励的同时,就会较认真执行较高劳工标准。这是一种挤出效应,努力和认真执行劳工标准是有一定替代性的。好的声誉机制促进未来销售,增加未来信息租金。所以中国不同产品属性的企业劳工认证,既要考虑即期的搜寻激励,也要考虑长远的声誉激励。努力提高企业劳工标准质量,借助"劳工标签"努力嵌入全球价值链中高端,以获得更多更长远的竞争优势。

第五,政府规制与劳工标准。劳工标准最后执行度高低至少涉及三方力量参与博弈,我国的国情决定自愿性劳工标准的执行需要依赖第三方监督。所以低效率生产商因为具有信息优势,而采购商及政府制定规划方案时,更多考虑高效率生产商是否"说真话",这也必然要求相关方支付一定的信息租,以激励高效率生产商不说谎话。但信息不对称带来的代理成本往往较高,采购商本着成本极小化原则不会很关心较低能力生产商的努力程度,即使验证方与生产商没有一定串谋行为,低激励也会导致对应生产商,尤其是低能力生产商努力程度低于最优要求,对应劳工标准执行度也会相应下降。在信息不对称背景下,必须向低效率类型企业提供强度较低的激励方案,相应的市场价格比完全信息时要高。合谋且需要生产者保护背景下,政府规制为了防止合谋,采购商应该降低自己利益(即在信息不对称背景下高效率类型企业得到的租金)。采购商需要向供应商提供激励方案的强度必须低于没有合谋时相应激励方案的强度。所以基于此类情况,对生产者的保护只会降低激励,高效率供应商得到的租金相比没有合谋时要少。对于低效率供应商,价格相比没有合谋时要高,供应商得到的转移支付则比没有合谋时低,对应也降低了社会福利。当生产商退出认证的验证机构没有自由裁量权时,也被视为低强度激励方案的一种极端情形。

8.3 研究展望

本书以发展中国家劳工标准移植为例,在 Dixit 认为法律缺失的背景下,通过规则或条约某种程度的替代来研究微观法律移植与经济发展的关系。同时基于 Shleifer 的"新比较经济学"和 Aoki 的"制度内生博弈演化"的思想和分析工具,从理论和实践层面都有一定阐释。但本研究在以下几个方面有待完善。

第一,本书基于不同市场结构运用信号模型和信息租模型对劳工标准移植的微观机制进行了分析,对于卖方市场和买方市场的分析欠缺深度,同时也欠细致,还需更深入地接近经济现实,不仅要分析处于各自市场的劳工标准,同时还要考虑对应劳工标准标的物的产量,且产量的变化必然也会对其中各种微观机制产生影响。考虑到后面推理需要,本书做了特定假设,即产量为常数,从理论分析来看还是有些理想化。原则上经济学假设是需要尽可能地还原现实进行理论和实证研究,所以未来进一步研究还是要对两个市场结构进行细究,尤其要考虑到产量变化对最后控制变量的影响。

第二,由于是劳工认证企业的研究,所以就目前而言,客观条件的约束(如调研样本的限制以及调研的难度)使得最后实证分析只是通过典型案例分析进行理论后的验证。但就主流经济学分析范式来讲,基于数理分析后的多样本的实证分析是个非常重要且必不可少的环节。所以只有等待未来更多企业加入认证行列,汲取更多可用性样本再进行相关的实证验证。

第三,劳工标准移植的研究基于两个不同市场结构,这两个市场结构很重要的不同在于微观个体讨价还价能力的差异。本书总体分析两个核心内容时虽然有所比较,但就经济学分析来看基本是断裂的。如何从整体框架建模,把两个市场结构放在统一框架内,考虑在一定阈值范围,运用讨价还价模型来分析不同市场结构下发展中国家劳工标准移植规律,是值得进一步深入研究的方向。

参考文献

[1]Acemoglu D, Johnson S, Robinson J A, 2001. The colonial origins of comparative development: an empirical investigation [J]. The American Economic Review, 91(5): 1369-1401.

[2]Aggarwal M, 1995. International trade, labor standards, and labor market conditions: an evaluation of linkages [C]. USITC, Office of Economics Working Paper.

[3] Akerlof G A, 1970. The market for "lemons": qualitative uncertainty and the mark mechanism [J]. Quarterly Journal of Economics, 84(3): 488-500.

[4]Alan K, 1996. Observations on international labor standards and trade [C]. National Bureau of Economic Research Working Paper.

[5]Alchain A, Demsetz H, 1973. The property rights paradigm [J]. Journal of Economic History, 33(1): 16-27.

[6]Anger S, 2008. Overtime work as a signaling device [J]. Scottish Journal of Political Economy, 55(2): 167-189.

[7]Aoki M, 2001. Toward a comparative institution analysis [M]. Boston: The MIT Press.

[8]Aoki M, 2007. Endogenizing institutions and institutional changes [J]. Journal of Institutional Economics, 3(1): 1-31.

[9] Arrow K J, 1963. Uncertainty and the welfare economics of medical care [J]. The American Economic Review, 53(5): 941-973.

[10] Bagwell K, Staiger R W, 2001. Domestic policies, national

sovereignty, and international economic institutions [J]. Quarterly Journal of Economics, 116(2): 519-562.

[11]Bartley T, 2005. Corporate accountability and the privatization of labor standards: struggles over codes of conduct in the apparel industry [J]. Research in Political Sociology, 14(5): 211-244.

[12]Bartley T, 2011. Certification as a mode of social regulation [C]. Handbook on the Politics of Regulation.

[13] Bartley T, Zhang L, 2012. Opening the "BLACK BOX": transnational private certification of labor standards in China [C]. RCCB Working Paper.

[14]Basu Kaushik, 1998. Child labor: cause, consequence and cure, with remarks on international labor standards [C]. World Bank Policy Research Working Paper.

[15]Beaulieu B, Gaisford J, 2002. Labor and environmental standards, the "lemons problem" in international trade policy [J]. The World Economy, 25(1): 59-78.

[16] Bebchuk L, Roe M, 1999. A theory of path dependence in corporate ownership and governance [J]. Stanford Law Review, 52(1): 127-170.

[17]Beck T, Demirguc-Kunt A, Levine R, 2002. Law and finance: why does legal origin matter? [C]. World Bank Working Paper.

[18] Becker S, 1962. Investment in human capital: a theoretical analysis[J]. Journal of Political Economy, 70(5): 9-49.

[19]Becker S, 1983. Theory of competition among pressure groups for political influence[J]. Quarterly Journal of Economics, 98(9): 371-400.

[20] Belleflamme P, Peitz M, 2014. Asymmetric information and overinvestment in quality [J]. European Economic Review, 66 (1): 127-143.

[21]Berik G, Rodgers Y, Zveglich J, 2004. International trade and gender wage discrimination: evidence from East Asia [J]. Review of Development Economics, 8(2): 237-254.

[22]Berkowitz D, Pistor K, Richard J F, 2003. The transplant effect

[J]. The American Journal of Comparative Law, 51(1): 163-203.

[23]Black B, Kraakman B , Tarassova A, 2000. Russian privatization and corporate governance: what went wrong? [J]. Stanford Law Review, 52(6): 1731-1803.

[24]Brown D K, Deardorff A V, Stern R M, 1993. International labor standards and trade: a theoretical analysis [C]. Research Seminar in International Economics.

[25]Brown D K, Deardorff A V, Stern R M, 2012. Labor standards and human rights: implications for international trade and investment[C]. International Policy Center Working Paper .

[26]Brown D K, Dearorff A V, 1998. Trade and labor standards[J]. Open Economies Review, 9(3): 171-194.

[27]Busse M, Braun S, 2003. Trade and investment effects of forced labor: an empirical assessment [J]. International Labor Review, 143(1): 49-71.

[28]Cassella, Alessandra, 1996. Free trade and evolving standards. economic analysis [M]. Cambridge: Cambridge University Press.

[29] Chan A, 2009. Challenges and possibilities for democratic grassroots union elections in China [J]. Labor Studies Journal, 34(3): 297-317.

[30]Chan A, Robert J R, 2003. Racing to the bottom: international trade without a social clause [J]. Third Word Quarterly, 24 (6): 1011-1028.

[31]Chan A, Siu K, 2010. Analyzing exploitation: the mechanisms underpinning low wages and excessive overtime in Chinese export factories [J]. Critical Asian Studies, 42(7): 167-190.

[32]Ciliberti F, Groot G, Pontrandolfo P, 2009. Codes to coordinate supply chains: SMES' experiences with SA8000 [J]. Supply Chain Management: An International Journal, 14(2): 117-127.

[33]Ciliberti F, Groot G. and Pontrandolfo P, 2011. CSR codes and the principal-agent problems in supply chains: four case studies [J]. Journal of Cleaner Production, 19(3): 885-894.

［34］Ciliberti F, Pontrandolfo P, Scozzi B, 2008. Investigating corporate social responsibility in supply chains: a SME perspective［J］. Journal of Cleaner Production , 16(2): 1579-1588.

［35］Coase R H, 1960. The problem of social cost ［J］. Journal of Law and Economics, 3(1): 1-44.

［36］Dewally M, Ederington L, 2006. Reputation, certi? cation, warranties and information as remedies for seller-buyer information asymmetries: lessons from the online comic book market ［J］. Journal of Business Ethics, 79(2): 693-729.

［37］Dixit A K, 2004. Lawlessness and economics: alternative modes of governance ［M］. Princeton: Princeton University Press.

［38］Djankov S, et al. , 2002. The regulation of entry ［J］. Quarterly Journal of Economics, 117(1): 1-37.

［39］Edmonds E V, Pavcnik N, 2006. International trade and child labor: cross-country evidence ［J］. Journal of International Economics, 68 (1): 115-140.

［40］Emmanuel T, 2010. Measuring trade union rights through violations recorded in textual sources: an assessment ［J］. Political Research Quarterly, 63(7): 461-474.

［41］Ferrando T, 2013. Codes of conduct as private legal transplant: the case of European extractive MNEs ［J］. Europe Law Journal, 19,(5): 28-57.

［42］Friedman M, 1998. Some thoughts on the rule of law, legal culture, and modernity in comparative perspective ［C］. Toward Comparative Law in the 21st Century.

［43］Gal-Or E, 1989. Warranties as a signal of quality ［J］. Canadian Journal of Economics, 22(1): 50-61.

［44］Gilson R, 2000. Globalizing corporate governance: convergence of form or function ［C］. Columbia Law School Working Paper.

［45］Glaseser E L, Shleifer A, 2002. Legal origins ［J］. Quarterly Journal of Economics, 14(4): 1193-1229.

［46］Grief A, 2006. Institutions and the path to the modern economy:

lessons from medieval trade [M]. Cambridge: Cambridge University Press.

[47]Guesnerie R, LaffontJ J, 1984. A complete solution to a class of principal-agent problems with an application to the control of a self-managed firm [J]. Journal of Public Economics, 25(3): 329-369.

[48] Hansmann H, Kraakmann R, 2001. The end of history for corporate law [J]. Georgetown Law Journal, 89(4): 439-468.

[49]Harris M, Raviv A, 1978. Some results on incentive contracts with applications to education and employment, health insurance, and law enforcement [J]. The American Economic Review, 68(1): 20-30.

[50]Hayek V F, 1973. Law, legislation and liberty(I): rules and order[M]. Chicago: University of Chicago Press.

[51]Henkle D, 2005. Gap inc. sees supplier ownership of compliance with workplace standards as an essential element of socially responsible sourcing [J]. Journal of Organization Excellence, 25(1): 17-25.

[52] Hiscox M J, Schwartz C, Toffel M W, 2008. Evaluating the impact of SA8000 certification [C]. Harvard Business School Technology & Operations Mgt. Unit Research Paper.

[53] Holmstrom B, 1979. Moral hazard and observablility [J]. Bell Joumal of Economies, 31(10): 74-91.

[54]Hwang I, Radhakrishnan S, Su L, 2006. Vendor certi? cation and appraisal: implications for supplier quality [J]. Management Science, 52(10): 1472-1482.

[55]Innes R, 1993. Future and options: optimal price-linked financial contracts under moral hazard and limited liability [J]. International Economic Review, 34(5): 271-295.

[56]Javorcik B S, Spatareanu M, 2004. Do foreign investors care about labor market regulations [C]. Policy Research Working Paper.

[57]Jesen M C, Meeking W, 1976. Theory of the firm: managerial behavior agency costs and capital structure[J]. Journal of Financial Economics, 7(3): 305-306.

[58]Johnson S, Kaufmann D , Shleifer A, 1997. The unofficial

economy in transition [J]. Brookings Papers on Economic Activity, 2(15): 159-221.

[59]Khana T, Kogan J, Palepu K, 2001. Globalization and corporate governance convergence? A cross-country analysis[C]. Mimeo.

[60] Kreps D M, Wilson R, 1982. Reputation and imperfect information[J]. Journal of Economic Theory, 27(5): 253-279.

[61]Kucera D, 2002. Core labor standards and foreign investment [J]. International Labor Review, 141(1): 31-69.

[62]La Porta, et al. , 1998. Law and finance [J]. The Journal of Political Economics, 106(7): 1113-1150.

[63]Laffont J J, Martimort D, 2002. The theory of incentives: the principal-agent model [M]. Princeton: Princeton University Press.

[64] Laffont J J, Matoussi M S, 1995. Moral hazard, financial constraints and sharecropping in El Oulja[J]. The Review of Economic Studies, 62(3): 381-399.

[65]Laffont J J, Tirole J, 1988. The dynamics of incentive contracts [J]. Econometrica: Journal of the Econometric Society, 56(5): 1153-1175.

[66]Laffont J J, Tirole J, 1990. Adverse selection and renegotiation in procurement [J]. Review of Economic Studies, 57(4): 597-625.

[67]Leahy D, Montagna C, 2000. Tempory social dumping, union legalisation and FDI: a note on the strategic use of standards [J]. The Journal of International Trade & Economic Development, 9(2): 243-259.

[68]Legrand P, 1997. The impossibility of "legal transplants"[J]. Maastricht Journal of European and Comparative Law, 4(2): 111-124.

[69]Lepoutre L, Heene A, 2006. Investigating the impact of firm size on small business social responsibility: a critical review[J]. Review of Accounting and Finance, 67(3): 257-273.

[70]Lewis T R, Sappington D E, 2000. With wealth - constrained agents[J]. International Economic Review, 41(3): 743-767.

[71]Lim S J, Phillips J, 2008. Embedding CSR values: the global footwear industry's evolving governance structure[J]. Journal of Business Ethics, 81(1): 143-156.

[72]Lin L W, 2009. Legal transplants through private contracting: codes of vendor conduct in global supply chains as an example [J]. The American Journal of Comparative Law, 57(3): 711-744.

[73]Locke R, Kochan T, 2007. Beyond corporate codes of conduct: work organization and labour standards at Nike's suppliers [J]. International Labor Review, 146(12): 21-40.

[74]Mah J S, 1997. Core labor standards and export performance in development countries [J]. The World Economy, 20(6): 773-785.

[75] Mamic I, 2005. Managing global supply chain: the sports footwear, apparel and retail sectors [J]. Journal of Business Ethics, 59 (1): 81-100.

[76]Maskin E, Tirole, J, 1990. The principal-agent relationship with an informed principal: the case of private values [J]. Econometrica: Journal of the Econometric Society, 25(4): 379-409.

[77]Miles M D , Munilla L S, 2004. The potential impact of social accountability certification on marketing: a short note [J]. Journal of Business Ethics, 50(2): 1-11.

[78] Milgrom P, Roberts J, 1984. Price and advertising signals of product quality[J]. Journal of Political Economy, 94(4): 796-821.

[79]Miller J, 2003. A typology of legal transplants: using sociology, legal history and argentine examples to explain the transplant process [J]. The American Journal of Comparative Law, 51(4): 839-885.

[80]Mincer J, 1974. Schooling, experience and earnings[M]. New York: Columbia University Press.

[81]Mirrless J, 1976. The optimal strueture of authority incentives within an organization[J]. Bell Journal of Economies, 45(7): 105-131.

[82]Mueller M, Santos V G D, Seuring S, 2005. The contribution of environmental and social standards towards ensuring legitimacy in supply chain governance [J]. Journal of Business Ethics, 89(4): 509-523.

[83]Nelson P, 1970. Information and consumer behavior[J]. Journal of Political Economy, 78(2): 311-329.

[84] Neumayer E, Soysa D, 2005. Trade openness, foreign direct

investment and child labor [J]. World Development, 33(3): 43-63.

[85] Ngai P , 2005. Global company codes of conduct, and labor conditions in China: a case study of two factories[J]. China Journal, 54 (54): 101-113.

[86] Niklas E Z, 2007. Suppliers' compliance with MNCs' codes of conduct: behind the scenes at Chinese toy suppliers [J]. Journal of Business Ethics, 75(4): 45-62.

[87] Niklas E Z, 2014. Revisiting supplier compliance with MNC codes of conduct: recoupling policy and practice at Chinese toy suppliers [J]. Journal of Business Ethics, 119(1): 59-75.

[88] North D C, 1990. Institutions, institutional change and economic performance [M]. Cambridge : Cambridge University Press.

[89] OECD, 1996. Trade, employment and labor standards: a study of core workers rights and international trade [M]. Paris: OECD.

[90] Ordine P, Rose G, 2009. Overeducation and instructional quality: a theoretical model and some facts [J]. Journal of Human Capital, 3(1): 73-105.

[91] Owen B M, Braeutigam R R, 1978. The regulation game: strategic use of the administrative process [M]. Cambridge : Ballinger.

[92] Peltzman S, 1976. Toward a more general theory of regulation [J]. Journal of Law and Economics, (5): 211-240.

[93] Pistor K, 2002. The standardization of law and its effect on developing economics [J]. The American Journal of Comparative Law, 50 (1), 97-130.

[94] Pistor K, et al. , 2000. Law and finance in transition economics [J]. Economics of Transition, 8(2): 325-368.

[95] Radner R, 1981. Monitoring cooperative agreement in a repeated principal-agent relationship[J]. Econometriea, 5(49): 1127-1148.

[96] Richard F, 1993. Labor market institutions and policies: help or hindrance to economic development [C]. Procedings of Word Bank Annual Conference on Development Economics .

[97] Riley J G, 1975. Competitive signaling [J]. Journal of Economic

Theory, 10(2): 174-186.

[98]Riley J G, 1976. Information, screening and human capital [J]. The American Economic Review,(2): 254-260.

[99]Riley J G, 1979. Informational equilibrium [J]. Econometrica, 47 (2): 331-359.

[100]Riley J G, 1985. Competition with hidden knowledge [J]. The Journal of Political Economy, 93(5): 958-976.

[101]Riley J G, 2001. Twenty-five years of screening and signaling [J]. Journal of Economic Literature, 39(2): 432-478.

[102]Rodrik D, 1996. Labor standards in international trade: do they matter and what do we do about them [C]. Washington Overseas Development Council Essay No. 20. Baltimore: Johns Hopkins University Press.

[103]Rogerson W, 1985. The first-order approach to principal-agent problem [J]. Econometrica, 31(25): 1357-1368.

[104]Ross S, 1973. The economic theory of ageney: the prineipal's problem [J]. Amerian Economie Review, 63(2): 134-139.

[105]Rothschild M R , Stiglitz J E, 1976. Equilibrium in competitive insurance markets: an essay on the economics of imperfect information[J]. Quarterly Journal of Economics, 90(4): 629-649.

[106]Samy Y, 2003. Analysing the effects of labor standards on US export performance: a time series approach with structural change [J]. Applied Economics, 35(2): 1043-1051.

[107]Sappington D , 1991. Incentives in principal-agent relationships [J]. The Journal of Economic Perspectives,(5): 45-66.

[108] Sappington D, 1983. Limited liability contracts between principal and agent [J]. Journal of Economic Theory, 29(1): 1-21.

[109]Schotter A, 1981. The economic theory of social institutions [M]. New York: Cambridge University Press.

[110]Schultz W, 1960. Capital formation by education [J]. Journal of Political Economy, 68(6): 571-583.

[111]Sinn H W, 2001. Social dumping in the transformation process?

［C］. CESifo Working Paper.

［112］Spence A M, 1973. Job market signaling ［J］. The quarterly journal of Economics, 87(3): 355-374.

［113］Spence A M, 1974. Competitive and optimal responses to signals: an analysis of efficiency and distributions ［J］. Journal of Economic Theory, 7(3): 269-332.

［114］Spence A M, 2002. Signaling in retrospect and the informational structure of markets ［J］. American Economic Review, 92(3): 434-459.

［115］Srinivasan T N, 1996. International trade and labor standards from an economic perspective ［J］. Kluwer Law International, 25(3): 219-243.

［116］Stiglitz J E, 1999. Whither reform? ［C］. The World Bank, Washington DC.

［117］Stigzelius I, Mark-Herbert C, 2009. Tailoring corporate responsibility to suppliers: managing SA8000 in Indian garment manufacturing ［J］. Scandinavian Journal Management, 25(1): 46-56.

［118］Sugden R, 1989. Spontaneous order［J］. Journal of Economic Perspectives, 24(3): 85-97.

［119］Terlaak A, King A, 2006. The effect of certi? cation with the ISO 9001 quality management standard: a signalling approach ［J］. Journal of Economic Behavior Organization, 60(4): 579-602.

［120］Van Beers C, 1998. Labor standards and trade flows of OECD countries［J］. World Economy, 21(4): 57-73.

［121］Vandenbergh M P, 2006. New Wal-Mart effect: the role of private contacting in global governance ［J］. The UCLA L. Rev, 54(12): 3-52.

［122］Watson A, 1993. Legal transplantation: an approach to comparative law ［M］. 2nd ed. Athens and London: The University of Georgia Press.

［123］Wernerfelt B, 1988. Branding as a signal of new product quality: an example of signalling by posting a bond［J］. The RAND Journal of Economics, 19(3): 458-466.

［124］Will K，Maskus K，2001. Core labor standards and competitiveness：implications for global trade policy［J］. Review of International Economics，9(2)：317-328.

［125］Willmson O，2000. The new institutional economics：taking stock，looking ahead［J］. Journal of Economic Literature，38（6）：595-613.

［126］Wolters T，2003. Transforming international product chains into channels of sustainable production the imperative of sustainable chain management［J］. Greener Management International，43(8)：6-13.

［127］Young H P，1998. Individual strategy and social structure［M］. Princeton：Princeton University Press.

［128］Yu X，2008. Impacts of corporate code of conduct on labor standard：a case study of Reebok's athletic footwear supplier factory in China［J］. Journal of Business Ethics，81(6)：513-529.

［129］阿兰·沃森,1989.法律移植论[J]. 贺卫方,译.比较法研究,(1)：61-65.

［130］奥·凯恩·弗洛伊德,1990.比较法与法律移植[J].比较法研究,(3):24-36.

［131］巴格瓦蒂,2004.今日自由贸易[M].海闻,译.北京:中国人民大学出版社.

［132］拜尔,1999.法律的博弈分析[M].严旭阳,译.北京:法律出版社.

［133］曹和平,翁翕,2005.信息租问题探析[J].北京大学学报(哲学社会科学版),(3):85-93.

［134］常凯,2002.WTO、劳工标准与劳工权益保障[J].中国社会科学,(1):126-158.

［135］常凯,2006.论企业社会责任的法律性质[J].上海师范大学学报(哲学社会科学版),(5):36-43.

［136］陈绍刚,2004.传统委托代理模型的理论拓展及应用研究[D].成都:电子科技大学.

［137］程富良,2002.中国政府规制体制:改革路径与目标模式[J].改革,(4):19-23.

[138]程启智,2002.国外社会性管制理论述评[J].经济学动态,(2):84-87.

[139]程廷园,2004.集体谈判制度研究[M].北京:中国人民大学出版社.

[140]道格拉斯·诺斯,1991.经济史中的结构与变迁[M].陈郁,译.上海:上海人民出版社.

[141]杜晓郁,徐占东,2010.FDI与劳工标准的相关性分析[J].财经问题研究,(6):130-134.

[142]段文斌,袁帅,2004.风险分担与激励合同:对委托—代理理论的进一步检讨[J].南开经济研究,(5):19-25.

[143]樊慧玲,何立胜,李军超,2011.试论社会性规制与CSR耦合的实现:制度框架、机制构建、路径及模式选择[J].经济经纬,(5):58-61.

[144]龚柏华,2005.从WTO和人权国际保护角度评在中国推展SA8000标准[J].比较法研究,(1):111-116.

[145]郭铁军,2006.跨国公司生产守则在我国的法律地位及实践情况评述[D].长沙:湖南大学.

[146]郭薇,2016.技术创新与预防式社会性规制的均衡[J].中国行政管理,(4):73-78.

[147]何勤华,2008.法律移植论[M].北京:北京大学出版社.

[148]侯光明,1998.隐性约束机制的设计研究[J].运筹与管理,(12):8-13.

[149]黄金兰,2006.法律移植研究[D].济南:山东大学.

[150]黄凯南,2010.主观博弈论与制度内生演化[J].经济研究,(4):134-146.

[151]黄曼慧,等,2006.信号理论研究综述[J].广东商学院学报,(5):3-38.

[152]黄玉捷.内生性制度的演进逻辑,2004[M].北京:上海社会科学院出版社.

[153]简玛利亚·阿雅尼,2011.转型时期的法律变革与法律文化:后苏联国家法律移植的审视[M].魏磊杰,彭小龙,译.北京:清华大学出版社.

[154]江平,2001.比较法在中国[M].北京:法律出版社.

[155]姜启军,2004. SA8000 认证与中国企业发展[J].中国工业经济,(10):44-51.

[156]柯武刚,史漫飞,2000.制度经济学[M].北京:商务印书馆.

[157]科斯,1990.企业、市场与法律[M].上海:上海三联书店.

[158]黎友焕,2004.国内外 SA8000 进程新趋势分析[J].WTO 经贸导刊,(7):76-79.

[159]李锋亮,2007.教育的信息功能与生产功能:一个筛选理论实证检验方法的文献综述[J].中国劳动经济学,(7):153-183.

[160]李建华,2008.企业管理中的道德风险及其规避[D].长沙:中南大学

[161]李军超,2015.基于第三方认证的社会性规制:一个合作治理的视角[J].江西社会科学,(7):237-243.

[162]李丽君,胡建忠,黄小原,2004.非对称信息条件下的成本控制策略[J].东北大学学报(自然科学版),(8):804-807.

[163]李善良,2005.供应链委托代理问题分析[D].上海:复旦大学.

[164]李贤祥,2016.风险偏好、外部性和劳工标准移植[J].浙江社会科学,(2):17-24.

[165]李贤祥,2016.基于供应商道德风险的劳工标准移植研究[J].经济理论与经济管理,(4):66-76.

[166]李贤祥,2018.产品属性、声誉和劳工标准移植[J].浙江学刊,(5):54-59.

[167]刘兵,张世英,2000.企业激励机制设计与代理成本分析[J].系统工程理论与实践,(6):50-53.

[168]刘旭,2003.国际劳工标准概述[M].北京:中国劳动社会保障出版社.

[169]柳华文,2005.论国家在《经济、社会和文化权利国际公约》下义务的不对称性[M].北京:北京大学出版社.

[170]卢现祥,朱巧玲,2004.论发展中国家的制度移植及其绩效问题[J].福建论坛(人文社科版),(3):18-22.

[171]吕杰,2003.国际劳工标准的建立、批准和监督机制[J].中国工运,(4):24-38.

[172]青木昌彦,2001.比较制度分析[M].周黎安,译.上海:上海远东出版社.

[173]沈宗灵,1998.比较法研究[M].北京:北京大学出版社.

[174]史晋川,李贤祥,2014.基于买方市场的劳工标准移植研究[J].经济理论与经济管理,(10):38-47.

[175]史晋川,李贤祥,2015.基于产品卖方市场的劳工标准移植研究[J].浙江大学学报(人文社科版),(1):154-167.

[176]史晋川,林锦,王婷,2011.跨国采购合约、供应商准则与劳工法律移植:富士康事件后一种反思[C].第九届"中国法经济学论坛".

[177]苏晓红,2008.我国的社会性管制问题研究[D].武汉:华中科技大学.

[178]孙敏,2016.第三方审核介入社会性规制的困境及规制[J].商业研究,(4):55-60.

[179]田野,林菁,2009.国际劳工标准与中国劳动治理:一种政治经济学分析[J].世界经济与政治,(5):6-16.

[180]汪建坤,1999.中国经济卖方市场与买方市场的特征比较[J].浙江大学学报(人文社会科学版),(2):104-108.

[181]王铂,2010.国际贸易影响中国劳工标准的实证研究[J].财经问题研究,(9):121-124.

[182]王铂,2012.国际贸易对中国劳工标准的间接影响[J].华侨大学学报(哲学社会科学版),(2):58-64.

[183]王晨光,2012.法律移植与转型中国的法制发展[J].比较法研究,(3):25-35.

[184]王俊豪,2001.政府管制经济学导论[M].北京:商务印书馆.

[185]王钦池,2009.信号传递与信号均衡[J].山西财经大学学报,(2):180.

[186]王晓荣,2006.劳工标准水平与外商直接投资流入:基于国别数据的实证研究[J].中国工业经济,(10):32-39.

[187]王晓荣,2006.贸易与劳工标准问题研究[D].杭州:浙江大学.

[188]韦森,2003.哈耶克式自发制度生成论的博弈论诠释[J].中国社会科学,(6):43-57.

[189]魏洁琛,2011.SA8000标准对我国出口贸易的影响及其策略分析[D].青岛:中国海洋大学.

[190]肖特,2004.社会制度的经济理论[M].陆铭,等译.上海:上海财经大学出版社.

[191]谢海霞,2007.浅论国家劳工标准的多样化治理[J].政治与法律,(4):41-46.

[192]徐天云,2005.我国劳工标准与FDI及出口贸易的关系分析[D].上海:复旦大学.

[193]许尧明,2004.基于FDI的劳工标准与出口贸易关系的研究[D].上海:东华大学.

[194]薛澜,郭薇,乔雪,2016.简政放权环境下的社会性规制探析:以中国药品准入规则为例[J].中共中央党校学报,(8):34-43.

[195]杨帅,宣海林,2013.国际劳工标准及其在中国的适用[M].北京:法律出版社.

[196]易眠,2008.企业管理中的道德风险及其规避[D].长沙:中南大学.

[197]余晓敏,2006.经济全球化背景下的劳工运动:现象、问题与理论[J].社会学研究,(3):188-218.

[198]余晓敏,2007.跨国公司行为守则与中国外资企业劳工标准[J].社会学研究,(5),111-132.

[199]袁建新,2004.SA8000对中国外贸的影响及其对策[J].世界经济,(12):49-53.

[200]张红凤,2011.规制经济学沿革的内在逻辑及发展方向[J].中国社会科学,(6):56-66

[201]张建伟,2002.俄罗斯法律改革与秩序治理:一个法律经济学的分析[J].世界经济,(10):41-48.

[202]张立海,于琳芝,1998.委托代理制下企业家激励与监督约束机制研究[J].南开管理评论,(2):46-71.

[203]张新国,2010.劳工标准问题研究[M].北京:经济管理出版社.

[204]张旭昆,2007.制度演化分析导论[M].杭州:浙江大学出版社.

[205]赵小仕,等,2014.国际劳工标准与认证[M].北京:中国劳动社会保障出版社.

[206]郑金川,2011.基于风险偏好的供应链委托代理模型分析[D].上海:复旦大学.

[207]郑志刚,陶尹斌,2011.外部竞争对信号传递有效性的影响[J].世界经济(10):87-106.

[208]植草益,1992.微观规制经济学[M].北京:中国发展出版社.

[209]周长征,2003.跨国公司生产行为守则与中国劳动标准[J].武大国际法评论,(10):95-105.

[210]朱国晓,2000.市场类型理论及其对我国市场格局的研判[J].经济经纬,(2):21-24.

附　录

附表 1　2008 年、2010 年、2012 年全球主要行业认证企业统计情况
（世界排名前五位相关行业认证数及增长率）

行业	2008 年		2010 年		2012 年①	
	认证数/家	增长率/%	认证数/家	增长率/%	认证数/家	增长率/%
服装	136	7	430	19	449	14
纺织	281	15	232	10	386	12
建筑	108	6	134	6	358	11
清洁服务	88	5	121	5	169	5
食品	73	4	88	4	118	4

附表 2　2014 年中国相关行业参与 SA8000 认证统计情况②　（单位：家）

行业认证数	服装	电子设备	纺织	电子	造纸印刷	塑料制品	配饰
	98	48	44	48	40	36	42
行业认证数	化学	鞋类	金属制品	家具	制药	其他	
	30	15	17	19	16	148	

---

① 2012 年数据截至当年 9 月底。
② 数据截至 2014 年 6 月底。

附表 3　2014 年 6 月底中国各区域参与 SA8000 认证企业的区域分布

（单位：家）

区域认证数	广东	东莞	福建	深圳	江苏	浙江	上海	山东
	125	103	79	61	52	35	22	17
区域认证数	湖南	北京	安徽	河北	天津	广西	四川	江西
	10	6	5	5	4	4	4	3
区域认证数	辽宁	香港	海南	黑龙江	山西	吉林	新疆	河南
	2	1	1	1	1	1	1	1